ESV

IFRS Best Practice
Band 9

IFRS: Gesamtergebnisrechnung, Bilanz und Segmentberichterstattung

Gestaltung, Ausweis, Interpretation

Von

Steffen Blase,
Tobias Lange
und
Prof. Dr. Stefan Müller

ERICH SCHMIDT VERLAG

Bibliografische Information der Deutschen Nationalbibliothek

Die Deutsche Nationalbibliothek verzeichnet diese Publikation in der Deutschen Nationalbibliografie; detaillierte bibliografische Daten sind im Internet über http://dnb.d-nb.de abrufbar.

**Weitere Informationen
zu diesem Titel finden Sie im Internet unter**

ESV.info/978 3 503 10362 1

ISBN: 978 3 503 10362 1
ISSN: 1865-3251

Alle Rechte vorbehalten
© Erich Schmidt Verlag GmbH & Co. KG, Berlin 2010
www.ESV.info

Dieses Papier erfüllt die Frankfurter Forderungen der Deutschen Nationalbibliothek und der Gesellschaft für das Buch bezüglich der Alterungsbeständigkeit und entspricht sowohl den strengen Bestimmungen der US Norm Ansi/Niso Z 39.48-1992 als auch der ISO-Norm 9706.

Druck und Bindung: Difo-Druck, Bamberg

Vorwort

In **Bilanz** sowie **Gewinn- und Verlustrechnung** (GuV) einerseits und der Segmentberichterstattung andererseits schlägt sich die Philosophie der Rechnungslegung nach IFRS bezüglich einer wirtschaftlichen Betrachtungsweise (*substance over form*) besonders deutlich nieder. Die Gliederungs- und Ausweisvorschriften sind im Vergleich zur handelsrechtlichen Rechnungslegung deutlich geringer. Da in Bilanz und GuV als Teil der Gesamtergebnisrechnung aber auch die Änderungen bezüglich Ansatz und Bewertungsvorschriften im Vergleich zum HGB enthalten sind, ist die Interpretation von diesen zentralen Abschlussbestandteilen mit zusätzlichen Herausforderungen behaftet. Während die zentralen inhaltlichen Änderungen der Rechnungslegungskonzeption nach IFRS in den bisher erschienenen Bänden der IFRS-Praktikerreihe dargestellt wurden, ist in diesem Band der Schwerpunkt auf die Darstellung des Abschlusses gelegt. Dazu sind zunächst die Grundsachverhalte und Ausgestaltungen von Bilanz und GuV aufgezeigt, wobei besonders auf die Ausgestaltung der Rechenwerke von der Mindestgliederung zur notwendigen Lieferung entscheidungsnützlicher Informationen eingegangen wird.

Im zweiten Teil des Buches wird dann die **Segmentberichterstattung** thematisiert, die für kapitalmarktorientierte Unternehmen in den Konzernabschluss aufzunehmen ist. Die Besonderheiten des hierfür aktuell grundlegenden Standards IFRS 8 liegen zum einen darin, dass dieser fast wörtlich den diesbezüglichen US-GAAP-Regelungen entspricht. Zum anderen ist ein *Management Approach* vorgeschrieben, der in bestimmten Fällen eine Darstellung von nicht IFRS-konformen Abbildungsnormen in der Segmentberichterstattung verlangen kann.

Ziel ist es in beiden Teilen jeweils einerseits dem Anwender Kenntnisse der relevanten Normen für die Erstellung und Darstellung der Abschlussbestandteile zu vermitteln. Andererseits sollen Anwender und Interessenten des Jahresabschlusses auch in die Lage versetzt werden, die in IFRS-Abschlüssen gebotenen Darstellungen einschätzen zu können, damit auf dieser Basis fundierte Entscheidungen getroffen werden können. Dazu werden zunächst die theoretischen Grundsachverhalte praxisorientiert dargestellt, wobei neben dem Einbezug von erläuternden Beispielen und Abbildungen konkret die bilanzpolitischen Gestaltungsmöglichkeiten und die technischen Anwendungsaspekte herausgearbeitet werden. Auf dieser Basis wird als spezieller Mehrnutzen für Praktiker aber auch Studierende, Lehrende und Forschende ein Vergleich der IFRS-Vorgaben mit der aktuell anzutreffenden Berichtspraxis in Deutschland generiert. Im Zuge einer Best-Practice-Analyse werden die Konzernabschlüsse des Geschäftsjahres 2008 der im DAX, MDAX und SDAX gelisteten IFRS-Anwender daraufhin untersucht, in welchem Umfang die innerhalb der IFRS eingeräumten Wahlrechte genutzt bzw. Freiräume nach eigenem Unternehmensermessen gestaltet werden. Die Ergebnisse können somit als gute Orientierung für die eigene Gestaltung eines IFRS-Abschlusses sowie generell für die IFRS-Berichtspraxis in Deutschland dienen.

Zum Gelingen dieses Werkes haben überaus tatkräftig Herr Dipl.-Kfm. Markus Kreipl und Herr Dr. Jens Reinke beigetragen, denen wir für die kritische inhaltliche Gesamtdurchsicht danken. Danken möchten wir darüber hinaus auch den Mitarbeiterinnen und Mitarbeitern sowie Studierenden der Helmut-Schmidt-Universität/Universität der Bundeswehr Hamburg sowie der Universität Oldenburg für ihre Anregungen bei der Ausgestaltung des Werkes und besonders der zuständigen Lektorin Frau Birte Schumann für die außerordentlich gute Zusammenarbeit. Eventuell enthaltene Fehler gehen jedoch voll zu unseren Lasten – Verbesserungsvorschläge oder Anregungen jeder Art nehmen wir gerne entgegen.

Frankfurt, Hamburg, Oldenburg, im Mai 2010　　　　　　　　　　*Steffen Blase*
Tobias Lange
Stefan Müller

Inhaltsverzeichnis

Vorwort	5
Inhaltsverzeichnis	7
Abbildungsverzeichnis	11
Tabellenverzeichnis.	13
Abkürzungsverzeichnis	15

1 ***Darstellung des IFRS-Abschlusses gemäß IAS 1*** 17
    1.1   IAS 1 17
            1.1.1   Regelungsinhalt und Zielsetzung 17
            1.1.2   Anwendungsbereich 18
            1.1.3   Verwendete Begriffe und deren Definition 19
    1.2   Inhalt und Zweck des Abschlusses sowie grundlegende
          Anforderungen 21
            1.2.1   Abschlussbestandteile. 21
            1.2.2   Abschlusszweck 22
            1.2.3   Grundlegende Anforderungen 24
    1.3   Grundlegende Regelungen für die Darstellung und Gliederung
          der Abschlussbestandteile. 26
            1.3.1   Ausweis von Posten unter Berücksichtigung des
                    Wesentlichkeitskriteriums. 26
            1.3.2   Saldierung von Posten 29
            1.3.3   Zusätzliche Posten, Zwischensummen und
                    Überschriften sowie Umbenennungen 32
            1.3.4   Stetigkeit der Darstellung 35
            1.3.5   Schätzungsänderung, Fehlerkorrektur und Änderung
                    von Bilanzierungs- und Bewertungsmethoden. 38
            1.3.6   Vergleichsinformationen (Vorjahreswerte). 39
            1.3.7   Ausweiswahlrechte im Spannungsfeld zwischen
                    Bilanz, GuV und Anhang 39

2 ***Gliederung und Ausweis der Bilanz*** 43
    2.1   Form, Gliederungskriterien und Inhalt 43
            2.1.1   Darstellungsformen der Bilanz. 43
            2.1.2   Mindestinhalte 44

		2.1.3 Grobgliederung der Bilanz	45
	2.2	(Kurzfristige) Vermögenswerte	47
		2.2.1 Geschäftszyklus	48
		2.2.2 12-Monats-Regel	49
	2.3	(Kurzfristige) Schulden	50
	2.4	Besondere Sachverhalte bei der Darstellung von Vermögenswerten und Schulden	52
		2.4.1 Sachanlagevermögen und immaterielle Vermögenswerte	52
		2.4.2 Zur Veräußerung gehaltene langfristige Vermögenswerte und aufgegebene Geschäftsbereiche	52
		2.4.3 Latente Steuern	53
		2.4.4 Geleistete Anzahlungen	54
		2.4.5 Erhaltene Anzahlungen	54
		2.4.6 Fertigungsaufträge	54
		2.4.7 Rechnungsabgrenzungsposten	55
	2.5	Beispielhafte Darstellung einer Bilanz	56
	2.6	Abgrenzung zum Handelsrecht	58
3	**Gliederung und Ausweis der GuV als Teil der Gesamtergebnisrechnung**		**61**
	3.1	Die Gewinn- und Verlustrechnung als Teil der Gesamtergebnisrechnung	61
	3.2	Form, Gliederungskriterien und Inhalt	63
		3.2.1 Darstellungsformen der Gewinn- und Verlustrechnung	63
		3.2.2 Mindestinhalt	63
		3.2.3 Besondere Sachverhalte und Zusatzangaben	64
		3.2.3.1 außerordentliche Posten	64
		3.2.3.2 Ergebnisanteil nicht beherrschender Anteilseigner	65
		3.2.3.3 Ergebnis per Aktie	65
	3.3	Erfolgsspaltung und Ausweis von Ergebnisgrößen	68
	3.4	Gliederung der operativen Aufwendungen	77
		3.4.1 Gesamtkostenverfahren	78
		3.4.2 Umsatzkostenverfahren	82
	3.5	Beispielhafte Darstellung einer Gewinn- und Verlustrechnung	84
		3.5.1 Umsatzkostenverfahren (UKV)	85
		3.5.2 Gesamtkostenverfahren (GKV)	86
	3.6	Abgrenzung zum Handelsrecht	87
4	**Empirische Analyse**		**89**
	4.1	Empirische Basis	89
	4.2	Empirische Analyse der Bilanzdarstellung	91
		4.2.1 Grundlegendes bezüglich Form und Darstellung	91

	4.2.2	Postenbezeichnung	92
	4.2.3	Veränderung des Ausweises über die Zeit (Stetigkeit)	96
	4.2.4	Gliederung	96
	4.2.5	Umfang der Bilanz und Wesentlichkeit	99
4.3		Empirische Analyse der Darstellung der Gewinn- und Verlustrechnung	104
	4.3.1	Grundlegendes bezüglich Form und Darstellung	104
	4.3.2	Postenbezeichnungen in der GuV	106
	4.3.3	Veränderung des Ausweises über die Zeit (Stetigkeit)	108
	4.3.4	Gliederung der GuV	108
		4.3.4.1 Umsatzkostenverfahren/ Gesamtkostenverfahren	108
		4.3.4.2 Weitere Untergliederungen	108
		4.3.4.3 Zwischenergebnisausweis	109
	4.3.5	Umfang der GuV und Wesentlichkeit	115

5 Grundsachverhalte der Segmentberichterstattung ... 119
5.1 Zielsetzung der Segmentberichterstattung ... 119
5.2 Regulatorische Entwicklung und Konzeption des IFRS 8 ... 120
5.3 Anwendungsbereich und Formelle Anforderungen ... 121
5.4 Bestimmung berichtspflichtiger Segmente ... 122
    5.4.1 Prozess der Segmentidentifikation ... 122
    5.4.2 Abgrenzung operativer Segmente ... 123
    5.4.3 Bestimmung berichtspflichtiger Segmente ... 127
        5.4.3.1 Grundsätzliche Vorgehensweise ... 127
        5.4.3.2 Zusammenfassung ähnlicher operativer Segmente ... 127
        5.4.3.3 Bestimmung berichtspflichtiger Segmente anhand Wesentlichkeitskriterien ... 129
5.5 Bilanzierungs- und Bewertungsmethoden ... 132
    5.5.1 Anzuwendende Bilanzierungs- und Bewertungsmethoden ... 132
    5.5.2 Allokation von Bilanz- und Erfolgsgrößen ... 133
5.6 Auszuweisende Segmentinformationen ... 134
    5.6.1 Unbedingte Berichtspflichten für operative Segmente ... 135
    5.6.2 Bedingte Berichtspflichten für operative Segmente ... 137
    5.6.3 Überleitungsrechnungen ... 141
    5.6.4 Unternehmensweite Angaben ... 144
    5.6.5 Angabe- und Erläuterungspflichten ... 147
5.7 Wesentliche Unterschiede zu IAS 14 ... 150
    5.7.1 Bestimmung berichtspflichtiger Segmente ... 150
    5.7.2 Auszuweisende Segmentinformationen ... 151

	5.8	Synoptischer Vergleich der Berichtspflichten nach IFRS 8 und IAS 14	153
	5.9	IFRS 8 in der Publizitätspraxis – Ein „Paradigmenwechsel"? .	155

6 Empirische Analyse von Segmentberichterstattungen deutscher IFRS 8-Erstanwender 157
    6.1   Empirische Datenbasis 157
    6.2   Stellung bzw. Umfang der Segmentberichterstattung
          im Geschäftsbericht. 159
    6.3   Ausgestaltung der berichtspflichtigen Segmente 160
    6.4   Ausgestaltung der auszuweisenden Segmentinformationen . . . 164
          6.4.1   Auszuweisende Segmenterfolgsgrößen 164
          6.4.2   Auszuweisende Segmentbilanzgrößen 167
          6.4.3   Überleitungsrechnungen 168
          6.4.4   Unternehmensweite Angaben 170
          6.4.5   Angabe- und Erläuterungspflichten 172
          6.4.6   Freiwillige Mehrpublizität 174
    6.5   Bewertung der Ergebnisse 176
          6.5.1   Überblick 176
          6.5.2   Veränderung des Informationsgehalts. 177
          6.5.3   Interne Organisations- und Berichtsstruktur 178

7 *Zusammenfassung* 179

Literaturverzeichnis 181

Stichwortverzeichnis 189

Autoren 193

Abbildungsverzeichnis

Abb. 1-1:	Komponenten der Eigenkapitalveränderung nach IFRS	20
Abb. 1-2:	Mechanismus zur Sicherstellung der fair presentation	23
Abb. 1-3:	Abhängigkeit der Wesentlichkeitsschwelle vom Ausweisort	28
Abb. 1-4:	Ausweis von Vermögensgegenständen in der Bilanz nach der Brutto- und Nettomethode	32
Abb. 2-1:	Grobgliederung der Bilanz nach Fristigkeit	46
Abb. 2-2:	Beispielhafte Darstellung einer Konzernbilanz	57
Abb. 3-1:	Erfolgsspaltung nach IFRS	69
Abb. 3-2:	Beispielhafte Darstellung einer GuV nach dem Umsatzkostenverfahren	85
Abb. 3-3:	Beispielhafte Darstellung einer GuV nach dem Gesamtkostenverfahren	86
Abb. 4-1:	Durchschnittliche Postenanzahl der Bilanz	99
Abb. 4-2:	Aufteilung der Gesamtpostenzahl in Mindest- und Zusatzposten	100
Abb. 4-3:	Anteil Mindestposten an Bilanzbereichen	101
Abb. 4-4:	Durchschnittlicher Anteil eines Zusatzpostens im Indexvergleich	102
Abb. 4-5:	Durchschnittlicher Anteil eines Zusatzpostens in den Bilanzbereichen	103
Abb. 4-6:	Durchschnittliche Anzahl Posten in der GuV	115
Abb. 4-7:	Aufteilung der Gesamtpostenzahl in Mindest- und Zusatzposten	116
Abb. 4-8:	Anteil Mindestposten an Gesamtvolumen	116
Abb. 4-9:	Durchschnittlicher Anteil eines Zusatzpostens am Gesamtvolumen	117
Abb. 4-10:	Durchschnittlicher Anteil eines Zusatzpostens an Umsatzerlösen	117

Tabellenverzeichnis

Tab. 1-1:	Überblick Saldierungswahlrechte und -gebote............	30
Tab. 2-1:	Mindestens auszuweisende Bilanzposten................	44
Tab. 3-1:	Aperiodische Erfolgsbestandteile......................	73
Tab. 4-1:	Umfang und Zuordnung der ausgewerteten Unternehmen...	90
Tab. 4-2:	Verteilung der Unternehmen auf die Indices	91
Tab. 4-3:	Darstellungserweiterungen in der Bilanz................	91
Tab. 4-4:	Anzahl der genutzten Posten in der Bilanz..............	93
Tab. 4-5:	Rangliste der meistverwendeten Bilanzposten (Aktivseite)..	94
Tab. 4-6:	Rangliste der meistverwendeten Bilanzposten (Passivseite).	95
Tab. 4-7:	Veränderung der Postenzahl in der Bilanz (2007/2008).....	96
Tab. 4-8:	Weitere Untergliederungen in der Bilanz................	97
Tab. 4-9:	Mittlere Schwankungsbreite der durchschnittlichen Bilanzpostenanzahl.................................	100
Tab. 4-10:	Aufstellung der Gesamtergebnisrechnung	104
Tab. 4-11:	Erweiterung der Darstellung der GuV	105
Tab. 4-12:	Anzahl der genutzten Posten in der GuV................	106
Tab. 4-13:	Rangliste der am meisten verwendeten Bezeichnungen in der GuV	107
Tab. 4-14:	Aufwandsgliederung nach Umsatz- und Gesamtkostenverfahren...............................	108
Tab. 4-15:	Weitere Untergliederungen in der GuV	109
Tab. 4-16:	Anzahl der ausgewiesenen Zwischenergebnisse	109
Tab. 4-17:	Anzahl der ausgewiesenen Zwischenergebnisse	110
Tab. 4-18:	Ausweis des EBITDA................................	110
Tab. 4-19:	Ausweis des operativen Ergebnisses	111
Tab. 4-20:	Ermessensabhängige Zuordnung von Beteiligungsergebnissen zum operativen Ergebnis	111
Tab. 4-21:	Ausweis des Finanzergebnisses	112
Tab. 4-22:	Anzahl der im Finanzergebnis ausgewiesenen Posten	112
Tab. 4-23:	Ausweis des Ergebnisses vor Steuer....................	113
Tab. 4-24:	Untergliederung der Steuern.........................	114
Tab. 4-25:	Gewinnausweis....................................	114
Tab. 4-26:	Mittlere Schwankungsbreite der durchschnittlichen GuV-Postenanzahl	115
Tab. 5-1:	Aggregationskriterien nach IFRS 8.12..................	128

Tab. 5-2:	Synoptischer Vergleich der Berichtspflichten nach IFRS 8 und IAS 14	154
Tab. 6-1:	Grundgesamtheit der Untersuchung	158
Tab. 6-2:	Umfang und Zuordnung der ausgewerteten Unternehmen	158
Tab. 6-3:	Analyse der Art der Segmentierung	161
Tab. 6-4:	Segmentanzahl operative bzw. primäre Berichtsebene	161
Tab. 6-5:	Segmentanzahl „sekundäre" Berichtsebene	163
Tab. 6-6:	Analyse der auszuweisenden Segmenterfolgsgrößen	164
Tab. 6-7:	Analyse der Segmentergebnisgrößen	165
Tab. 6-8:	Analyse der auszuweisenden Segmentbilanzgrößen	167
Tab. 6-9:	Analyse der Überleitungsrechnungen	169
Tab. 6-10:	Analyse der unternehmensweiten Angaben	170
Tab. 6-11:	Analyse der Angabe- und Erläuterungspflichten	172
Tab. 6-12:	Analyse der freiwilligen Mehrpublizität	175

Abkürzungsverzeichnis

Abb.	Abbildung
abzgl.	abzüglich
AG	Aktiengesellschaft
Aufl.	Auflage
BB	Betriebs-Berater (Zeitschrift)
BC	Basis for Conclusions
BFuP	Betriebswirtschaftliche Forschung und Praxis (Zeitschrift)
bspw.	beispielsweise
bzw.	beziehungsweise
d.h.	das heißt
DAX	Deutscher Aktienindex
DB	Der Betrieb (Zeitschrift)
DStR	Deutsches Steuerrecht (Zeitschrift)
EBIT	Ergebnis vor Zinsen und Steuern
EBITA	Ergebnis vor Abschreibungen auf immaterielle Vermögenswerte, Zinsen und Steuern
EBITDA	Ergebnis vor Abschreibungen, Zinsen und Steuern
EBT	Ergebnis vor Steuern
EK	Eigenkapital
et al.	et alia
EVA	Economic Value Added
exkl.	exklusive
FASB	Financial Accounting Standards Board
F.	Framework
F&E	Forschung und Entwicklung
ff.	folgende (Seiten)
GAAP	Generally Accepted Accounting Principles
gem.	Gemäß
GER	Gesamtergebnisrechnung
ggf.	gegebenenfalls
ggü.	Gegenüber
GKV	Gesamtkostenverfahren
GmbH	Gesellschaft mit beschränkter Haftung
grds.	grundsätzlich
GuV	Gewinn- und Verlustrechnung
HGB	Handelsgesetzbuch
h. M.	herrschende Meinung

Hrsg.	Herausgeber
i.d.R.	in der Regel
IDW	Institut der Wirtschaftsprüfer
IPSAS	International Public Sector Accounting Standards
i.R.d.	im Rahmen der/des
i.S.	im Sinne
i.V.m.	in Verbindung mit
IAS	International Accounting Standards
IASB	International Accounting Standards Board
IFRIC	International Financial Reporting Interpretations Committee
IFRS	International Financial Reporting Standard(s)
IG	Implementing Guidance
inkl.	inklusive
IRZ	Zeitschrift für Internationale Rechnungslegung
KFR	Kapitalflussrechnung
KoR	Zeitschrift für internationale und kapitalmarktorientierte Rechnungslegung
krp	Kostenrechnungspraxis (Zeitschrift)
LuL	Lieferungen und Leistungen
MDAX	Mid-Cap DAX
OG	Obergrenze
rd.	rund
rev.	revised
RIC	Rechnungslegungs Interpretations Committee
RoAA	Return on Average Assets
RoCE	Return on Capital Employed
Rz.	Randziffer
S.	Seite oder Satz
SDAX	Small-Cap DAX
SE	Societas Europaea
SFAS	Statement of Financial Accounting Standards
sog.	sogenannte
Tab.	Tabelle
Tz.	Textziffer
u.a.	unter anderem
UG	Untergrenze
UKV	Umsatzkostenverfahren
u.U.	unter Umständen
US-GAAP	United States-Generally Accepted Accounting Principles
Vgl.	Vergleiche
WPg	Die Wirtschaftsprüfung (Zeitschrift)
z.B.	zum Beispiel
z.T.	zum Teil
zfbf	(Schmalenbachs) Zeitschrift für betriebswirtschaftliche Forschung

1 Darstellung des IFRS-Abschlusses gemäß IAS 1

Leitfragen

- Welche Rahmenvorschriften bestehen bezüglich der Ausweisvorschriften?
- Wie ist die Wesentlichkeit definiert?
- Sind Saldierungen erlaubt?
- Wie ist das Stetigkeitsgebot auszulegen?

1.1 IAS 1

1.1.1 Regelungsinhalt und Zielsetzung

Die grundlegenden Anforderungen an die **Darstellung** des Abschlusses und seiner Bestandteile gemäß IFRS finden sich in **IAS 1**. Dieser enthält Vorschriften für die Darstellung von Abschlüssen, Anwendungsleitlinien für deren Struktur und Mindestanforderungen an den Inhalt (IAS 1.1). Er hat den Charakter einer Generalnorm und steht inhaltlich in Verbindung und teilweise in Konkurrenz mit dem Framework und IAS 8[1]. Damit unterscheidet er sich qualitativ von den übrigen IAS/IFRS-Standards, die vornehmlich Detailfragen bezüglich Ansatz und Bewertung zum Inhalt haben.[2] Dennoch können einzelne Standards den Regelungsgegenstand des IAS 1 überlagern und präzisieren.[3] Innerhalb des IFRS-Rechnungslegungssystems besteht somit keine zusammenhängende Norm, die alle Fragen von Inhalt, Benennung und Gliederung normiert. Hier besteht ein zentraler Unterschied zur Rechnungslegung nach HGB. Dort sind in den §§ 265, 266 und 275 HGB die Inhalte, die Bezeichnungen und die Gliederung der auszuweisenden Posten für Bilanz und GuV zentral und relativ starr[4] kodifiziert.

---

1 Ausführlich zum Verhältnis von Framework, IAS 1 und IAS 8 zueinander vgl. Lüdenbach, N.: Darstellung des Abschlusses, 2008, § 2, Rz. 2f.
2 Vgl. Brücks, M./Diehm, S./Kerkhoff, G.: IAS 1, 2008, Rz. 102; Obst, H.: IFRS-Abschluss, 2009, S. 81.
3 Vgl. ADS International: Abschnitt 7, 2007, Rz. 4.
4 Vgl. Heuser, P. J./Theile, C.: IFRS Handbuch, 2009, Rz. 4007.

Ziel des IAS 1 ist die **Vergleichbarkeit** von Abschlüssen eines Unternehmens über den Zeitverlauf und zwischen verschiedenen Unternehmen (IAS 1.1). Hier findet sich ein Anknüpfungspunkt zum Framework. Angesprochen ist der Grundsatz der Vergleichbarkeit (F.39-42). In der investorenorientierten Sicht sollen die internen und externen Vergleiche eine Beurteilung der Vermögens-Finanz- und Ertragslage ermöglichen (F.39) mit dem Ziel Höhe, Zeitpunkt und Sicherheit der Cashflows für die Zukunft prognostizieren zu können (F.15). Es ist allerdings fraglich, ob der weit gefasste IAS 1 dieser Zielerreichung dienlich ist. Es herrschen unter dem Stichwort „*substance over form*" bewusst hergestellte Darstellungsspielräume vor, die aus Sicht des IASB notwendig sind, um die Darstellungsbedürfnisse von Unternehmen verschiedener Branchen in unterschiedlichen Rechtssystemen zu berücksichtigen. Letztlich sollen sich die Unternehmen unter Beachtung nur geringer Mindestgliederungsvorschriften mit einer Gliederung darstellen, die für eine sachgemäße Darstellung des Unternehmens notwendig ist. Dieser mit Blick auf das einzelne Unternehmen positiv zu wertende Ansatz hat jedoch starke Auswirkungen auf die Möglichkeiten, die im Rahmen der Analyse von Abschlüssen durch Externe bestehen, da die zwischenbetriebliche Vergleichbarkeit hierdurch erheblich beeinträchtigt ist.[5]

1.1.2 Anwendungsbereich

Anzuwenden sind die Vorschriften aus IAS 1 auf **Abschlüsse für allgemeine Zwecke**, die in Übereinstimmung mit den IFRS aufgestellt werden (IAS 1.2). Eine Differenzierung nach unternehmensabhängigen Faktoren wie Rechtsform, Größe oder Branche des Unternehmens sowie nach Art des Abschlusses in Konzern- und Einzelabschluss wird nicht vorgenommen (IAS 1.4). Damit herrscht in den IFRS aus Sicht der Form und der Bestandteile ein einheitliches Abschlussbild vor. So muss beispielsweise auch eine im handelsrechtlichen Sinne kleine Kapitalgesellschaft[6] alle IFRS-Regelungen beachten, um einen IFRS-Abschluss zu generieren. Besondere Schutzklauseln, die Darstellungspflichten einschränken, um mögliche Wettbewerbsnachteile durch Veröffentlichung der Information zu vermeiden, existieren damit nicht.[7]

Weder die Prüfung noch die Offenlegung des Abschlusses werden in den IFRS geregelt. Eine Nichterfüllung von Normen ist nicht sanktioniert, lediglich der Status des IFRS-Abschlusses ist bei Verstoß gegen die Regelungen der IFRS nicht gegeben.

Der Abschluss für allgemeine Zwecke ist ein regelmäßig, zumindest einmal jährlich (F.6) aufgestelltes und publiziertes Rechenwerk. Lediglich (verkürzte)

---

5 Vgl. Kleekämper, H. et al.: IAS 1, 2003, Rz. 2.
6 Zu der handelsrechtlichen Klassifizierung der Größenklassen von Kapitalgesellschaften vgl. Wulf, I./Bosse, T.: § 267 HGB, 2009.
7 Vgl. Wagenhofer, A.: IAS, 2005, S. 427.

Zwischenabschlüsse (IAS 1.4), deren Darstellung sich an den Vorgaben des IAS 34 orientiert, sind von der Anwendung des IAS 1 ausgeschlossen. Dies gilt allerdings nur, wenn die Aufstellung tatsächlich in verkürzter Form erfolgt. Wenn der Zwischenbericht als vollständiger Abschluss erstellt und veröffentlicht werden soll, sind die Vorgaben des IAS 1 zwingend zu erfüllen (IAS 34.9).

Besonders erwähnenswert ist auch die ausdrückliche Einbeziehung von **nicht gewinnorientierten „Unternehmen"** des öffentlichen und privaten Sektors. Da die IFRS sich jedoch in erster Linie an kapitalmarktorientierte Unternehmen richten, ist die verwendete Terminologie primär auf diese ausgerichtet. Allerdings besteht für nicht gewinnorientierte Unternehmen die Möglichkeit, Bezeichnungen für Abschlussposten und -bestandteile anzupassen (IAS 1.4), damit die Besonderheiten der nicht erwerbswirtschaftlichen Organisationsstruktur berücksichtigt werden können.

Technischer Anwendungsaspekt

Die Anpassungsmöglichkeiten erstrecken sich allerdings nicht auf das Einfügen weiterer Abschlussbestandteile.[8] Sollte der Abschluss um zusätzliche Berichte ergänzt werden, so sind diese nicht Bestandteil des Abschlusses nach IFRS (IAS 1.14). Sollen Bestandteile des Abschlusses nach IFRS durch weitere Berichte substituiert werden, so liegt im Endergebnis kein Abschluss nach IFRS vor. Für Unternehmen des öffentlichen Sektors existiert mit den International Public Sector Accounting Standards (IPSAS) zudem eine an die IFRS angelehnte Rechnungslegungsalternative.

1.1.3 Verwendete Begriffe und deren Definition

Der IAS 1 verwendet einige Begriffsdefinitionen, die für die folgenden Teile von Relevanz sind. Im Zusammenhang mit der Frage, ob ein Posten separat ausgewiesen werden muss bzw. wann Posten zusammengefasst werden können (z. B. Sammelposten wie „sonstige Vermögenswerte"), ist der Begriff der **Wesentlichkeit** von Bedeutung. Dem theoretischen Überbau der IFRS folgend wird die Beeinflussung von wirtschaftlichen Entscheidungen der Adressaten (Entscheidungsnützlichkeit) als Maßstab für das Vorliegen eines wesentlichen Sachverhaltes zugrunde gelegt (IAS 1.7).

Die Anwendung einer Darstellungsvorschrift ist **undurchführbar**, wenn sie trotz aller wirtschaftlich vernünftigen Anstrengungen (IAS 1.7) nicht angewandt werden kann. An dieser Stelle liegt eine Erleichterung für den Fall vor, dass die Darstellung eines Postens aus wirtschaftlicher Sicht nicht zu vertreten ist.

---

8 A.A.: Kleekämper, H. et al.: IAS 1, 2003, Rz. 9.

Ein **Gewinn oder Verlust** gemäß IFRS-Konzept umfasst alle Aufwands- und Ertragspositionen, die **nicht** im sonstigen Ergebnis enthalten sind (IAS 1.7). Das sonstige Ergebnis setzt sich aus den im Eigenkapital direkt erfassten Aufwendungen und Erträgen zusammen. Erfolgsneutral im Eigenkapital erfasst werden unter anderem Wertänderungen aus der Neubewertung von Sachanlagevermögen oder aus der Währungsumrechnung. Die in IAS 1.7 zur Definition des sonstigen Ergebnisses aufgezählten Sachverhalte werden auch unter dem Begriff „*other comprehensive income*" subsumiert.[9] Gewinn- oder Verlust und sonstiges Ergebnis stellen in Summe das **Gesamtergebnis** dar.

Eigenkapitalveränderungen der Periode		
Gesamterfolg der Periode (*comprehensive income*)		**Erfolgsneutrale Transaktionen mit Anteilseignern** (*owner movements*)
Erfolgswirksame Veränderungen der Periode: **Periodenergebnis** (*net profit or loss*)	Erfolgsneutrale Veränderungen der Periode: **Anderer Periodenerfolg** (*other comprehensive income*)	

Abb. 1-1: Komponenten der Eigenkapitalveränderung nach IFRS[10]

Ein Wahlrecht besteht in Bezug auf die Bezeichnungen „sonstiges Ergebnis", „Gewinn- oder Verlust" und „Gesamtergebnis". Diese können mit anderen Begriffen belegt werden, solange die Bedeutung klar verständlich ist (IAS 1.8).

Einige Bestandteile des sonstigen Ergebnisses werden nur vorübergehend als Rücklage im Eigenkapital „geparkt". So erfolgt unter anderem die Berücksichtigung von Gewinnen und Verlusten im Rahmen der Fair Value Bewertung finanzieller Vermögenswerte, die als zur Veräußerung verfügbar deklariert sind, zunächst erfolgsneutral im Eigenkapital (IAS 39.55b). Bei Ausbuchung sind diese Gewinne und Verluste erfolgswirksam in der GuV gegen die Rücklage zu buchen (*recycling*).[11] Die Umgliederung ist notwendig, um einen doppelten Ausweis des Ergebnisses aus der Bewertung des Vermögenswertes zu vermeiden. Die umzuschichtenden Beträge werden als **Umgliederungsbeträge** bezeichnet (IAS 1.7)

---

9   Vgl. Müller, S./Reinke, J.: OCI, 2008, S. 258ff.
10 In Anlehnung an Lachnit, L./Müller, S.: OCI, 2005, S. 1637.
11 Vgl. Beyer, S.: Finanzinstrumente, IBP 5, 2008, S. 66ff.

1.2 Inhalt und Zweck des Abschlusses sowie grundlegende Anforderungen

1.2.1 Abschlussbestandteile

Der vollständige IFRS-Abschluss besteht aus folgenden **Bestandteilen**, deren Bezeichnungen variiert werden können (IAS 1.10):

1. **Bilanz** zum Abschlussstichtag,
2. **Gesamtergebnisrechnung** für die Periode (mit **GuV** als Teilmenge),
3. **Eigenkapitalveränderungsrechnung**[12] der Periode,
4. **Kapitalflussrechnung**[13] der Periode,
5. **Anhang**[14] (Enthält zusammenfassende Darstellung der wesentlichen Rechnungslegungsmethoden und sonstige Erläuterungen),
6. bei rückwirkender Anpassung oder Umgliederung von Posten oder Anwendung von Rechnungslegungsmethoden: **Bilanz zur frühesten Vergleichsperiode.**

Damit sind die in Geschäftsberichten zu findenden Zusatzberichte, wie Berichte zu den Themen Umwelt oder Mitarbeiter, nicht als Bestandteile der IFRS-Rechnungslegung zu sehen (IAS 1.14), auch wenn dort möglicherweise die Grundsätze aus dem Framework oder Einzelstandards beachtet werden.

Technischer Anwendungsaspekt

Das bilanzierende Unternehmen steht bei der Darstellung der Informationen in einem Zielkonflikt. Eine übersichtliche Darstellung sollte alle Informationen enthalten, die zur Beurteilung des geschilderten Sachverhaltes notwendig sind. Zu viele Redundanzen machen die Darstellung insgesamt aber unübersichtlich. Es ist somit ein Kompromiss in der Darstellung der Informationen zu finden. Zu beachten ist, dass bestimmte Informationen zwingend im Abschluss gemacht werden müssen und eine Darstellung in einem freiwillig erstellten Bericht nicht von der Angabe im Abschluss befreit. So würde eine Publikation des Personalaufwandes innerhalb eines zusätzlichen Mitarbeiterberichtes nicht von der Angabe in GuV oder Anhang befreien. Die fehlende Angabe im Abschluss würde dazu führen, dass er nicht als IFRS-Abschluss qualifiziert.

---

[12] Für Ausführungen zur Eigenkapitalveränderungsrechnung vgl. Reinke, J./Nissen-Schmidt, A.: Eigenkapital, IBP 7, 2008, S. 79ff.
[13] Ausführlich zur Kapitalflussrechnung vgl. Eiselt, A./Müller, S.: Kapitalflussrechnung, IBP 8, 2008.
[14] Ausführlich zum Anhang vgl. Weber, I.: Anhang, IBP 12, 2009.

Eine Ergänzung des IFRS-Abschlusses für deutsche IFRS-Anwender findet sich im Handelsgesetzbuch. So sind Mutterunternehmen, die nach § 315a HGB einen IFRS-Abschluss aufstellen, verpflichtet, einen Konzernlagebericht aufzustellen, der den Abschluss ergänzt[15] sowie weitere handelsrechtliche Angabepflichten zu erfüllen. Der § 315 HGB gestaltet die Konzernlageberichterstattung aus und **ergänzt** damit auch den IFRS-Konzernabschluss. Auch der IFRS-Einzelabschluss, der freiwillig ergänzend zum handelsrechtlichen Abschluss nach § 325 Abs. 2a HGB für Offenlegungszwecke erstellt werden darf, ist unter Beachtung von bestimmten handelsrechtlichen Angabepflichten aufzustellen sowie um einen Lagebericht nach § 289 HGB und bei kapitalmarktorientierten Unternehmen um eine Erklärung zur Unternehmensführung nach § 289a HGB zu ergänzen.[16]

1.2.2 Abschlusszweck

Der IFRS-Abschluss bezweckt die **Bereitstellung entscheidungsnützlicher Informationen** sowie die **Rechenschaftslegung** des Managements gegenüber den Anteilseignern (IAS 1.9). Entscheidungsnützlich sind Informationen, die es dem Adressaten ermöglichen, zukünftige Cashflows in Höhe und Wahrscheinlichkeit zu prognostizieren. Um diese Funktion zu erfüllen, müssen die Informationen über die Vermögens-, Finanz- und Ertragslage und die Cashflows in einer **den tatsächlichen Verhältnissen entsprechenden glaubwürdigen Darstellung** (*fair presentation*) erfolgen (IAS 1.15). Dieses Ziel wird in nahezu allen Umständen durch die Anwendung der IFRS-Standards erreicht (IAS 1.17).

Da das IFRS-Konzept eher regelbasiert ist,[17] d.h. einzelne Sachverhalte in vielen einzelnen Standards geregelt werden (im Gegensatz zum prinzipienorientierten HGB), wird die Darstellung bestimmter Geschäftsvorfälle unter Umständen erschwert. So kann es in einer komplexen Geschäftswelt vorkommen, dass bestimmte Sachverhalte nicht oder nicht schnell genug durch einen entsprechenden Standard geregelt sind. Zudem bietet ein kasuistisches Rechnungslegungssystem durch die Einzelfallregelungen abschlusspolitische Spielräume, indem die Geschäftsvorfälle sachverhaltsgestaltend so modelliert werden, dass eine bestimmte Abbildungsfolge erreicht werden kann. Nur in dem Fall einer **fehlenden Regelung** ist es notwendig, den alternativen Weg des **IAS 8** zum Erlangen der *fair presentation* zu beschreiten. Die folgende Lösungshierarchie gilt beim Fehlen einer Einzelfallregelung in Bezug auf die Einbeziehung anderer Quellen (IAS 8.11f.):

---

15 Ausführlich vgl. Lange, T./Müller, S.: Lageberichterstattung, 2009, S. 236.
16 Vgl. Paetzmann, K.: § 289a HGB, 2009, Rz. 5.
17 Vgl. Tanski, J.: Bilanzpolitik und Bilanzanalyse, 2006, S. 23f.

1. IFRS-Standards und Interpretationen, die ähnliche und verwandte Problemstellungen tangieren,
2. Rahmenkonzept,
3. Verlautbarungen anderer Standardsetter mit ähnlichem Rahmenkonzept (DRSC),
4. sonstige Rechnungslegungsverlautbarungen (WP-Handbuch),
5. anerkannte Branchenpraktiken.

Des Weiteren ist die Bereitstellung **zusätzlicher Angaben** notwendig, wenn die aus den IFRS resultierenden Darstellungsanforderungen nicht ausreichend sind, um den Abschlusszweck zu erreichen.

Zumindest theoretisch denkbar wäre auch der Fall, dass die Anwendung eines Standards zu einer **irreführenden Darstellung** führt und somit den Abschlusszweck konterkariert. Für diesen Fall gilt die *fair presentation* als *overridding principle*, d.h. Einzelregelungen in Standards sind somit nicht anzuwenden, um eine irreführende Darstellung zu vermeiden bzw. eine glaubwürdige Darstellung zu gewährleisten. Dieser Fall löst umfangreiche Angabepflichten aus (IAS 1.20). Für Fragen der **Darstellung** des Abschlusses und seiner Bestandteile und Posten kann angenommen werden, dass die *fair presentation* durch Anwendung der IFRS in nahezu allen Fällen gewährleistet ist, da es in der Praxis kaum einschlägige Fälle für einen *override* gibt[18]. Dies ist den großen Darstellungsspielräumen geschuldet, die so viel Flexibilität bei der Darstellung zulassen, dass es im Vergleich zu Ansatz und Bewertung höchst selten zu Abweichungsnotwendigkeiten kommt.[19] Zusammenfassend wird das den tatsächlichen Verhältnissen entsprechende Bild wie folgt sichergestellt:

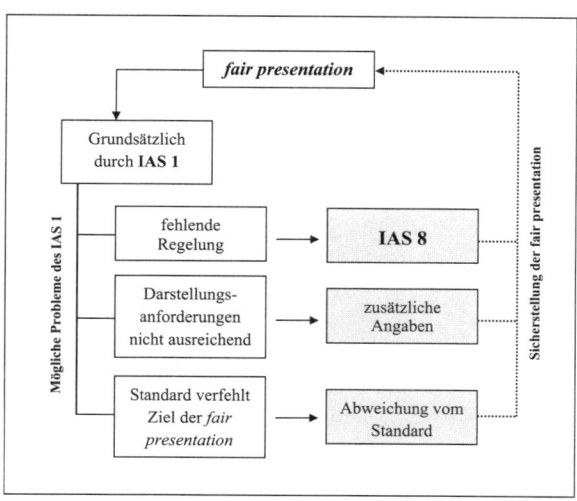

Abb. 1-2: Mechanismus zur Sicherstellung der *fair presentation*

---
18 Vgl. Brücks, M./Diehm, S./Kerkhoff, G.: IAS 1, 2008, Rz. 137.
19 Vgl. ADS International: Abschnitt 7, 2007, Rz. 20.

1.2.3 Grundlegende Anforderungen

Es herrschen verschiedene Anforderungen an den IFRS-Abschluss vor. Diese betreffen in unterschiedlicher Intensität die Bereiche Ansatz, Bewertung und Darstellung. Neben den Grundsätzen der **Unternehmensfortführung** (IAS 1.25f.) und der **Periodenabgrenzung** (IAS 1.27f.), die in erster Linie auf Ansatz und Bewertung ausstrahlen, existieren einige weitere, eher formelle, Anforderungen an den IFRS-Abschluss.

Der vollständige Abschluss nach IFRS ist **mindestens jährlich** aufzustellen (IAS 1.36), wobei der Berichtszeitraum sich auf das Kalenderjahr oder eine Zeitspanne von 52 Wochen beziehen kann (IAS 1.37).

Die **Dauer des Berichtszeitraumes** wird im Falle der verpflichtenden oder freiwilligen IFRS-Anwendung im Abschluss (kapitalmarktorientierter) deutscher Konzernunternehmen gem. § 315a HGB maßgeblich von den Regelungen des Handelsrechts bestimmt. Ein nach § 315a HGB aufgestellter befreiender Konzernabschluss basiert auf der Definition des Geschäftsjahres gem. HGB. Dies ist in § 240 Abs. 2 Satz 2 HGB auf maximal zwölf Monate normiert. De facto gilt damit für Unternehmen, die über § 315a HGB unter das deutsche Bilanzrecht fallen, eine Länge des Geschäftsjahres von **zwölf Monaten**. Änderungen des **Bilanzstichtages** führen zwangsweise zur Aufstellung eines Abschlusses, der auf ein **Rumpfgeschäftsjahr** abstellt. Konzernabschlüsse, die auf einem längeren Berichtszeitraum basieren haben keine befreiende Wirkung in Sinne des § 315a HGB.[20] Wird ein Rumpfgeschäftsjahr verwendet, so sind nach IAS 1.36 weitere Angaben notwendig:

a) Grund für die Verwendung einer kürzeren Berichtsperiode[21] und
b) Hinweis auf mangelnde Vergleichbarkeit mit den Vorjahresbeträgen (da diese sich auf eine abweichende Periodendauer beziehen).

Interessanterweise ist eine Anpassung der Vorjahreswerte nicht notwendig, lediglich ein Hinweis auf mangelnde Vergleichbarkeit muss gegeben werden. Offen bleibt die Berücksichtigung der Vorjahreswerte im Folgejahr der Umstellung.

> **Beispiel**
>
> Für ein Unternehmen wurde in Vergangenheit der 31.12. als Abschlussstichtag genutzt. Das Unternehmen soll in einen Konzernabschluss eingebunden werden. Das Mutterunternehmen weist allerdings einen abweichenden Stichtag auf, nämlich den 31.03. Um die Erstellung eines Zwischenabschlusses zu ver-

---

20 Vgl. Wawrzinek, W.: Ansatz, Bewertung und Ausweis, 2009, Rz. 47; Lüdenbach, N.: Darstellung des Abschlusses, 2008, § 2, Rz. 12.
21 IAS 1.36 sieht auch Berichtsperioden mit einer Länge von mehr als zwölf Monaten vor. Diese Regelung ist für den deutschen IFRS-Anwender allerdings nicht von Relevanz, da die Obergrenze von zwölf Monaten gilt.

meiden, entscheidet man sich, die Rechnungslegung mit dem Mutterunternehmen zu harmonisieren. Es wird ein Rumpfgeschäftsjahr von drei Monaten gewählt. Damit folgt dem am $31.12.t_0$ endenden Geschäftsjahr ein Rumpfgeschäftsjahr, das am $31.03.t_1$ endet.

Geschäftsjahr	Beginn	Ende	Dauer	
t_0	$01.01.t_0$	$31.12.t_0$	12	> Abweichung!
Rumpfgeschäftsjahr	$01.01.t_1$	$31.03.t_1$	3	> Abweichung!
t_1/t_2	$01.04.t_1$	$31.03.t_2$	12	

Die Vergleichszahlen aus t_0 beziehen sich auf einen Zeitraum von zwölf Monaten, während die Zahlen aus dem Rumpfgeschäftsjahr auf einer Periode von drei 3 Monaten basieren. Im Jahre t_2 stellt sich dem Bilanzanalytiker dieselbe Problematik. Die aktuellen Zahlen basieren auf einer Periodendauer von zwölf Monaten, während sich die Vergleichszahlen auf eine Dauer von drei Monaten beziehen. Die wesentliche Folge für die Praxis ist, dass die Vorjahresangaben in den Abschlüssen der nächsten Geschäftsjahre nicht unmittelbar vergleichbar sind.

Diese Regelung erstaunt vor dem Hintergrund der Zielsetzung der IFRS, Investoren entscheidungsnützliche Informationen bereitzustellen. Dieses Ziel wird im Fall der Umstellung des Abschlussstichtages auf diese Weise nicht erreicht. Der Vergleich der Unternehmensperformance über die Zeit wird unter Umständen sehr erschwert.

Technischer Anwendungsaspekt

Die Änderung des Bilanzstichtages sollte eine Ausnahme darstellen, denn grundsätzlich ist der gewählte Bilanzstichtag beizubehalten.[22] Praktische Relevanz dürfte diese Fragestellung insbesondere im Zusammenhang mit dem Erwerb und der Konsolidierung von Unternehmen besitzen. So könnte eine **Anpassung des Stichtages** bei einem erworbenen Tochterunternehmen notwendig werden, um eine Einbeziehung in den Konzernabschluss zu ermöglichen. Da die Angabe von angepassten Vergleichszahlen als konform mit dem IFRS-Regelwerk angesehen wird,[23] hängt es in der Praxis von der Informationsbereitschaft und letztlich von den personellen bzw. finanziellen Ressourcen des bilanzierenden Unternehmens ab, ob angepasste Werte geliefert werden können oder nicht. Im Sinne einer kapitalmarktorientierten aktiven Informationskultur, die im Einklang mit der Zielsetzung der IFRS steht, erscheint es jedoch sinnvoll die Vergleichbarkeit der Abschlüsse durch **freiwillige** Zusatzangaben bezüglich angepasster Vorjahreswerte herzustellen.

---

[22] Vgl. Brücks, M./Diehm, S./Kerkhoff, G.: IAS 1, 2008, Rz. 195; Kleekämper, H. et al.: IAS 1, 2003, Rz. 76.

[23] Vgl. Kleekämper, H. et al.: IAS 1, 2003, Rz. 76.

Alle Abschlussbestandteile sind **eindeutig zu bezeichnen** (IAS 1.51), wobei die aufgeführten Bezeichnungen für die einzelnen Bestandteile aus IAS 1.10 nicht zwingend vorgeschrieben sind und variiert werden können. Weiter sind bestimmte Angaben gefordert, deren Intention es ist, auch bei Betrachtung einer einzelnen Seite aus einem Abschluss, den aktuellen Bericht **sachlich, zeitlich und rechtlich einordnen** zu können. So sind die folgenden Angaben deutlich sichtbar und, wenn für das Verständnis förderlich, unter Umständen wiederholt darzustellen (IAS 1.51):

1. Name des Unternehmens,
2. Art des Abschlusses (Einzel- oder Konzernabschluss),
3. Angabe des Abschlussstichtages oder der Periode,
4. Darstellungswährung gem. IAS 21 und
5. Rundung von Beträgen.

Technischer Anwendungsaspekt

Die meisten dieser Angaben lassen sich als einfache Überschriften auf den Seiten des Abschlusses oder als Spaltenüberschriften von Tabellen realisieren. Zu beachten ist besonders, dass die Bezeichnungen auch in elektronischen Veröffentlichungen sichtbar sind und so das Verständnis des Lesers unterstützen.

1.3 Grundlegende Regelungen für die Darstellung und Gliederung der Abschlussbestandteile

1.3.1 Ausweis von Posten unter Berücksichtigung des Wesentlichkeitskriteriums

Die Entscheidung über den separaten Ausweis oder die mit anderen Posten zusammengefasste Darstellung beeinflusst den Umfang der dargestellten Posten und die Gliederungstiefe in Bilanz und GuV. Der getrennte oder zusammengefasste Ausweis ist anhand von Wesentlichkeitsüberlegungen durchzuführen. Wesentlichkeit liegt vor, wenn die wirtschaftlichen Entscheidungen des Adressaten beeinflusst werden (IAS 1.7).

Das Konzept der Wesentlichkeit ist zweistufig. Zunächst ist die Prüfung notwendig, ob ein Posten so wesentlich ist, dass ein separater Ausweis in Bilanz oder GuV notwendig ist. Auf der zweiten Stufe stellt sich die Frage, ob der Posten mit einem schwächer gefassten Wesentlichkeitsbegriff[24] im Anhang separat auszuweisen ist. Für die Beurteilung sind zwei Maßstäbe zu berücksichtigen. Zum

---

24 Vgl. Wagenhofer, A.: International Accounting Standards, 2005, S. 430.

einen kann die Wesentlichkeit **quantitativ** gegeben sein, indem der an einer bestimmten Kennzahl gemessener Posten von der Werthöhe her als wesentlich erachtet wird. Andererseits kann ein Posten **qualitative** Wesentlichkeitskriterien erfüllen.

Die **qualitative Wesentlichkeit** wiederum weist mehrere Ausprägungen auf. Einerseits kann ein **IFRS-Standard** den Ausweis des separaten Postens fordern und definiert den Posten damit per se als wesentlich. Des Weiteren können Geschäftsvorfälle von ihrer **Art** her wesentlich sein in dem Sinne, dass nicht der Betrag die relevante Information ist, sondern die Offenlegung der Existenz eines bestimmten Sachverhaltes, der durch den Geschäftsvorfall gezeigt wird.

Technischer Anwendungsaspekt

Beispielsweise könnten Restrukturierungsaufwendungen, Prozesskostenrückstellungen oder Informationen in Bezug auf ein neues Segment[25] von ihrer Art her eine wesentliche Information sein, da diese quantitativ unwesentlichen Geschäftsvorfälle möglicherweise eine Auswirkung auf die zukünftige Vermögens-, Finanz- und Ertragslage bzw. auf die zu prognostizierenden Cashflows haben. Im Vordergrund stehen damit die möglichen langfristigen Auswirkungen des mit dem Posten verbundenen Geschäftsvorfalls.[26] Allerdings ist zu beachten, dass das IASB die Angabe von außerordentlichen Posten explizit verbietet.

Der IAS 1 stellt dem Anwender **keine quantitativen Grenzen** zur Verfügung anhand derer die Wesentlichkeit festzumachen ist. Die Entscheidung über die quantitative Wesentlichkeit eines Postens ist damit eine ermessensbehaftete, individuelle Einzelfallentscheidung. Ergebnis einer Quantifizierung ist ein **Schwellenwert**, bei dessen Überschreiten eine Darstellung des Postens in der Bilanz oder GuV vorgenommen wird. Das Vorgehen dabei führt über Relationen, die den Betrag des fraglichen Postens zu Größen wie Bilanzsumme oder Umsatzerlösen messen.[27]

Bei der Beurteilung der Wesentlichkeit nach quantitativen Aspekten sollte berücksichtigt werden, dass einige aus diesem Blickwinkel möglicherweise als unwesentlich angesehene Posten eine besondere qualitative Eigenschaft aufweisen. Eine betragsmäßige Unwesentlichkeit kompensiert keine qualitative Wesentlichkeit.

---

25 Vgl. Kleekämper, H. et al.: IAS 1, 2003, Rz. 48.
26 Vgl. PWC (Hrsg.): IAS, 2002, Rz. 1.46.
27 Vgl. Kapitel 4.2.5 zur empirischen Analyse zur Bilanz anhand der Bilanzsumme und der Zwischensummen aus der Untergliederung in lang- und kurzfristige Bestandteile; für empirische Ergebnisse zur Messung in der GuV anhand der Umsatzerlöse und des Gesamtvolumens vgl. Kapitel 4.3.5.

Die Rechtsprechung US-amerikanischer Gerichte im Zusammenhang mit Bilanzmanipulationen stellt auf diese Verbindung qualitativer und quantitativer Merkmale ab. Unter Bezug auf SAB 99 ist eine betragsmäßige Unwesentlichkeit nicht ausreichend für die Abweichung von einer Regelung, wenn dadurch bewusst oder unbewusst

- ein Gewinn oder Verlust umgekehrt wird,
- ein Trend verschleiert wird,
- Analysten- oder Bankvorgaben eingehalten werden oder
- Zielvorgaben zur Sicherung von Bonuszahlungen an das Management erreicht werden.[28]

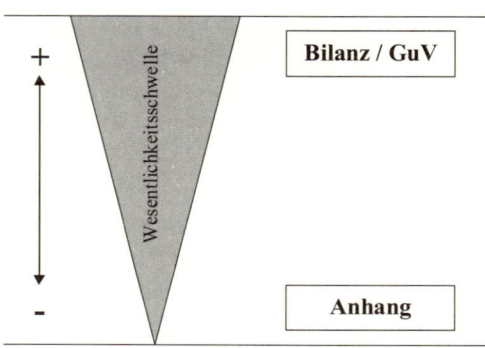

Abb. 1-3: Abhängigkeit der Wesentlichkeitsschwelle vom Ausweisort

Es wäre denkbar möglichst viele Informationen in den Abschlussbestandteilen, insbesondere GuV und Bilanz auszuweisen, um die Problematik der Wesentlichkeitsbestimmung zu entschärfen. Allerdings stellt die „Überversorgung" mit Informationen, auch als *information-overkill* bezeichnet, ebenfalls ein Problem dar, das, ggf. auch bewusst genutzt, den Abschlusszweck konterkarieren kann. Denn eine bewusst mit Informationen überladene Darstellung kann durch ihre Unübersichtlichkeit zu falschen Zuordnungen oder zum Übersehen von Positionen führen. Der IAS 1.30 regelt daher, dass **unwesentliche Posten** mit anderen in der Art und Funktion übereinstimmenden **zusammengefasst** werden. Dies verhindert die Entstehung von unübersichtlichen „Datenfriedhöfen", in denen selbst der fachkundige Adressat möglicherweise keinen Überblick gewinnen kann.[29]

---

28 Vgl. Lüdenbach, N./Hoffmann, W.-D.: Rahmenkonzept, 2008, § 1, Rz. 68.
29 Zur Frage der Fachkundigkeit des Bilanzadressaten vgl. Lüdenbach, N./Hoffmann, W.-D.: Rahmenkonzept, 2008, § 1, Rz. 69.

> **Technischer Anwendungsaspekt**
>
> Bei der Festlegung von quantitativen Wesentlichkeitsmaßstäben herrscht aufgrund fehlender Vorgaben seitens des IASB ein Ermessensspielraum vor. Doch eine einmal quantifizierte Wesentlichkeitsgrenze unterliegt als Rechnungslegungsmethode dem Stetigkeitsgebot. Schwieriger wird die Einhaltung des Stetigkeitsprinzips für den Fall der qualitativen Merkmale. Im Prinzip muss sichergestellt sein, dass derselbe „dicke Daumen" die kontinuierliche Anwendung dieser Aspekte verantwortet.
>
> Abhängig von der Informationspolitik des bilanzierenden Unternehmens sollten Ermessensspielräume offengelegt werden und Angaben zur Definition der Wesentlichkeit im Anhang vorgenommen werden. Dies unterstützt den Bilanzleser bei der Einschätzung, ob ein Posten nur aufgrund eines hohen Betrages dargestellt wurde oder ob ein besonderes Gewinn- oder Verlustpotential für die Zukunft innewohnt.

1.3.2 Saldierung von Posten

Für Aufwendungen und Erträge sowie Vermögenswerte und Schulden herrscht ein **grundsätzliches Saldierungsverbot** vor (IAS 1.32). Die Darstellung von Bilanz und GuV basiert gerade auf dem Prinzip, Posten mit verschiedenen Vorzeichen auszuweisen und somit die Quellen des Erfolges und die Investition der von Eigen- und Fremdkapitalgebern zur Verfügung gestellten Mittel darzustellen sowie Geschäftsvorfälle nachvollziehbar zu gestalten. Eine weitreichende Saldierung würde diesem Prinzip entgegenstehen. Eine aktive Einflussnahme auf Kennzahlen wäre durch saldierte Darstellung möglich, so würde der Verschuldungsgrad günstiger dargestellt werden, wenn unter den Verbindlichkeiten auszuweisende erhaltene Anzahlungen mit dem Vorratsvermögen saldiert würden. Dennoch liegen gewisse Ausnahmen vom Saldierungsverbot vor, wenn

a) ein IFRS-Standard die Saldierung **vorschreibt** bzw. zur Wahl stellt (IAS 1.32) oder

b) die Saldierung den **wirtschaftlichen Gehalt** des Geschäftsvorfalles besser widerspiegelt (IAS 1.33) oder

c) **unwesentliche** Gewinne und Verluste aus einer Gruppe von ähnlichen Geschäftsvorfällen entstehen (IAS 1.35) oder

d) die Angabe von Posten explizit als Saldogröße verlangt wird.[31]

---

30 Vgl. ADS International: Abschnitt 7, 2007, Rz. 36.
31 Vgl. Wawrzinek, W.: Ansatz, Bewertung und Ausweis, 2009, Rz. 58.

1 Darstellung des IFRS-Abschlusses gemäß IAS 1

In einzelnen Standards regelt das IASB Saldierungsgebote und -wahlrechte für die in Tabelle 1-1 aufgeführten Sachverhalte und stellt damit die Abbildung des wirtschaftlichen Gehaltes bestimmter Geschäftsvorfälle in den Vordergrund.

Standard	Thema	Sachverhalt	Art
Bilanz			
IAS 11.43 f.	Fertigungsaufträge	Saldierung Forderung aus poc-Fertigungsaufträgen mit vereinnahmten Zahlungen aus Teilabrechnungen[32]	Gebot
IAS 12.71 ff.	Tatsächliche Steuern	Verrechnung tatsächlicher Steueransprüche mit -schulden	Gebot
IAS 12.74 ff.	Latente Steuern	Verrechnung latenter Steueransprüche mit -schulden	Gebot
IAS 19.116	Pensionsverpflichtungen	Verrechnung Vermögenswerte und Schulden aus Pensionsplänen	Gebot
IAS 20.24	Investitionszuschüsse	Kürzung der Anschaffungs-/ Herstellungskosten um Zuschuss[33]	Wahlrecht
IAS 32.42 ff.	Finanzinstrumente	Verrechnung aufrechnungsfähiger finanzieller Vermögenswerte und Verbindlichkeiten aus Finanzinstrumenten (wenn Rechtsanspruch auf Verrechnung und Nutzung beabsichtigt)	Gebot
GuV			
IAS 2.34	Vorräte (Wertaufholung)	Verrechnung mit Bestandsminderungen[34]	Gebot
IAS 12.77	Tatsächliche und latente Steuern	Saldierung tatsächlicher und latenter Steueraufwendungen und -erträge, Darstellung in einem Posten[35]	Gebot
IAS 18	Umsatzerlöse	Ausweis von Umsatzerlösen abzgl. Preisnachlässen und Mengenrabatten	Gebot
IAS 19.61	Pensionsaufwand	Pensionsaufwand wird mit Erträgen aus Planvermögen und ggf. Erstattungen (IAS 19.104A) saldiert[36]	Gebot
IAS 37.54	Rückstellungen	Erwartete Erstattungen mit Aufwand zur Rückstellungsbildung	Wahlrecht

Tab. 1-1: Überblick Saldierungswahlrechte und -gebote

---

32 Vgl. Lüdenbach, N.: Fertigungsaufträge, 2008, § 18, Rz. 76.
33 Vgl. Müller, S./ Wulf, I.: Jahresabschlusspolitik, 2001, S. 2208.
34 Vgl. Heuser, P.J./Theile, C.: IFRS Handbuch, 2009, Rz. 4016.
35 Vgl. Schulz-Danso, M.: Ertragsteuern 2009, Rz. 183.
36 Vgl. Müller, S.: Fremdkapital, IBP 6, 2008, S. 29 ff.

Die auf der Entscheidungsnützlichkeit basierte Saldierung zum Zwecke einer besseren Abbildung des wirtschaftlichen Gehaltes gilt darüber hinaus aber auch als **allgemeine Öffnungsklausel** (*override*). Damit ist es im Rahmen des Ermessens des Bilanzierenden möglich, die Darstellung durch Saldierungen anzupassen. So könnte unter diesem Aspekt der saldierte Ausweis eines Ertrages aus dem Verkauf einer Produktionsanlage mit den Aufwendungen für Abbauarbeiten durch eine Fremdfirma gerechtfertigt sein.

Unter dem Gesichtspunkt der Wesentlichkeit besteht ein **Saldierungsgebot** für **unwesentliche Gewinne- und Verluste**, die einer ähnlichen Gruppe von Geschäftsvorfällen zugeordnet werden können (IAS 1.35). Sofern unwesentlich, bietet beispielsweise die unsaldierte Darstellung von Gewinnen und Verlusten aus der Währungsumrechnung für den Investoren keinen deutlichen Informationsgewinn. Vielmehr würde die unsaldierte Darstellung auch weniger relevante Posten aufführen, was tendenziell zu Unübersichtlichkeit führt.

In der Vorschrift zum Mindestinhalt der GuV wird zum Teil explizit der Ausweis von Saldogrößen gefordert:

a) Bestandsveränderungen IAS (1.102),
b) Ergebnis aus Equity-Beteiligungen (IAS 1.82c) und
c) Steueraufwand (IAS 1.82d).

In IAS 1.33 wird klargestellt, dass Vorgänge wie der Ausweis von Forderungen oder Vorräten nach Abzug von Wertberichtigungen nicht unter dem Bereich der Saldierung zu subsumieren sind. Es handelt sich bei den Wertberichtigungen vielmehr um einen Bestandteil der **Bewertung** dieser Vermögenswerte.[37] Die Darstellung der entsprechenden Posten kann in zwei Formen durchgeführt werden. Zum einen können Vermögenswerte, beispielsweise Forderungen, in voller Höhe in der Bilanz dargestellt werden. Der entsprechende Abzugsposten, beispielsweise die Wertberichtigungen auf Forderungen, wird ergänzend offen abgesetzt. Neben der Bruttomethode kann allerdings auch ein Nettoausweis (Forderungen nach Abzug der Wertberichtigungen) erfolgen.

Technischer Anwendungsaspekt

Die Darstellung von Vermögenswerten in der Bilanz kann als Brutto- oder Nettoausweis vorgenommen werden. Beim Bruttoausweis wird die Wertberichtigung auf Vorräte offen abgesetzt. Der Vorteil liegt in der transparenten Darstellung, die ein Nachschlagen in den Anhangangaben überflüssig werden lässt. Allerdings ist hier zu beachten, dass die Darstellung durch viele Absetzungen nicht zu unübersichtlich wird.

---

37 Vgl. Brücks, M./Diehm, S./Kerkhoff, G.: IAS 1, 2008, Rz. 174.

Bilanz	
1. Bruttomethode	
...	
Vorräte (Brutto)	250.000
–Wertberichtigungen auf Vorräte	25.000
Vorräte	225.000
2. Nettomethode	
...	
Vorräte	225.000
Summe kurzfristige Vermögenswerte	225.000
Summe Aktiva	225.000

Abb. 1-4: Ausweis von Vermögensgegenständen in der Bilanz nach der Brutto- und Nettomethode

Strittig ist in der einschlägigen Literatur, ob im Zusammenhang mit den angesprochenen Sachverhalten ein „Verrechnungswahlrecht" in Bezug auf die Darstellung besteht, also ob der Bilanzierende zwischen der Brutto- oder Nettodarstellung wählen darf.[38] Letztlich sollte auch hier der Maßstab der Wesentlichkeit angelegt werden. Liefert der Bruttoausweis entscheidungsrelevante Informationen, so wäre dieser anzuwenden. In den meisten Fällen dürfte aber ein Nettoausweis ergänzt um die entsprechende Angabe in GuV oder Anhang genügen.

1.3.3 Zusätzliche Posten, Zwischensummen und Überschriften sowie Umbenennungen

Erweiterungen der Bilanz und GuV um **zusätzliche Posten, Überschriften, Zwischensummen** sowie **Anpassungen der Postenbezeichnungen** sind vorzunehmen, wenn das Verständnis der Vermögens-, Finanz- und Ertragslage dadurch verbessert wird (IAS 1.55f. und IAS 1.85f.).

---

38 Lüdenbach sieht ein Verrechnungsgebot (Nettoausweis) (vgl. Lüdenbach, N.: Darstellung des Abschlusses, 2008, § 2, Rz. 25), ein Wahlrecht sehen z.B. Brücks, M./Diehm, S./Kerkhoff, G.: IAS 1, 2008, Rz. 174; ADS International: Abschnitt 7, 2007, Rz. 41.

Erweiterungen um **zusätzliche Posten** sind vorzunehmen, wenn das Unternehmen entweder bestimmte Sachverhalte akzentuieren möchte oder ein zusammengefasster Ausweis zu Fehlinterpretationen führen könnte. Ein exemplarischer Anwendungsbereich ist die Nutzung verschiedener Bewertungskonzeptionen innerhalb einer Gruppe von Vermögenswerten. Sachanlagen können nach der Neubewertungsmethode oder zu Anschaffungs- bzw. Herstellungskosten bewertet werden. Die Anwendung der beiden Folgebewertungsverfahren ist mit unterschiedlichen Auswirkungen auf die Erfolgslage des Unternehmens verbunden. So führen die Abschreibungen bei einer Bewertung zu fortgeführten Anschaffungs- oder Herstellungskosten zu erfolgswirksamen Abschreibungen, während bei der Neubewertungsmethode mögliche Wertsteigerungen erfolgsneutral im Eigenkapital (Neubewertungsrücklage) erfasst werden. Hier führt die Darstellung der unterschiedlich bewerteten Komponenten als separate Posten zu einer verständlicheren Darstellung bezüglich der Auswirkungen auf die Ertragslage.[39]

Die Bildung von **Zwischensummen** und das Einfügen **zusätzlicher Überschriften** dienen dazu ein gewisses Ordnungsschema in die Postenliste zu bringen und bestimmte Sachverhalte hervorzuheben. Dies ist dort notwendig, wo gleichartige Posten kategorisiert werden. So könnten beispielsweise die Posten „nach der Equity-Methode bilanzierte Finanzanlagen", (sonstige) „finanzielle Vermögenswerte" und „als Finanzinvestition gehaltene Immobilien" als Unterposten einer Kategorie Finanzanlagevermögen dienen. Die nach Fristigkeit gegliederte Bilanz weist Zwischensummen für die kurz- und langfristigen Bestandteile sowie für das Eigenkapital aus.[40] Für die Gewinn- und Verlustrechnung ist die Bildung von Zwischensummen, insbesondere im Bereich des Ausweises von Ergebnisgrößen, von Bedeutung.[41] Die Zusatzinformationen bieten dem Bilanzleser die Möglichkeit, Werte aus den Abschlüssen anderer Jahre oder Unternehmen schnell und unter Minimierung von Fehlern zu vergleichen und Kennzahlen zu bilden.

---

39 Zur Folgebewertung von Sachanlagevermögen vgl. Wobbe, C.: Sachanlagen und Leasing, IBP 3, 2008, S. 45 ff.
40 Für empirische Ergebnisse vgl. Kapitel 4.2.4.
41 Für empirische Ergebnisse vgl. Kapitel 4.3.4.

> **Beispiel**
>
> Werden die Vorräte beispielsweise näher aufgegliedert, so könnte dies folgendermaßen aussehen:
>
> *Variante 1 (ungegliedert)*
>
> | | |
> |---|---|
> | Roh-, Hilfs- und Betriebsstoffe | 5.000 |
> | unfertige Erzeugnisse | 75.000 |
> | fertige Erzeugnisse | 300.000 |
>
> *Variante 2 (Aufgliederung)*
>
> | | |
> |---|---|
> | **Vorräte** | |
> | Roh-, Hilfs- und Betriebsstoffe | 5.000 |
> | unfertige Erzeugnisse | 75.000 |
> | fertige Erzeugnisse | 300.000 |
> | **SUMME** | **380.000** |
>
> *Variante 3 (im Sinne einer „davon"-Angabe)*
>
> | | |
> |---|---|
> | **Vorräte** | **380.000** |
> | Roh-, Hilfs- und Betriebsstoffe | 5.000 |
> | unfertige Erzeugnisse | 75.000 |
> | fertige Erzeugnisse | 300.000 |

Die **Bezeichnungen der Abschlussposten** können an die individuellen Gegebenheiten des Unternehmens **angepasst** werden (IAS 1.57b und IAS 1.86), um möglichst entscheidungsnützliche Informationen bereitzustellen. Für den Bilanzausweis sind verschiedene sinnvolle Anpassungen denkbar. So wird im Konzernabschluss von Premiere ein Posten „Filmvermögen" ausgewiesen.[42] Alternativ wäre auch eine weniger aussagekräftigere Einordnung unter dem Begriff immaterielle Vermögenswerte möglich gewesen. Weiter weist die Lufthansa im Konzernabschluss „Flugzeuge und Reservetriebwerke" aus, die weniger detailliert auch als Sachanlagevermögen hätten klassifiziert werden können.[43] Die Unternehmen können somit durch die Anpassung von Postenbezeichnungen bestimmte unternehmens- oder branchentypische Merkmale deutlicher präsentieren.

---

42 Vgl. Konzerngeschäftsbericht Premiere AG 2008, S. 46.
43 Vgl. Konzerngeschäftsbericht Lufthansa AG 2008, S. 130.

> **Technischer Anwendungsaspekt**
>
> Zu beachten ist allerdings, dass die Bezeichnungen allgemeinverständlich bleiben und das Ziel der zwischenbetrieblichen Vergleichbarkeit nicht stören. Insofern sind bei der Wahl der Bezeichnungen durchaus die Abschlüsse anderer Unternehmen, insbesondere derselben Branche, vergleichend heranzuziehen. Auf diese Weise wird kann gewährleistet werden, dass der Adressat die dargestellte Information auch einordnen und vergleichen kann.[44]

1.3.4 Stetigkeit der Darstellung

Die gewählte **Darstellung** des Abschlusses unterliegt dem **Stetigkeitsprinzip** (IAS 1.45f.).[45] Dies gründet auf den Regelungen des Rahmenkonzepts, in dem die Darstellungsstetigkeit dem Prinzip der Vergleichbarkeit (F.39) und den Bestimmungen des IAS 8 untergeordnet wird. Der IAS 8 verlangt die stetige Anwendung von Bilanzierungs- und Bewertungsmethoden (IAS 8.13), wobei in IAS 8.5 die Darstellung explizit einbezogen wird. Aus Sicht des Bilanzierenden stellt sich die Frage, auf welche Entscheidung die geforderte Darstellungsstetigkeit bei der Abschlusserstellung ausstrahlt. Dazu wird nach **zeitlicher und sachlicher Stetigkeit** unterschieden.[46]

Der sachlichen Betrachtungsweise folgend sind vergleichbare Sachverhalte nach identischen Grundsätzen darzustellen.[47] Beispielsweise kann die Problematik des Ausweises von Vorräten nach der Brutto- oder Nettomethode erfolgen und für diesen Bereich eine sachliche Stetigkeit festgemacht werden. Bei der Wahl der Nettomethode wären dann sowohl Forderungen als auch Vorräte nach Abzug von Wertberichtungen auszuweisen. Eine Darstellung nur einer der beiden Sachverhalte als Nettobetrag würde der sachlichen Darstellungsstetigkeit nicht genügen.

Während die sachliche Stetigkeit Darstellungsentscheidungen zu einem Zeitpunkt erfasst und diese damit harmonisiert, zielt die zeitliche Komponente auf die stetige Darstellung an verschiedenen Bilanzstichtagen ab. Die zeitliche Komponente umfasst folgende beizubehaltende Bereiche:[48]

– Gewählte Abschlussposten,
– Bezeichnungen der Abschlussbestandteile,
– Bezeichnung der Abschlussposten,

---

44 Für empirische Ergebnisse vgl. Bilanz Kapitel 4.2.2, GuV Kapitel 4.3.2.
45 Für empirische Ergebnisse vgl. Bilanz Kapitel 4.2.3, GuV Kapitel 4.3.3.
46 Vgl. Brücks, M./Diehm, S./Kerkhoff, G.: IAS 1, 2008, Rz. 157f.
47 Vgl. Kleekämper, H. et al.: IAS 1, 2003, Rz. 40.
48 Vgl. Brücks, M./Diehm, S./Kerkhoff, G.: IAS 1, 2008, Rz. 157.

- Strukturierung, Untergliederung, Reihenfolge sowie Auswahl und Bezeichnung von Summen und Zwischensummen bzw. entsprechenden Überschriften,
- Wahlrecht zur alternativen Darstellung von Abschlussposten in Bilanz/ GuV oder Anhang,
- Zuordnung von Geschäftsvorfällen zu den Abschlussposten und
- Gewählte Darstellungsalternativen in Bilanz und GuV (z.B. Umsatz- oder Gesamtkostenverfahren).

Dennoch ist auch eine Durchbrechung des Stetigkeitsgrundsatzes möglich. Hierfür werden in IAS 1.45 drei Möglichkeiten genannt:

1. Eine wesentliche Änderung des Tätigkeitsfeldes des Unternehmens,
2. eine Änderung der Darstellung oder Gliederung führt zu einer besser geeigneten Darstellungsform sowie
3. ein IFRS schreibt eine geänderte Darstellung vor.

Eine Anpassung der Darstellung aufgrund einer der drei genannten Möglichkeiten ist nicht nur erlaubt, sondern auch geboten.[49] Allerdings ist die Anpassung an drei Nebenbedingungen geknüpft. So müssen die durch die angepasste Darstellung dargebotenen Informationen **verlässlich** und für die Adressaten **relevanter** sein. Letztlich muss der Bilanzierende beabsichtigen, die angepasste Darstellungsform **beizubehalten**. Letzteres dient der Sicherstellung der Vergleichbarkeit, die durch einen häufigen Wechsel der Darstellung eingeschränkt sein könnte.

Eine Detailfrage bei der Anpassung der Darstellung betrifft sogenannte **Leerposten**. Diese entstehen beispielsweise, wenn eine im Vorjahr in der Bilanz ausgewiesene At-Equity-bewertete Beteiligung im Laufe des Jahres veräußert wurde und der entsprechende Posten dementsprechend einen Wert von Null aufweist. Beim Vorliegen dieser oder der umgekehrten Konstellation ist der Bilanzposten zwingend auszuweisen und im aktuellen Jahr (im umgekehrten Fall für das Vorjahr) ein Wert von Null zuzuweisen. Dies gilt nur, sofern im Berichtsjahr oder im Vorjahr ein Wert für den Posten angesetzt werden kann. Ist einem Posten für beide Stichtage ein Wert von Null beizumessen, so kann dieser Posten aus der Bilanz bzw. GuV entfernt werden.[50]

---

49 Vgl. u.a. Kleekämper, H. et al.: IAS 1, 2003, Rz. 41; ADS International: Abschnitt 7, 2007, Rz. 24.
50 Vgl. Wollmert, P./Achleitner, A.-K.: Konzeptionelle Grundlagen, 1997, S. 253.

1.3 Grundlegende Regelungen für die Darstellung und Gliederung der Abschlussbestandteile

Ein Auszug aus der Konzernbilanz der Kuka AG des Geschäftsjahres 2008 zeigt ein Beispiel für die Beibehaltung eines Leerpostens des aktuellen Jahres:

T €	Erläuterung	31.12.2007	31.12.2008
Langfristige Vermögenswerte			
Anlagevermögen	9		
...			
Beteiligungen an assoziierten Unternehmen	12	36	0
...			

Der Wert aus dem Geschäftsjahr 2007 bezieht sich auf eine Beteiligung, die im aktuellen Geschäftsjahr 2008 verkauft wurde.[51] Für das Geschäftsjahr 2009 ist eine Eliminierung des Postens vorstellbar, wenn keine Beteiligung an einem assoziierten Unternehmen erworben wird.

(Konzerngeschäftsbericht Kuka AG 2008, S. 104)

Für Posten, deren getrenntem Ausweis das Wesentlichkeitskriterium zu Grunde liegt, sind zwei Fälle zu unterscheiden. Im ersten Fall sind Posten, die in der Vorperiode auf Grund ihrer Wesentlichkeit getrennt ausgewiesen worden sind, auch in der aktuellen Periode getrennt auszuweisen, obwohl sie nicht mehr als wesentlich anzusehen sind. Hier ist eine Durchbrechung des Stetigkeitsgrundsatzes nicht zu rechtfertigen. Vielmehr würde die Information bezüglich des in der Vorperiode wesentlichen Postens durch die Zusammenfassung verloren gehen. Durch die weniger entscheidungsnützlichen Informationen würde gegen die Zielsetzung der IFRS verstoßen. Im entgegengesetzten Fall, dass aus Wesentlichkeitsgründen der getrennte Ausweis eines zuvor zusammengefassten unwesentlichen Postens notwendig wird, ist der getrennte Ausweis zielführend. Durch den gesonderten Ausweis wird eine wesentliche Information mit dem Ergebnis einer gesteigerten Entscheidungsnützlichkeit bereitgestellt. Insofern scheint eine Durchbrechung des Stetigkeitsgrundsatzes in diesem Falle zulässig.

---

51 Vgl. Konzerngeschäftsbericht Kuka AG 2008, S. 136.

> **Technischer Anwendungsaspekt**
>
> Sollte eine Veränderung der Darstellungsform vorgenommen werden, die die einzelnen Abschlussposten betrifft, so sind die Vorjahres- bzw. Vergleichsbeträge ebenfalls anzupassen. Im Anhang sind Angaben zu machen über die Art, den Grund der Umgliederung sowie den Betrag jedes umgegliederten Postens (IAS 1.41).

1.3.5 Schätzungsänderung, Fehlerkorrektur und Änderung von Bilanzierungs- und Bewertungsmethoden

Die im Abschluss dargestellten Posten basieren auf **Schätzungen**, wie im Falle der Rückstellungsbewertung oder der Schätzung der Nutzungsdauern von Sachanlagen.

Es kann sich herausstellen, dass diese Schätzungen aus Sicht aktueller Informationen nicht zutreffend sind. Dieser Umstand ist in der aktuellen und ggf. in Folgeperioden erfolgswirksam zu berücksichtigen. Die Änderungen betreffen die Bewertung einzelner Posten und haben **keine Auswirkung auf die Darstellung** (IAS 8.32 ff.), insbesondere nicht auf die Anpassung von Vorjahreswerten.

Eine **Änderung von Bilanzierungs- und Bewertungsmethoden** kann durch die Einführung neuer Standards oder die durch die Änderung zu erreichende verlässlichere und relevantere Darstellung begründet sein (IAS 8.14).[52] Eine Anpassung muss unter der Fiktion, dass die Methode immer angewendet wurde, rückwirkend für die betroffenen Posten durchgeführt werden. Die Anpassungen müssen, sofern durchführbar, bis zum Eröffnungsbilanzwert der frühesten ausgewiesenen Vergleichsperiode im Abschluss vollzogen werden (IAS 8.22 f.). Beziehen sich die Änderungen auch auf Perioden, die vor der letzten Vergleichsperiode liegen, ist der verbleibende Anpassungsbetrag in der Eröffnungsbilanz der frühesten Vergleichsperiode erfolgsneutral zu erfassen.

Die Korrektur von **wesentlichen Fehlern** erfolgt, wenn durchführbar, durch rückwirkende Anpassung der betroffenen Vorjahreswerte (IAS 8.41 f.). Liegt der Fehler vor der frühesten im Vergleich dargestellten Periode, ist für diese Periode eine angepasste Eröffnungsbilanz aufzustellen. Die Fehlerkorrektur wird in der Periode des Entdeckens erfolgsneutral erfasst (IAS 8.46).

Im Anhang ist zu erläutern, aus welchem Grund die Methodenänderung vorgenommen wurde bzw. welcher Art der berichtigte Fehler war und um welchen Betrag die betroffenen Positionen des Abschlusses angepasst worden sind (IAS 8.28 f. und IAS 8.49).

---

[52] IAS 8 gilt nicht für die Umstellung der Rechnungslegung auf IFRS. Für eine Darstellung der Erstanwendung nach IFRS 1 vgl. Müller, S.: Grundlagen und Erstanwendung, 2007.

1.3.6 Vergleichsinformationen (Vorjahreswerte)

Quantitative Informationen unterliegen einer grundsätzlichen Pflicht zur Angabe von **Vorjahreswerten** (IAS 1.38),[53] die aus der Anforderung der Vergleichbarkeit des Frameworks resultiert. Dies bedeutet, dass für alle im Abschluss ausgewiesenen Zahlen, also auch für Werte im Anhang, die entsprechenden Vorjahreswerte anzugeben sind. Gemildert gilt dies auch für verbale Informationen, für die Vergleichsinformationen aus dem Vorjahr einzubeziehen sind, wenn sie für das Verständnis des Abschlusses der aktuellen Periode von Bedeutung sind (IAS 1.38). Wurden im Vorjahr Angaben zu einer drohenden Sanierung eines mit Schadstoffen aus der Produktion verseuchten Betriebsgeländes gemacht, deren Ausmaß zum Bilanzstichtag noch nicht genau bekannt war, ist im aktuellen Jahr über den Fortgang des Sachverhaltes zu berichten. Die Angabepflicht bezüglich der Vorjahreswerte erstreckt sich auch auf freiwillige Zusatzinformationen.[54]

Technischer Anwendungsaspekt

Entgegen der Formulierung in IAS 1.39 müssen keine zwei Bilanzen bzw. GuV-Rechnungen aufgestellt werden. Eine Einzeldarstellung mit zwei Jahresspalten ist aus Gründen der Übersichtlichkeit und Vergleichbarkeit bevorzugt anzuwenden.

Eine Ausnahme stellt der Ausweis von **zum Verkauf stehenden langfristigen Vermögenswerten und aufgegebenen Geschäftsbereichen** in der Bilanz dar. Bei einer entsprechenden Umgliederung von Vermögenswerten und Schulden in die separaten Posten sind die Vorjahreswerte der Positionen, aus der die Umgliederung erfolgte, **nicht anzupassen** (IFRS 5.40).

1.3.7 Ausweiswahlrechte im Spannungsfeld zwischen Bilanz, GuV und Anhang

Weitere **Untergliederungen** von Bilanzposten sind unter Berücksichtigung von **Größe, Art und Funktion** der Posten in Bilanz oder Anhang vorzunehmen (IAS 1.77f.). Folgende Untergliederungen können oder müssen in Bilanz oder Anhang vorgenommen werden:[55]

---

[53] Für empirische Ergebnisse vgl. Bilanz Kapitel 4.2.1, GuV Kapitel 4.3.1.
[54] Vgl. Kleekämper, H. et al.: IAS 1, 2003, Rz. 59.
[55] Für empirische Ergebnisse vgl. Bilanz Kapitel 4.2.4, GuV Kapitel 4.3.4.2.

1. Sachanlagevermögen (IAS 16.37)

    a) unbebaute Grundstücke,
    b) Grundstücke und Gebäude,
    c) Maschinen und technische Anlagen,
    d) Schiffe,
    e) Flugzeuge,
    f) Kraftfahrzeuge,
    g) Betriebsausstattung,
    h) Büroausstattung,

2. Immaterielle Vermögenswerte (IAS 38.119)

    a) Markennamen,
    b) Drucktitel und Verlagsrechte,
    c) Computersoftware,
    d) Lizenzen und Franchiseverträge,
    e) Urheberrechte, Patente und sonstige gewerbliche Schutzrechte, Nutzungs- und Betriebskonzessionen,
    f) Rezepte, Geheimverfahren, Modelle, Entwürfe und Prototypen,
    g) immaterielle Vermögenswerte in Entwicklung,

3. Vorräte (IAS 2.37)

    a) Handelswaren,
    b) Roh-, Hilfs- und Betriebsstoffe,
    c) unfertige Erzeugnisse,
    d) fertige Erzeugnisse,

4. Forderungen (IAS 1.78b)

    a) Forderungen gegenüber Handelskunden,
    b) Forderungen gegenüber nahe stehenden Unternehmen und Personen,
    c) Vorauszahlungen,
    d) sonstige Forderungen,

5. Rückstellungen (IAS 1.78d)

    a) Leistungen an Arbeitnehmer,
    b) sonstige Rückstellungen,

6. Eigenkapital (IAS 1.78e)

    a) eingezahltes Kapital,
    b) Agio,
    c) Rücklagen.

Technischer Anwendungsaspekt

Untergliederungsort und -tiefe sind nach Ermessen des Bilanzierenden zu bestimmen. Die aufgeführten Möglichkeiten oder Pflichten zur Untergliederung können die Bilanz unübersichtlich werden lassen. Bei der Entscheidung über durchzuführende Untergliederungen ist abzuwägen, ob eine Darstellung in der Bilanz die Übersichtlichkeit einschränkt. Um dies zu vermeiden, kann eine Aufgliederung im Anhang zweckmäßiger sein.

Für die Gewinn- und Verlustrechnung besteht ein Wahlrecht, **wesentliche** Aufwands- oder Ertragsposten nach Art und Umfang separat in der GuV (bzw. GER) oder im Anhang auszuweisen. Beispiele für solche Vorgänge liefert IAS 1.98:

a) außerplanmäßige Abschreibung der Vorräte auf den Nettoveräußerungswert oder der Sachanlagen auf den erzielbaren Betrag sowie die Wertaufholung solcher außerplanmäßigen Abschreibungen,
b) eine Umstrukturierung der Tätigkeiten eines Unternehmens und die Auflösung von Rückstellungen für Umstrukturierungsaufwand,
c) Veräußerung von Posten der Sachanlagen,
d) Veräußerung von Finanzanlagen,
e) aufgegebene Geschäftsbereiche,
f) Beendigung von Rechtsstreitigkeiten und
g) sonstige Auflösungen von Rückstellungen.

In der Praxis nicht genutzt wird das Wahlrecht zur Aufgliederung des in der GuV erfassten Aufwands nach der Umsatz- oder der Gesamtkostenmethode im Anhang.[56]

---

56 Für empirische Ergebnisse vgl. Kapitel 4.3.4.1.

2 Gliederung und Ausweis der Bilanz

Leitfragen

- Welche Darstellungsregelungen sind zu beachten?
- Wie ist die Mindestgliederung zu ergänzen?
- Dürfen Zwischenüberschriften ergänzt werden?
- Welche Unterschiede zum HGB bestehen?

2.1 Form, Gliederungskriterien und Inhalt

2.1.1 Darstellungsformen der Bilanz

Die **Bilanz** dient auch nach den IFRS der Gegenüberstellung von Vermögen und Kapital zu einem bestimmten Zeitpunkt. Während das deutsche Handelsrecht jedoch in den §§ 265 und 266 HGB sehr detaillierte Vorgaben in Bezug auf Form, Gliederung und auszuweisende Posten der Bilanz macht, so herrschen im System der IFRS weite Gestaltungsspielräume vor.

Zunächst wird keine konkrete Form in IAS 1 gefordert.[57] Es ist folglich möglich IFRS-konform eine Staffel- oder Kontoform bei der Darstellung der Bilanz zu nutzen. Während in § 266 Abs. 1 Satz 1 HGB die Kontoform explizit gefordert wird, wird das Darstellungswahlrecht im Kontext der IFRS in der Praxis in Richtung Staffelform ausgestaltet.[58] In der *Implementation Guidance* zum IAS 1 wird als Beispiel für die Form der Bilanz ebenfalls die Staffelform präsentiert. Dies ist jedoch auf Grund des fehlenden Normcharakters der *Implementation Guidance* nur als Vorschlag zu verstehen; zudem werden nach IAS 1.IG3 auch andere Darstellungsformen als geeignet angesehen.

---

57 Vgl. Epstein, B.J./Mirza, A.A.: IAS, 2002, S. 101 f.
58 Vgl. Brücks, M./Diehm, S./Kerkhoff, G.: IAS 1, 2008, Rz. 197; ADS International: Abschnitt 7, 2007, Rz. 71; Kleekämper, H. et al.: IAS 1, 2003, Rz. 80; eigene Untersuchung in Kapitel 4.2.1.

2.1.2 Mindestinhalte

Unabhängig von der gewählten Gliederungsform sind bestimmte Posten in der Bilanz explizit auszuweisen. In IAS 1.54 wird folgende Liste an **Mindestinhalten** aufgeführt:

	Bezeichnung	Bilanzseite	Verweis
a.	Sachanlagen,	Aktivum	IAS 16
b.	als Finanzinvestition gehaltene Immobilien,	Aktivum	IAS 40
c.	immaterielle Vermögenswerte, (Geschäfts- oder Firmenwert)	Aktivum	IAS 38 (IFRS 3)
d.	finanzielle Vermögenswerte (ohne (e), (h) und (i)),	Aktivum	IAS 32, IAS 39, IFRS 7
e.	nach der Equity-Methode bilanzierte Finanzanlagen,	Aktivum	IAS 28
f.	biologische Vermögenswerte,	Aktivum	IAS 41
g.	Vorräte,	Aktivum	IAS 2
h.	Forderungen aus Lieferungen und Leistungen und sonstige Forderungen,	Aktivum	IAS 32, IAS 39, IFRS 7
i.	Zahlungsmittel und Zahlungsmitteläquivalente,	Aktivum	IAS 7
j.	die Summe der Vermögenswerte, die gemäß IFRS 5 als *zur Veräußerung gehaltene langfristige Vermögenswerte und aufgegebene Geschäftsbereiche* zur Veräußerung gehalten eingestuft werden, und der Vermögenswerte, die zu einer als zur Veräußerung gehaltenen Veräußerungsgruppe gehören,	Aktivum	IFRS 5
k.	Verbindlichkeiten aus Lieferungen und Leistungen und sonstige Verbindlichkeiten,	Passivum	IAS 32, IAS 39, IFRS 7
l.	Rückstellungen, (Leistungen an Arbeitnehmer)	Passivum	IAS 37 (IAS 19)
m.	finanzielle Verbindlichkeiten (ohne (k) und (l)),	Passivum	IAS 32, IAS 39, IFRS 7
n.	Steuerschulden und -erstattungsansprüche gemäß IAS 12 *Ertragsteuern*,	Passivum/ Aktivum	IAS 12
o.	latente Steueransprüche und -schulden gemäß IAS 12,	Aktivum/ Passivum	IAS 12
p.	die Schulden, die den Veräußerungsgruppen zugeordnet sind, die gemäß IFRS 5 als zur Veräußerung gehalten eingestuft werden,	Passivum	IFRS 5
q.	nicht beherrschte Anteile, die im Eigenkapital dargestellt werden und	Passivum	IAS 27
r.	gezeichnetes Kapital und Rücklagen, die den Eigentümern der Muttergesellschaft zuzuordnen sind.	Passivum	(IAS 27) IAS 32

Tab. 2-1: Mindestens auszuweisende Bilanzposten

Der IAS 1 führt die einzelnen Posten lediglich auf. Die Definition erfolgt in den jeweiligen Standards (vgl. Verweise in Tabelle 2-1). Dabei ist es möglich, dass mehrere sachlich zusammenhängende, aber in verschiedenen Standards geregelte Sachverhalte in einem Posten gebündelt werden. So ist beispielsweise der Geschäfts- oder Firmenwert (IFRS 3) ebenso wie Patente (IAS 38) sachlich unter dem Posten immaterielle Vermögenswerte auszuweisen. Eine konkrete Gliederung ist der Aufzählung nicht direkt zu entnehmen.

2.1.3 Grobgliederung der Bilanz

Den auf die Informationsbedürfnisse des kapitalmarktorientierten Adressaten ausgelegten IFRS fehlt ein striktes Gliederungsschema, wie es das HGB kennt. Dieser Umstand bietet den Unternehmen die Möglichkeit, möglichst (entscheidungs-) relevante Informationen für den Adressaten bereitzustellen. Das Unternehmen kann auf die individuellen Gegebenheiten der Geschäftstätigkeit oder der Unternehmenslage mittels flexibler Gliederung eingehen. Ein Nachteil dieser Systematik ist, dass die ausgewiesenen Posten zwischenbetrieblich nicht einfach auf der Basis standardisierter Kennzahlen verglichen werden können. Insofern tragen die Regelungen des HGB eher dem Gedanken der zwischenbetrieblichen Vergleichbarkeit auf Basis standardisierter Verfahren Rechnung.[59]

Das grobe IFRS-Gliederungsschema kann zwei verschiedene Ausprägungen aufweisen. Der Regelfall sollte die **Gliederung nach Fristigkeit** sein (IAS 1.60).[60] Das bedeutet für die Gliederung, dass die auszuweisenden Posten in die vier Gruppen kurzfristige und langfristige Vermögenswerte und Schulden einzuordnen sind. Diese Gliederung erscheint allerdings – auch aus der Sicht des Standardsetters – nicht für alle Unternehmen zweckmäßig. Als zweite Möglichkeit wird die **Gliederung nach Liquidität** aufgeführt (IAS 1.63), die als Ausnahmefall angesehen werden kann.[61]

---

59 Vgl. Wagenhofer, A.: IAS, 2005, S. 429.
60 Für empirische Ergebnisse vgl. Kapitel 4.2.4.
61 Vgl. Lüdenbach, N.: Darstellung des Abschlusses, 2008, § 2, Rz. 28.

Aktiva	Passiva
langfristige Vermögenswerte	Eigenkapital
	langfristige Schulden
kurzfristige Vermögenswerte	
	kurzfristige Schulden
SUMME	SUMME

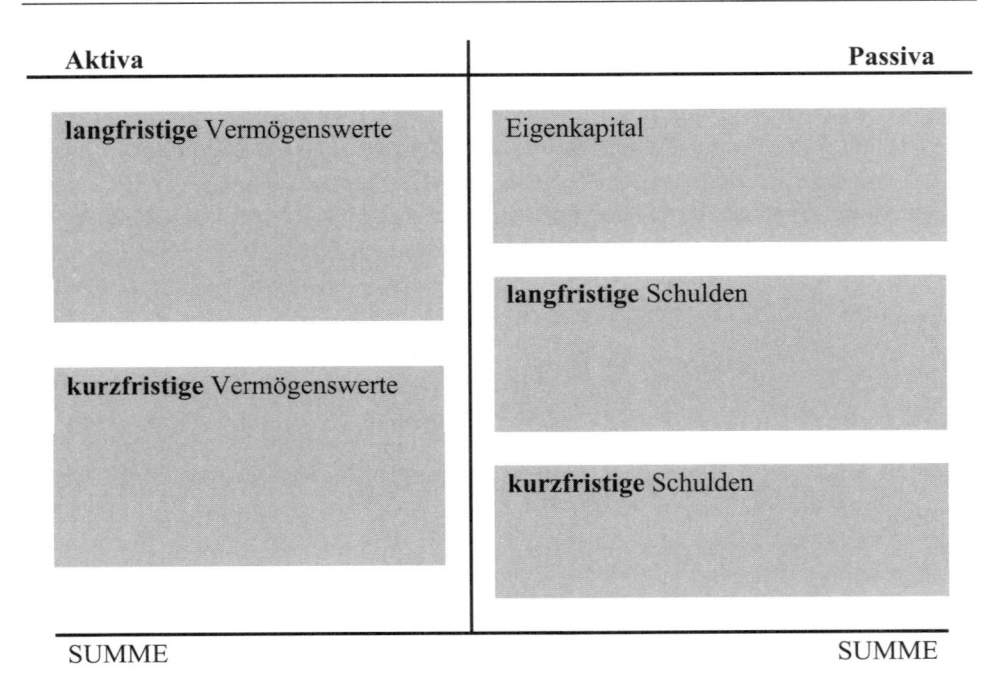

Abb. 2-1: Grobgliederung der Bilanz nach Fristigkeit

Entscheidungskriterium für die Anwendung einer der beiden Alternativen ist die **Länge des Geschäftszyklus**. Eine konkrete Vorgabe hinsichtlich der Länge ist seitens des IASB nicht gemacht worden, lediglich die **eindeutige Identifizierbarkeit** des Geschäftszyklus muss gegeben sein (IAS 1.62). Der Geschäftszyklus beschreibt die Zeitspanne zwischen Erwerb von Vermögenswerten, die in den Produktionsprozess eingehen, und deren Umwandlung in Zahlungsmittel/ -äquivalente (Verkauf) (IAS 1.68).

Die Länge des Geschäftszyklus ist häufig bei Unternehmen der Branchen Dienstleistung, Industrie und Handel einfach identifizierbar.[62] Generell beträgt der Geschäftszyklus für diese Branchen einen Zeitraum von weniger als zwölf Monaten.[63] Problematisch erscheint die Identifikation der Länge des Zyklus bei Unternehmen, die **verschiedene Tätigkeitsfelder** aufweisen. Als Beispiel hierfür wäre Siemens als Mischkonzern heranzuziehen, dessen Tätigkeiten sowohl lange Zyklen, wie Planung und Bau von Investitionsgütern (z.B. Kraftwerke), als auch kurze Zyklen, wie bei der Produktion von Konsumgütern (z.B. Computer) umfasst. Für diese Fälle sieht IAS 1.68 vor, dass eine Länge von **zwölf Monaten**

---

[62] Vgl. Cairns, D.: IAS, 1999, S. 164.
[63] Vgl. Wawrzinek, W.: Ansatz, Bewertung und Ausweis, 2009, Rz. 147.

anzunehmen ist.[64] Das deutsche Rechnungslegungs Interpretations Comittee (RIC) empfiehlt in diesem Fall zusätzlich eine Anhangangabe, die auf diesen Sachverhalt hinweist (RIC 1.17).

Der Ausnahmefall der **Gliederung nach Liquidität** kommt nur zum Tragen, sofern diese Gliederung zuverlässiger und/ oder relevanter ist (IAS 1.60). Dies gilt beispielsweise für Finanzinstitute (IAS 1.63) sowie für Versicherungsunternehmen, Investmentgesellschaften und Beteiligungsgesellschaften (RIC 1.23).

Im Zusammenhang mit dieser Thematik sind beispielhaft Automobilkonzerne zu betrachten, die auch Finanzdienstleistungen anbieten. Hier besteht eine Konkurrenz zwischen der Gliederung nach Fristigkeit und nach Liquidität. Es ist für diesen Fall zwar zulässig, beide Gliederungsprinzipien parallel anzuwenden (IAS 1.64), allerdings ist dies nicht überschneidungsfrei durchführbar. Das RIC empfiehlt daher auf oberer Ebene eine Untergliederung der Vermögenswerte und Schulden nach Fristigkeit und auf untergeordneter Ebene eine weitere Untergliederung der betreffenden Posten nach Liquidität. Weiter wird empfohlen, die relevanten Posten der Bilanz im Anhang nach Liquidität zu segmentieren (RIC 1.24f.).

Das angewendete Gliederungsschema ist gleichwohl für Vermögenswerte **und** Schulden anzuwenden (IAS 1.70). Eine Gliederung der Aktivseite nach Liquidität bei gleichzeitiger Gliederung der Passivseite nach Fristigkeit ist demnach nicht zulässig.

2.2 (Kurzfristige) Vermögenswerte

Um die vom IASB als Regelfall geforderte Gliederung nach Fristigkeit umsetzen zu können, bedarf es einer Abbildungsregel, nach der kurzfristige und langfristige Vermögenswerte identifiziert, separiert und dargestellt werden.

In IAS 1 erfolgt lediglich die Definition kurzfristiger Vermögenswerte. Langfristige Vermögenswerte werden durch eine Negativabgrenzung als Vermögenswerte definiert, die nicht kurzfristig sind (IAS 1.66). Als kurzfristig ist ein Vermögenswert gemäß IAS 1.66 zu klassifizieren, wenn:

a) die Realisierung des Vermögenswertes innerhalb des normalen Geschäftszyklus erwartet oder der Vermögenswert zum Verkauf oder Verbrauch innerhalb dieses Zeitraums gehalten wird,
b) der Vermögenswert primär für Handelszwecke gehalten wird,
c) die Realisierung des Vermögenswerts innerhalb von zwölf Monaten nach dem Abschlussstichtag erwartet wird oder
d) es sich um Zahlungsmittel oder Zahlungsmitteläquivalente handelt (gemäß der Definition in IAS 7), es sei denn, der Tausch oder die Nutzung des Ver-

---

[64] Vgl. Mackenzie, B./Simmonds, A.: IAS, 2001, S. 170f.; Epstein, B.J./Mirza, A.A.: IAS, 2002, S. 85; Ebenso für Vermögenswerte vgl. Australian Accounting Standard 36, Rz. 4.4.4.

mögenswerts zur Erfüllung einer Verpflichtung sind für einen Zeitraum von mindestens zwölf Monaten nach dem Abschlussstichtag eingeschränkt.

Die aufgeführten Kriterien weisen eine gewisse Schnittmenge auf. Deutlich wird, dass das Hauptkriterium für die vorzunehmende Zuordnung die **(Rest-) Verweildauer** des Vermögenswertes im Unternehmen ist. Diese umfasst als Zeitraum den **Geschäftszyklus** bzw. den Zeitraum von **zwölf Monaten** und ist damit zweigeteilt.[65]

Ergänzend werden einige Vermögensgegenstände **per se als kurzfristig klassifiziert**. Darunter fallen laut IAS 1.68 Vorräte, Forderungen aus Lieferungen und Leistungen, zu Handelszwecken gehaltene Vermögenswerte, Zahlungsmittel und Zahlungsmitteläquivalente sowie der kurzfristige Teil langfristiger finanzieller Vermögenswerte.

2.2.1 Geschäftszyklus

Eine Sonderstellung nehmen die **Vorräte** und die **Forderungen aus Lieferungen und Leistungen** ein. Diese Posten sind die Basis zur Bestimmung der Länge des Geschäftszyklus. Als kurzfristiges Betriebskapital (working-capital) bestimmt deren Umschlagsdauer die Länge des Geschäftszyklus. Dieser kann unternehmensintern zwischen verschiedenen Tätigkeitsfeldern sowie im externen Vergleich zwischen Unternehmen extrem variieren. Weit verbreitet ist eine Umschlagsdauer von unter zwölf Monaten. Allerdings lassen sich recht einfach auch sehr lange Zyklen konstruieren, wie etwa bei Weinproduktion/-handel, in der Baubranche, für Werften oder individuelle Dienstleistungen wie die Erstellung individueller Unternehmenssoftware. Insofern sind Vorräte und Forderungen aus Lieferungen und Leistungen auch als kurzfristig einzustufen, wenn die Realisation innerhalb eines Zeitraumes über zwölf Monaten Länge vonstatten geht.

> **Technischer Anwendungsaspekt**
>
> In diesem Zusammenhang ist auf die deutliche sprachliche und inhaltliche Trennung von Forderungen aus Lieferungen und Leistungen sowie gewährten Darlehen zu achten. Dies betrifft Forderungen aus Lieferungen und Leistungen, die langfristig ausgerichtet sind. Entspricht das gewährte Zahlungsziel nicht den branchenüblichen Durchschnittswerten, so kann ein Absatz- mit gesondertem Finanzierungsgeschäft vorliegen. Hier ist der wirtschaftliche Gehalt des Sachverhaltes zu betrachten und ein Ausweis als langfristiges Darlehen erforderlich.[66]

---

65 Vgl. Wagenhofer, A.: IAS, 2005, S. 436.
66 Vgl. Brücks, M./Diehm, S./Kerkhoff, G.: IAS 1, 2008,Rz. 211; Wawrzinek, W.: Ansatz, Bewertung und Ausweis, 2009, Rz. 152; RIC 1.16.

2.2.2 12-Monats-Regel

Alle nicht aus dem normalen Geschäftszyklus resultierenden Vermögensgegenstände[67] sowie nicht dem Handelsbestand zugeordneten Finanzinstrumente sind nach der 12-Monats-Regel zu beurteilen.[68]

Zahlungsmittel und -äquivalente fallen als Finanzwerte mit einer Laufzeit von maximal drei Monaten per Definition des IAS 7.7 unter die 12-Monats-Regel. Deutlich wird dies spätestens beim Vorliegen von Verfügungsbeschränkungen. Zahlungsmittel/-äquivalente sind nur kurzfristigen Charakters, sofern eine möglicherweise vorliegende Verfügungsbeschränkung einen Zeitraum von zwölf Monaten nicht überschreitet (IAS 1.66d).

Finanzinstrumente sind nach Maßgabe des IAS 39.9 abhängig von der zugeordneten Kategorie[69] nach der 12-Monats-Regel einzustufen. Hier gilt, dass zu Handelszwecken gehaltene Finanzinstrumente grundsätzlich kurzfristige Vermögenswerte darstellen (IAS 1.66b). Finanzielle Vermögenswerte, die den anderen Kategorien zugeordnet sind, werden nach der 12-Monats-Regel anhand von Restlaufzeit oder beabsichtigter Haltedauer klassifiziert[70] (IAS 1.66c).

Technischer Anwendungsaspekt

Problematisch stellt sich der Ausweis von Derivaten dar. Deren pauschaler Ausweis als kurzfristige Vermögenswerte ist dann problematisch, wenn sie zur Absicherung eines langfristigen Postens dienen. Wird ein langfristiger Kredit durch einen Zinsswap abgesichert (*Fair-Value Hedge*), so ist aus Sicht des wirtschaftlichen Gehalts der abzubildenden Beziehung, eine Klassifizierung als kurzfristiger Vermögenswert nicht tragbar.[71] Vielmehr sollte sich die Klassifizierung an der Fristigkeit des **vorhandenen** Grundgeschäftes richten. In der praktischen Ausgestaltung lässt sich damit festhalten, dass sich die Einstufung des Derivats nach dem Grundgeschäft richtet, sofern es sich um *Fair-Value-Hedge* handelt. Relevant ist hier, dass das Grundgeschäft einen vorhandenen Sachverhalt abbildet. Sollte ein *Cashflow-Hedge* vorliegen, bei dem ein **erwarteter** Sachverhalt gesichert wird, dann greift die 12-Monats-Regel.[72]

Letztlich sind unter dem Kriterium der 12-Monats-Regel im Zusammenspiel mit IAS 1.68 auch **kurzfristige Anteile langfristiger finanzieller Vermögenswerte** unter den kurzfristigen Vermögenswerten auszuweisen. Damit ist beispielsweise

---

67 Vgl. Kleekämper, H. et al.: IAS 1, 2003, Rz. 90.
68 Vgl. Heuser, P.J./Theile, C.: IFRS Handbuch, 2009, Rz. 4116.
69 Zur Kategorisierung von Finanzinstrumenten vgl. Beyer, S.: Finanzinstrumente, IBP 5, 2008, S. 45ff.
70 Vgl. ADS International: Abschnitt 7, 2007, Rz. 93.
71 Vgl. Lüdenbach, N.: Darstellung des Abschlusses, 2008, § 2, Rz. 33.
72 Vgl. Heuser, P.J./Theile, C.: IFRS Handbuch, 2009, Rz. 4123.

ein gewährtes Darlehen zu jedem Stichtag in den innerhalb der nächsten zwölf Monate fälligen Betrag und den Restbetrag aufzuteilen. Eine **Umgliederung** erfolgt auf Basis der 12-Monats-Regel. Wird eine Realisierung eines bislang als langfristig deklarierten Vermögenswertes innerhalb der nächsten zwölf Monate nach dem Bilanzstichtag erwartet, so ist dieser als kurzfristig umzugliedern.[73]

Technischer Anwendungsaspekt

Setzt sich ein grds. als kurzfristig klassifizierter Vermögens- oder Schuldposten aus Beträgen zusammen, die sowohl Fristigkeiten von bis zu zwölf Monaten als auch über zwölf Monaten umfassen, wie es bei Forderungen aus Lieferungen und Leistungen der Fall sein kann, dann sind die über zwölf Monate hinausgehenden Beträge anzugeben (IAS 1.61). Dies kann wahlweise direkt in der Bilanz oder übersichtlicher im Anhang erfolgen.

2.3 (Kurzfristige) Schulden

Die Behandlung von Schulden weist erhebliche Parallelen zu der von Vermögenswerten auf. So gestaltet sich die Definition einer kurzfristigen Schuld in IAS 1.69 weitgehend analog zur Definition des kurzfristigen Vermögenswertes:

a) die Erfüllung der Schuld wird innerhalb des normalen Geschäftszyklus erwartet,
b) die Schuld wird primär für Handelszwecke gehalten,
c) die Erfüllung der Schuld wird innerhalb von zwölf Monaten nach dem Abschlussstichtag erwartet oder
d) das Unternehmen hat kein uneingeschränktes Recht, die Erfüllung der Verpflichtung um mindestens zwölf Monate nach dem Abschlussstichtag zu verschieben.

In erster Linie handelt es sich um eine begriffliche Anpassung der Vorschriften des IAS 1.66. Der Begriff Realisation ist durch die Bezeichnung **Erfüllung** ersetzt worden. Somit sind die Punkte a) bis c) sprachlich auf den Schuldenbegriff transferiert worden.

Maßgeblich für die Einordnung als kurzfristige Schuld ist der Geschäftszyklus für Schulden, die dem Working Capital zugeordnet werden können. Für die Zuordnung der übrigen Schulden ist abermals der Zeitraum von zwölf Monaten einschlägig. In Bezug auf die Länge des Geschäftszyklus sind die Ausführungen zu den Vermögenswerten heranzuziehen. Die Länge des Zyklus, der der Einordnung der Schulden zugrunde liegt, muss mit der bei den Vermögenswerten verwendeten übereinstimmen (IAS 1.70).

---
73 Vgl. PWC (Hrsg.): IAS, 2002, Rz. 1.65.

Für **Verbindlichkeiten aus Lieferungen und Leistungen** sowie **Rückstellungen für personalbezogene** (keine Altersversorgung) und **andere betriebliche Aufwendungen** gilt die pauschale Einordnung als **kurzfristig**, da sie Bestandteil des Working Capitals sind. Damit ist der Erfüllungszeitraum dieser Posten nicht an die 12-Monats-Frist gebunden.

Bei der Zuordnung der Schulden nach Fristigkeit greift das **Vorsichtsprinzip** aus dem Framework.[74] Dieser Sachverhalt betrifft die Behandlung von langfristigen Verbindlichkeiten. Es sind in diesem Sachverhalt zwei Themenstränge zu sehen:

1. Eine langfristige verzinsliche Schuld wird innerhalb der nächsten zwölf Monate planmäßig fällig,
2. der Kreditnehmer hat gegen Kreditvereinbarungen verstoßen und somit eine vorzeitige Fälligkeit ausgelöst.

Langfristige verzinsliche Schulden, die innerhalb von zwölf Monaten fällig werden, sind im ersten Schritt zunächst als kurzfristig einzustufen (vgl. (c)). In vielen Fällen erfolgt allerdings eine (langfristige) Anschlussfinanzierung (z.B. revolvierende Finanzierung). Es ist somit fraglich, ob der Ausweis als kurzfristige Schuld damit sachgerecht ist. Zu beachten ist insbesondere das einschränkende Vorsichtsprinzip, nach dem die Umgliederung in eine kurzfristige Schuld nur unterbleiben darf, wenn ein **rechtlicher Anspruch auf eine Anschlussfinanzierung** besteht. Dies könnte beispielsweise durch eine Prolongationsvereinbarung gegeben sein, die das Recht des Kreditnehmers festschreibt, die Verpflichtung zu identischen Konditionen zu verlängern. Diese Verlängerung muss einen Zeitraum von mindestens zwölf Monaten umfassen, damit die Einstufung als langfristig angezeigt ist. Zudem muss das Recht zur Prolongation einseitig und uneingeschränkt sein.[75] Es darf folglich keine Abhängigkeit von der Entscheidung des Kreditgebers oder von bestimmten Sachverhalten wie der Höhe von Bilanzkennzahlen vorliegen. Ansonsten ist aus Gründen der Vorsicht ein Ausweis als kurzfristige Schuld geboten.

Im Falle einer fehlenden, eingeschränkten oder von der Entscheidung des Kreditgebers abhängigen Prolongationsvereinbarung ist zu klären, ob eine andere Art der Anschlussfinanzierung gegeben ist. Abgestellt wird dabei auf das Vorliegen einer Vereinbarung zwischen Kreditgeber und -nehmer **am Bilanzstichtag**. Eine Vereinbarung zwischen Bilanzstichtag und Freigabe des Abschlusses ist nicht ausreichend für einen Ausweis als langfristige Schuld (IAS 1.72).

Ebenfalls unter dem Aspekt der Vorsicht werden bedingte Kreditvereinbarungen mit sofortiger Fälligkeit bei Verletzung bestimmter Bedingungen behandelt. Diese Bedingungen können dem Kreditgeber das Recht auf sofortige Rückzahlung durch den Schuldner gewähren, beispielsweise bei einer Über-/ Unterschreitung bestimmter Bilanzkennzahlen, in Abhängigkeit vom Aktienkurs oder von

---

74 Vgl. Brücks, M./Diehm, S./Kerkhoff, G.: IAS 1, 2008, Rz. 225.
75 Vgl. Brücks, M./Diehm, S./Kerkhoff, G.: IAS 1, 2008, Rz. 225.

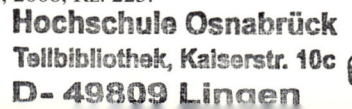

Rating-Einstufungen.[76] Wurden Vertragsbestimmungen verletzt, ist eine Einordnung als kurzfristig vorzunehmen. Einzig wenn der Kreditgeber **bis zum Bilanzstichtag** eine Nachfrist (Bewährung) von mindestens zwölf Monaten gewährt, kommt ein Ausweis als langfristiger Posten in Frage (IAS 1.75).

> **Bilanzpolitische Perspektive**
>
> Eine Beeinflussung des Bilanzbildes ist damit nur sachverhaltsgestaltend vor dem Bilanzstichtag möglich, zum einen mittels vertraglicher Fixierung der Prolongationsmöglichkeit bei Abschluss der Kreditvereinbarung (langer Horizont) oder zum anderen durch eine Vereinbarung über die Anschlussfinanzierung bzw. die Nachfrist bei Vertragsverletzung vor dem Bilanzstichtag (kurzer Horizont).

2.4 Besondere Sachverhalte bei der Darstellung von Vermögenswerten und Schulden

2.4.1 Sachanlagevermögen und immaterielle Vermögenswerte

Der Ausweis von **Sachanlagen und immateriellen Vermögenswerten**, die eine Restnutzungsdauer von weniger als zwölf Monaten aufweisen, erfolgt **nicht** unter den kurzfristigen Posten (RIC 1.26). Auch der in den nächsten zwölf Monaten im Rahmen der planmäßigen Abschreibungen erwartete Werteverzehr der Sachanlagen ist nicht als kurzfristiger Anteil der Sachanlagen auszuweisen.

2.4.2 Zur Veräußerung gehaltene langfristige Vermögenswerte und aufgegebene Geschäftsbereiche

IFRS 5 regelt die Behandlung von zur Veräußerung gehaltenen langfristigen Vermögenswerten und aufgegebenen Geschäftsbereichen. Sind die Anwendungskriterien des Standards erfüllt, erfolgt ein Ausweis als separater Posten unter den kurzfristigen Vermögenswerten.[77] Die Einstufung als „zur Veräußerung gehalten" (IFRS 5.3) setzt voraus, dass der Buchwert durch die Veräußerung und nicht durch die weitere Nutzung realisiert wird (IFRS 5.6). Dies bedeutet, dass die in Zukunft generierten Zahlungsmittel aus dem Vermögenswert maßgeblich aus der

---

76 Vgl. Cairns, D.: IAS, 1999, S. 169.
77 Vgl. Heuser, P.J./Theile, C.: IFRS Handbuch, 2009, Rz. 4151; Wawrzinek, W.: Ansatz, Bewertung und Ausweis, 2009, Rz. 153.

zukünftigen Zahlung des Kaufpreises stammen. Der Vermögenswert muss sofort veräußerbar und die Veräußerung höchstwahrscheinlich sein (IFRS 5.6).

> **Beispiel Sachanlagevermögen**
>
> Produktionsstraße, beschafft am 01.01.t0
>
> Nutzungsdauer 10 Jahre
> Stichtag 31.12.t9
> In verschiedenen Konstellationen wird die Produktionsstraße aus Sicht der Fristigkeit und der Postenzugehörigkeit unterschiedlich zugeordnet. Folgende Fälle stellen die theoretische Erläuterung schematisch dar:
>
> 1. Planmäßig Nutzung bis zum 31.12.t10, danach geplante Veräußerung
> *Ausweis als (langfristiges) Sachanlagevermögen. Eine Anwendung von IFRS 5 kommt nicht in Betracht, da die Produktionsstraße innerhalb der nächsten zwölf Monate weiter genutzt wird. Damit werden weiterhin Zahlungsmittel aus der Nutzung des Buchwertes generiert (IFRS 5.6). Darüber hinaus sind die Veräußerungspläne sind nicht konkret genug, um einen Verkauf als höchstwahrscheinlich gelten zu lassen. Ferner ist die Produktionsstraße durch die fortwährende Nutzung nicht in einem Zustand sofortiger Veräußerungsfähigkeit (IFRS 5.6).*
>
> 2. Geplante Stilllegung zum 31.12.t10
>
> *Gemäß IFRS 5.13 darf die Produktionsstraße nicht als zur Veräußerung gehalten eingestuft werden, da sie bis zum Ende ihrer Nutzungsdauer betrieben wird. Buchwert wird aus weiterer Nutzung realisiert (siehe 1.). Die Stilllegung ist geplant, aber noch nicht eingetreten.*
>
> 3. Die Produktionsstraße wird nicht mehr genutzt und soll verkauft werden. Es werden konkrete Verhandlungen mit einem Kaufinteressenten durchgeführt. Nach derzeitigem Stand scheint ein Verkauf höchstwahrscheinlich.
> *Die Produktionsstraße wird gem. IFRS 5 als zur Veräußerung verfügbar und damit als separater Posten unter den kurzfristigen Vermögenswerten ausgewiesen.*

2.4.3 Latente Steuern

Grundsätzlich als **langfristig** auszuweisen sind **latente Steuern**, auch wenn sie kurzfristige Anteile enthalten (IAS 1.56). Ein Ausweis kurzfristiger latenter Steuern ist nicht zulässig. Die Information bezüglich des zeitlichen Anfalls der Steuerentlastung wird dem Bilanzleser somit vorenthalten. Kurzfristige Steuereffekte könnten beispielsweise durch die Bewertung des Vorratsvermögens zu Herstellungskosten resultieren.[78] Geschuldet ist diese Regelung einer Vereinfachungsmaßnahme, die den Zusatzaufwand durch die Erstellung einer detaillierten Steuerplanung zur Bestimmung der Fristigkeit der latenten Steuern vermeiden soll.[79] Allerdings ist eine Abkehr von dieser Regelung im Gespräch. Das IASB diskutiert die zukünftige Aufteilung der latenten Steuern in einen kurz- und einen langfristigen Teil (ED IAS 12.35), was einen möglichen Mehrnutzen für den Adressaten bedeutet, der allerdings in Relation zum Mehraufwand des Bilanzierenden kritisch zu sehen ist.

2.4.4 Geleistete Anzahlungen

Der Ausweis von geleisteten Anzahlungen kann gem. IAS 1.78b unter den (sonstigen) Forderungen und Vermögenswerten erfolgen. Allerdings wird mit einer differenzierten Betrachtung eine klarere Darstellung erreicht. So kann der Ausweis einer geleisteten Anzahlung auf einen Gegenstand des Sachanlagevermögens als langfristig eingeordnet und unter dem Sachanlagevermögen ausgewiesen werden. Analog sind geleistete Anzahlungen auf Vorräte unter den Vorräten darstellbar. Der Vorteil liegt in der sofortigen Erkennbarkeit der sachlichen und fristengerechten Zuordnung.

2.4.5 Erhaltene Anzahlungen

Die erhaltenen Anzahlungen auf Vorräte stellen durch die sachliche Verbindung zu den Vorräten kurzfristige Verbindlichkeiten dar (Geschäftszyklus). Eine zutreffende Darstellung kann durch das offene Absetzen der erhaltenen Anzahlungen von den Vorräten erzielt werden. Theoretisch liegt bei dieser ein Konflikt in der Vermischung kurzfristiger Vermögenswerte mit kurzfristigen Verbindlichkeiten vor,[80] der aber einer entscheidungsnützlichen Darstellung untergeordnet werden kann.

2.4.6 Fertigungsaufträge

Die bilanzielle Abbildung **langfristiger Fertigungsaufträge** basiert auf der *percentage-of-completion*-Methode. Ziel der Methode ist es, die Auftragskosten und

---

78 Vgl. Wawrzinek, W.: Ansatz, Bewertung und Ausweis, 2009, Rz. 153.
79 Vgl. Wagenhofer, A.: IAS, 2005, S. 436.
80 Für diese Auffassung vgl. Lüdenbach, N.: Erhaltene Anzahlungen, 2006, S. 28 ff. Für die Befürwortung eines offenen Absetzens vgl. Küting, K./Reuter, M.: Erhaltene Anzahlungen, 2006, S. 1 ff.

-erlöse gemäß Leistungsfortschritt auf die Perioden des Fertigungszeitraumes zu verteilen.[81] Anteilige Erlöse werden als **Fertigungsaufträge mit aktivischem Saldo gegenüber Kunden** auf der Aktivseite der Bilanz dargestellt, drohende Verluste auf der Passivseite. Der Ausweis eines **Fertigungsauftrags mit aktivischem Saldo** kann sowohl unter den Vorräten als auch unter den Forderungen vorgenommen werden, da der Posten Charakterzüge beider Positionen aufweist.[82] Das *IDW* erachtet einen **Ausweis als Forderung** als sachgemäß.[83] Während der Auftragsabwicklung kommt es zu Zahlungen des Auftragsgebers. Dienen diese der Vergütung bereits erbrachter Leistungen, handelt es sich um **Abschlagszahlungen**, die bei der Berechnung des Saldos aus Fertigungsaufträgen unter Abzug gebracht werden müssen (IAS 11.43). Überschreiten die Zahlungen den Gegenwert des Leistungsfortschrittes, handelt es sich um eine Vorauszahlung. Der den Leistungsfortschritt überschreitende Differenzbetrag wird als erhaltene Anzahlung ausgewiesen. Ein Ausweis unter den Verbindlichkeiten ist im Gegensatz zum offenen Absetzen von der Forderung aus Fertigungsauftrag unstrittig.[84]

Bilanzpolitische Perspektive

Erhaltene Anzahlungen dienen der kurzfristigen Unternehmensfinanzierung. Der alternative Ausweis als Verbindlichkeit oder als abgesetzter Posten unter den Forderungen aus Fertigungsaufträgen hat Auswirkungen auf die Bilanzkennzahlen. Der abgesetzte Ausweis vermindert die Bilanzsumme sowie den Verschuldungsgrad und führt zu einer höheren Eigenkapitalquote. Bei der Entscheidung über den Ausweis sollten die möglichen Auswirkungen auf die Bilanzkennzahlen berücksichtigt werden.

2.4.7 Rechnungsabgrenzungsposten

Rechnungsabgrenzungsposten sind kein in den IFRS genutzter und definierter Begriff. Die aus dem Handelsrecht bekannten Geschäftsvorfälle, wie vorzeitig gezahlte oder erhaltene Mietzahlungen oder Versicherungsbeiträge (transitorische Abgrenzungen), führen nach IFRS zu Vermögenswerten oder Schulden.[85] Abhängig von der 12-Monats-Regel sind diese in lang- und kurzfristige Bestandteile aufzuteilen. Ein Ausweis erfolgt üblicherweise unter dem Posten sonstige Vermö-

---

81   Vertiefend zu Fertigungsaufträgen vgl. Padberg, T.: Vorräte, Fertigungsaufträge, Forderungen, IBP 4, 2008, S. 61 ff.
82   Vgl. ADS International: Abschnitt 16, 2007, Rz. 153.
83   Vgl. IDW RS HFA 2, Rz. 38.
84   Küting/Reuter erachten ein offenes Absetzen für zulässig (vgl. Küting, K./Reuter, M.: Erhaltene Anzahlungen, 2006, S. 1 ff.). Gegen ein offenes Absetzen vgl. ADS International: Abschnitt 16, 2007, Rz. 151.
85   Vgl. Müller, S.: Fremdkapital, IBP 6, 2008, S. 105 f.

genswerte bzw. Schulden. Ein separater Ausweis in der Bilanz ist aufgrund mangelnder internationaler Vertrautheit mit dem Begriff Rechnungsabgrenzungsposten nicht empfehlenswert. Eine Aufgliederung sollte allerdings im Anhang erfolgen.[86]

2.5 Beispielhafte Darstellung einer Bilanz

Konzernbilanz XY-AG (IFRS)

in Mio. €	Anhang	31.12.t_1	31.12.t_0
AKTIVA			
Geschäfts- oder Firmenwert	1		
Sonstige immaterielle Vermögenswerte	2		
Immaterielle Vermögenswerte		*SUMME*	*SUMME*
Sachanlagevermögen	3		
Investment Property	...		
Equity-Beteiligungen			
Sonstige Finanzanlagen			
Finanzanlagevermögen		*SUMME*	*SUMME*
Biologische Vermögenswerte			
Sonstige Forderungen und Vermögenswerte			
Ertragsteuerforderungen			
Latente Steuern			
Langfristige Vermögenswerte		**SUMME**	**SUMME**
Roh-, Hilfs- und Betriebsstoffe			
Unfertige Erzeugnisse			
Fertige Erzeugnisse			
Handelswaren			
Geleistete Anzahlungen			
Vorräte		*SUMME*	*SUMME*
Forderungen an Kunden			
Forderungen ggü. assoziierten Unternehmen			
Künftige Forderungen aus Fertigungsaufträgen			
Forderungen aus Lieferungen und Leistungen		*SUMME*	*SUMME*
Ertragsteuerforderungen			
Wertpapiere			
Liquide Mittel			
Zwischensumme		*SUMME*	*SUMME*
Zur Veräußerung bestimmte langfristige Vermögenswerte, Veräußerungsgruppen und aufgegebene Geschäftsbereiche			
Kurzfristige Vermögenswerte		**SUMME**	**SUMME**
SUMME AKTIVA		**SUMME**	**SUMME**

---

86 Vgl. Heuser, P.J./Theile, C.: IFRS Handbuch, 2009, Rz. 4150.

2.5 Beispielhafte Darstellung einer Bilanz

Fortsetzung Konzernbilanz XY-AG (IFRS)

in Mio. €	Anhang	31.12.t_1	31.12.t_0
Passiva			
Gezeichnetes Kapital			
Kapitalrücklage			
Gewinnrücklage			
Bilanzgewinn			
Neubewertungsrücklage			
Eigene Anteile			
Anteil der Gesellschafter des MU am Eigenkapital		SUMME	SUMME
Minderheitenanteile			
SUMME Eigenkapital		SUMME	SUMME
Pensionsrückstellungen			
Ertragsteuerrückstellungen			
Sonstige Rückstellungen			
Rückstellungen		SUMME	SUMME
Finanzielle Verbindlichkeiten			
Verbindlichkeiten aus Lieferungen und Leistungen			
Abgegrenzte Zuwendungen der öffentlichen Hand			
Sonstige Verbindlichkeiten			
Passive latente Steuern			
Langfristige Schulden		SUMME	SUMME
Kurzfristige Rückstellungen			
Finanzielle Verbindlichkeiten			
Verbindlichkeiten ggü. Kunden			
Verbindlichkeiten ggü. assoziierte Unternehmen			
Verbindlichkeiten aus Fertigungsaufträgen			
Verbindlichkeiten aus Lieferungen und Leistungen		SUMME	SUMME
Sonstige kurzfristige Verbindlichkeiten			
Laufende Ertragsteuerverbindlichkeiten			
Zwischensumme		SUMME	SUMME
Schulden im Zusammenhang mit zur Veräußerung bestimmten Veräußerungsgruppen und aufgegebenen Geschäftsbereichen			
Kurzfristige Schulden		SUMME	SUMME
SUMME PASSIVA		SUMME	SUMME

Abb. 2-2: Beispielhafte Darstellung einer Konzernbilanz

2.6 Abgrenzung zum Handelsrecht

Die Regelung der Bilanzdarstellung nach IAS 1 weist im Vergleich zur handelsrechtlichen Bilanzdarstellung gem. §§ 265, 266 HGB einige zentrale Unterschiede auf. Die Darstellung der Bilanz ist im Handelsrecht abhängig von Größe, Rechtsform, Kapitalmarktorientierung und Branche des Unternehmens geregelt.[87] Dies führt dazu, dass die Erstellung und Gliederungstiefe bestimmter Abschlussbestandteile in Abhängigkeit dieser Faktoren stattfindet. So können beispielsweise kleine Kapitalgesellschaften im Sinne von § 267 Abs. 1 HGB von der Erleichterung Gebrauch machen, eine weniger tief untergliederte Bilanz aufzustellen (§ 266 Abs. 1 HGB). Des Weiteren ist die Erstellung des Anhangs für Personengesellschaften mit natürlichem Vollhafter nicht vorgeschrieben. Im Kontext der IFRS werden diese Erleichterungen nicht dargeboten. Der Bilanzierende kann in bestimmten Fällen lediglich zwischen einer Darstellung oder Aufgliederung bestimmter Posten in Bilanz oder Anhang wählen.

Die Darstellungsform der Bilanz ist im Handelsrecht auf die Kontoform beschränkt (§ 266 Abs. 1 HGB). Die Darstellung aus Sicht der Gliederung und des Inhaltes folgt im Handelsrecht einem starren Schema, dessen Grundgerüst – und damit Mindestinhalt und Gliederung – festgelegt ist. Im Handelsrecht sind die Geschäftsvorfälle somit lediglich den vorhandenen Posten zuzuordnen. Eine weitere Untergliederung unter Beibehaltung der Grundstruktur ist möglich. Weitere Posten können hinzugefügt werden, sofern deren Inhalt nicht durch einen bestehende Posten bereits abgedeckt wird (§ 265 Abs. 5 HGB). Die Zusammenfassung von Posten ist gem. § 265 Abs. 7 HGB nur auf der untersten Ebene der vorgeschriebenen Gliederung möglich (arabisch Ziffern in den Paragraphen). Erstaunlich ist, dass die IFRS zur Erfüllung der Informationsfunktion keine starre Gliederung vorschreiben, da diese die Vergleichbarkeit und damit die Entscheidungsnützlichkeit für den Adressaten erhöhen könnte.

Zudem bevorzugen die IFRS eine Gliederung nach Fristigkeit, während sich die Aktivseite nach HGB grob in Anlage- und Umlaufvermögen und die Passivseite in Eigenkapital, Rückstellungen und Verbindlichkeiten gliedert. Laut § 247 Abs. 2 HGB dient das Anlagevermögen dauernd dem Geschäftsbetrieb, während nach IAS 1 der Geschäftszyklus bzw. ein Zeitraum von zwölf Monaten für die Zuordnung als lang- oder kurzfristiger Vermögensgegenstand heranzuziehen sind. Nach IAS 1 ist der kurzfristige Anteil langfristiger Vermögenswerte anzusetzen, beispielsweise der innerhalb von zwölf Monaten fällige Teil eines langfristig vergebenen Darlehens. Der Ausweis dieses Sachverhaltes erfolgt im Handelsrecht unabhängig von der Restverweildauer im Unternehmen im Anlagevermögen. Die Zuordnung von Vermögensgegenständen zum Anlagevermögen hängt an der Zweckbestimmung des Vermögensgegenstandes und ist somit auch abhängig von subjektiven Einflüssen des Bilanzierenden.[88] Das RIC stellt deutlich klar, dass die

---

[87] Vgl. Wulf, I./Bosse, T.: § 265 HGB, 2009, Rz. 1; Kleekämper, H. et al.: IAS 1, 2003, Rz. 218.
[88] Vgl. ADS: § 247, 6. Aufl. Rz. 110ff.

Anwendung des HGB Schemas bei Erstellung einer Bilanz nach IFRS **nicht anzuwenden** ist (RIC 1.35) und trägt den beispielhaft genannten Unterschieden damit Rechnung.

Die im Handelsrecht verpflichtend vorgesehenen **Rechnungsabgrenzungsposten** (§ 247 Abs. 1 HGB) sind nach IFRS nicht auszuweisen. Im Rahmen der IFRS werden keine Rechnungsabgrenzungsposten definiert. Geschäftsvorfälle, die dem Wesen nach im Handelsrecht unter die RAP fallen, werden nach IFRS in der Regel in den sonstigen Forderungen bzw. Verbindlichkeiten ausgewiesen.[89] Ein separater Ausweis unter Beachtung des Fristigkeitsprinzips steht den Regelungen des IASB nicht entgegen.[90]

Der separate Ausweis von Vermögenswerten und Schulden, die zur Veräußerung gehalten werden, ist nach HGB nicht vorgesehen.

---

89 Vgl. Wagenhofer, A.: IAS, 2005, S. 437.
90 Vgl. Kleekämper, H. et al.: IAS 1, 2003, Rz. 229.

3 Gliederung und Ausweis der GuV als Teil der Gesamtergebnisrechnung

Leitfragen

- Wie ist die Gesamtergebnisrechnung definiert?
- Welche Darstellungsregelungen sind zu beachten?
- Wie ist die Mindestgliederung zu ergänzen?
- Dürfen Zwischenüberschriften ergänzt werden?
- Welche Unterschiede zum HGB bestehen?

3.1 Die Gewinn- und Verlustrechnung als Teil der Gesamtergebnisrechnung

Der IAS 1 (rev. 2007) enthält in der revidierten Fassung, die für ab dem 01.01.2009 beginnende Geschäftsjahre verbindlich gilt, eine umfassende Veränderung im Zusammenhang mit dem Ergebnisausweis. Die Gewinn- und Verlustrechnung (GuV) ist nicht mehr als eigenständiges Abschlusselement zu betrachten, sondern Teil der Gesamtergebnisrechnung.

Die **Eigenkapitalveränderungen** im Unternehmen sind durch verschiedenartige Einflüsse bedingt. Das Gesamtergebnis, also die Veränderung des Reinvermögens der Periode unter Ausblendung der Transaktionen mit den Anteilseignern, ergibt sich im System der IFRS aus zwei Teilkomponenten:

    Periodenerfolg (gem. GuV)
+ sonstiges Ergebnis (*other comprehensive income (OCI)*)
= **Gesamtergebnis**

Das Ergebnis aus den erfolgswirksamen, in der Gewinn- und Verlustrechnung berücksichtigten Aufwendungen und Erträgen stellt den **Periodenerfolg** dar. Dabei handelt es sich um die realisierten Aufwendungen und Erträge der Periode, die durch die wirtschaftliche Aktivität des Unternehmens verursacht werden.

Weiter kennen die IFRS Vorgänge, bei denen die Aufwendungen und Erträge erfolgsneutral direkt im Eigenkapital erfasst werden. Das **sonstige Ergebnis** (*other comprehensive income*) enthält die folgenden Vorgänge:[91]

---

91 Vgl. Reinke, J./Nissen-Schmidt, A.: Eigenkapital, IBP 7, 2008, S. 79ff.

- die Neubewertung von immateriellem und Sachanlagevermögen nach IAS 38.72 und IAS 16.29,
- die erfolgsneutralen Wertänderungen von zur Veräußerung verfügbaren Finanzinstrumenten (IAS 39.55b),
- die erfolgsneutralen Wertänderungen von derivativen Sicherungsinstrumenten (Cashflow-Hedges) (IAS 39.95a),
- versicherungsmathematische Gewinne und Verluste aus Pensionsverpflichtungen (IAS 19.93A) und
- Währungsumrechnungsdifferenzen im Konzernabschluss (IAS 21.39c).

Technischer Anwendungsaspekt

In der Vergangenheit existierte ein Wahlrecht bezüglich des Ausweises des Gesamtergebnisses. Für Geschäftsjahre bis 2008 war es möglich, den Ausweis im Eigenkapitalspiegel oder in einer Gesamtergebnisrechnung vorzunehmen (IAS 1.96 (rev. 2003)).[92] Für Geschäftsjahre ab 2009 gilt dieses Wahlrecht nicht mehr und es ist pflichtmäßig eine Gesamtergebnisrechnung aufzustellen (IAS 1.81 (rev. 2007)).

Es stehen zwei Alternativen für die Erfüllung der Pflicht zur Aufstellung der Gesamtergebnisrechnung zur Verfügung.:[93]

- Der sog. *two-statement-approach* belässt die GuV unverändert als selbständiges Berichtselement. Der aus der GuV resultierende Gewinn oder Verlust wird bei diesem Ansatz als Saldogröße in die separate Gesamtergebnisrechnung übertragen.
- Nach dem *one-statement-approach* wird die GuV als Teilrechnung mit der Gesamtergebnisrechnung verschmolzen.[94]

Diese Neuerung hat auf die Darstellung der GuV, unabhängig davon, ob sie als eigenständige oder Teilrechnung erfolgt, jedoch keine Auswirkung.[95]

Im Gesamtbild ergibt sich durch die geänderte Darstellung der Gesamtergebnisrechnung allerdings ein Vorteil für die Beurteilungsfähigkeit der Erfolgslage durch den Adressaten. Empirische Befunde zeigen, dass die in der Vergangenheit in der **Eigenkapitalveränderungsrechnung** ausgewiesenen und zum Teil aufgegliederten erfolgsneutralen Aufwendungen und Erträge das ausgewiesene Periodenergebnis laut GuV deutlich überschreiten können.[96] Eine Berücksichtigung des *other comprehensive income* ist damit für die Analyse der Erfolgslage des Unter-

---

92 Bei direkter erfolgsneutraler Erfassung von versicherungsmathematischen Gewinnen und Verlusten gem. IAS 19.93A ist die Gesamtergebnisrechnung verpflichtend aufzustellen.
93 Für empirische Ergebnisse vgl. Kapitel 4.3.1.
94 Vgl. Schlüter, J.: Gesamtergebnisrechnung/ GuV, 2009, Rz. 3.
95 In der Eigenkapitalveränderungsrechnung werden nur noch die Transaktionen mit den Anteilseignern gezeigt.
96 Für empirische Ergebnisse vgl. Müller, S./Reinke, J.: OCI, 2008, S. 262ff.

nehmens unerlässlich. Daher ist die durch die Neuerung im IAS 1 gestärkte Verbindung zwischen Jahresergebnis gem. GuV und sonstigem Ergebnis, auch wenn es sich nur um eine örtliche Annäherung in der Darstellung handelt, sehr zu begrüßen.

3.2 Form, Gliederungskriterien und Inhalt

3.2.1 Darstellungsformen der Gewinn- und Verlustrechnung

Wie im Falle der Bilanzdarstellung sind für die GuV weder eine konkrete Darstellungsform noch eine feste Gliederungsvorgabe seitens des IASB gegeben. Somit ist es möglich die Gewinn- und Verlustrechnung in **Staffel- oder Kontoform** aufzustellen. International üblich ist die in der *Implementation Guidance* zu IAS 1 empfohlene Darstellung mittels Staffelform[97], da die skontrierende Darstellung der Aufwendungen und Erträge bei Anwendung der Staffelform eine deutlich bessere Aussagekraft aufweist. Der mehrstufige Aufbau und die damit verbundene Möglichkeit, Zwischensummen auszuweisen, lassen die Quellen des Unternehmenserfolges besser sichtbar werden.[98]

3.2.2 Mindestinhalt

Die GuV beinhaltet **alle Aufwendungen und Erträge der Periode**. Eine Ausnahme besteht, wenn ein anderer Standard die Erfassung in der GuV ausdrücklich versagt (IAS 1.88). Die Definition der Begriffe Aufwand und Ertrag ist im IAS 1 nicht enthalten. Diese ergibt sich durch die Regelungen des IAS 18, des IAS 11 sowie des Rahmenkonzeptes. Die Gewinn- und Verlustrechnung als eigenständiges Rechenwerk oder als Teil der Gesamtergebnisrechnung muss **mindestens** die nachfolgenden Posten darstellen (IAS 1.82):

a) **Umsatzerlöse**,
b) **Finanzierungsaufwendungen**,
c) Gewinn- und Verlustanteile an **assoziierten Unternehmen** und **Gemeinschaftsunternehmen**, die nach der **Equity-Methode** bilanziert werden,
d) **Steueraufwendungen**,
e) ein gesonderter Betrag, welcher der Summe entspricht aus:
   (i) dem **Ergebnis nach Steuern** des **aufgegebenen Geschäftsbereichs** und

---

97 Vgl. Förschle, G./ Kroner, M., in: Beck Bilanzrechtskommentar, 5. Aufl., § 275, Tz. 332; für empirische Ergebnisse vgl. Kapitel 4.3.1.
98 Vgl. Kuhnle, H./Banzhaf, J.: GuV, 2007, S. 59.

(ii) dem Ergebnis nach Steuern, das bei der Bewertung mit dem beizulegenden Zeitwert abzüglich Veräußerungskosten oder bei der Veräußerung der Vermögenswerte oder Veräußerungsgruppe(n), die den aufgegebenen Geschäftsbereich darstellen, erfasst wurde,

f) **Gewinne** oder **Verluste**.

Die Posteninhalte erfahren in IAS 1 keine Konkretisierung. Diese erfolgt teilweise in anderen Standards; für einige Posten erfolgt sie gar nicht.

3.2.3 Besondere Sachverhalte und Zusatzangaben

3.2.3.1 Außerordentliche Posten

Nicht mehr zulässig ist nach IFRS der Ausweis von Aufwendungen und Erträgen unter der Bezeichnung **außerordentliche Posten** (IAS 1.87). Hier unterscheiden sich die IFRS deutlich von den Regelungen des Handelsrechts, die den Ausweis in § 275 HGB explizit fordern. Kerngedanke bei der Aufteilung der Erfolgsbestandteile in gewöhnliche und außergewöhnliche Posten ist es, die für eine Prognose der Erfolgslage geeigneten nachhaltigen Bestandteile zu identifizieren.[99] Daher liegt mit diesem Verbot aus Sicht der Bilanzanalyse eine erhebliche Einschränkung vor,[100] die unter dem Gesichtspunkt der Entscheidungsnützlichkeit zu hinterfragen ist. Allerdings ist zu beachten, dass das IASB auf die Problematik der Praxishandhabung reagierte, nach der fast überwiegend außerordentliche Aufwendungen und nur sehr selten entsprechende Erträge dargestellt wurden. Somit wurde ein abschlusspolitisches Potenzial eingeschränkt. Zudem ergibt sich für die Praxis aus der Möglichkeit, zusätzliche Posten einzufügen[101] und Bezeichnungen anzupassen, dennoch eine Alternative, um den Sonderstatus bestimmter außerordentlicher Aufwendungen und Erträge deutlich werden zu lassen.

So weist beispielsweise die Heidelberger Druckmaschinen AG in ihrem Konzerngeschäftsbericht 2008/2009 in der GuV den Posten „Sondereinflüsse" aus, die sich laut Erläuterung im Anhang in erster Linie auf Personalabbaumaßnahmen beziehen.

Auszug GuV Heidelberger Druckmaschinen AG 2008/2009:

---

99 Vgl. Coenenberg, A.G.: Jahresabschluss, 2005, S. 1047.
100 Vgl. Kuhnle, H./Banzhaf, J.: GuV, 2007, S. 72; Wagenhofer, A.: IAS, 2005, S. 441.
101 Vgl. Heuser, P.J./Theile, C.: IFRS Handbuch, 2009, Rz. 4206.

Angaben in Tausend €	Anhang	1.4.2007 bis 31.3.2008	1.4.2008 bis 31.3.2009
...		...	...
sonstige betriebliche Aufwendungen	13	796.197	748.687
Sondereinflüsse	**14**	–	**178.987**
Ergebnis der betrieblichen Tätigkeit		267.840	– 227.577

(Konzerngeschäftsbericht Heidelberger Druckmaschinen AG 2008/2009, S. 163)

Andere Bezeichnungen wie die bei Merck verwendeten „Sondermaßnahmen"[102] machen dem Bilanzanalytiker ebenfalls deutlich, dass an dieser Stelle ein Blick in die entsprechende Anhangangabe sinnvoll ist. Im Anhang wird deutlich, dass die Sondermaßnahmen des Jahres 2008 insbesondere auf Wertberichtigungen für Produkttechnologien und Restrukturierungen beruhen.[103]

3.2.3.2 Ergebnisanteil nicht beherrschender Anteilseigner[104]

Der Gewinn oder Verlust der Periode ist in der GuV oder in der Gesamtergebnisrechnung auf die Eigentümer des Mutterunternehmens und die nicht beherrschenden Anteilseigner aufzuteilen (IAS 1.83). Die Minderheitenanteile entstehen im Konzernabschluss im Zusammenhang mit der Konsolidierung von Tochterunternehmen.[105] Die Aufwendungen und Erträge gehen bei der Konsolidierung zu vollem Anteil in die GuV des Mutterunternehmens ein. Da dem Mutterunternehmen aber nur ein Anteil des Ergebnisses aus dem Tochterunternehmen zusteht, wird die Korrektur um den Ergebnisanteil nicht beherrschender Anteilseigner durchgeführt.

3.2.3.3 Ergebnis per Aktie

Die Regelungen des IAS 1 werden im Fall des Ausweises eines **Ergebnisses je Aktie** durch den IAS 33 ergänzt. Dieser gilt für Unternehmen, deren Stammaktien oder potentielle Stammaktien[106] an einem öffentlichen Markt gehandelt werden bzw. für Unternehmen, die eine Zulassung zum Handel beantragt haben

---

102 Vgl. Konzerngeschäftsbericht Merck KGaA 2008, S. 72.
103 Vgl. Konzerngeschäftsbericht Merck KGaA 2008, S. 92.
104 Für empirische Ergebnisse vgl. Kapitel 4.3.4.3.
105 Näher ausgeführt in Amman, H./Müller, S.: IFRS, 2004, S. 227 ff.
106 Unter dem Begriff potentielle Stammaktien sind unter anderem die aus Wandelanleihen oder Optionsscheinen resultierenden Rechte auf den Bezug von Stammaktien zu verstehen.

(IAS 33.2). Entscheidend für die Bestimmung der einzubeziehenden Aktien ist der Dividendenanspruch. Stammaktien sind durch ein nachrangiges Recht auf die Dividende gekennzeichnet.[107] Sollten innerhalb der Stammaktien unterschiedliche Ausgestaltungen des Dividendenanspruches gegeben sein, so sind Klassen von Stammaktien zu bilden und darzustellen, die einen einheitlichen Anspruch repräsentieren (IAS 33.66). Dies stellt in der Praxis allerdings eher einen Ausnahmefall[108] dar. Die Angabe des Ergebnisses per Aktie erfolgt in der Gewinn- und Verlustrechnung (IAS 33.66).

Technischer Anwendungsaspekt

Grundlage für die Berechnung des Ergebnisses pro Aktie ist der Gewinn oder Verlust der Periode aus fortgeführtem Geschäft, der den Stammaktionären des Mutterunternehmens zuzurechnen ist (IAS 33.66). Dabei erfolgt eine Differenzierung des Ergebnisses nach Klassen von Stammaktien. Sollten Vorzugsaktien zu bedienen sein, ist das Periodenergebnis (aus fortgeführten Aktivitäten) nach Abzug von Minderheitsanteilen um den Ausschüttungsbetrag und mögliche Steuereffekte (IAS 33.12ff.) aus der Auszahlung der Vorzugsdividende zu korrigieren.

Als Bezugsmenge wird die gewichtete durchschnittliche Anzahl der innerhalb der Berichtsperiode im Umlauf befindlichen Stammaktien herangezogen

---

Bei der **Aufgabe von Geschäftsbereichen** ist die getrennte Darstellung des Ergebnisses je Aktie aus diesem geboten. Sie kann wahlweise in der GuV oder im Anhang erfolgen (IAS 33.68). Dieses Wahlrecht sollte allerdings in Richtung Darstellung in der GuV ausgeübt werden, da sich der Ausweis beider auf die einzelne Aktie bezogenen Ergebnisgrößen an einem Ort übersichtlicher gestaltet. Für den Bilanzleser wird an dieser Stelle die Suche im Anhang hinfällig und mögliche Fehlinterpretationen werden vermieden. Die Be- oder Entlastung des Ergebnisses je Aktie durch den aufgegebenen Geschäftsbereich ist direkt abzulesen.

Für jede der genannten Kategorien an Stammaktien sowie für die Angaben aus fortgeführten und aufgegebenen Geschäftsbereichen ist jeweils das **verwässerte und unverwässerte Ergebnis je Aktie** anzugeben (IAS 33.66ff.). Verwässerungseffekte kommen durch das Vorhandensein der potentiellen Stammaktien zu Stande. Diese könnten bei Ausübung des Bezugsrechtes und damit verbundener Ausweitung der Aktienmenge das Ergebnis per Aktie schmälern. Es ist stets der maximale Verwässerungseffekt zu berücksichtigen.[109] Somit handelt es sich um einen Ausweis innerhalb eines *Worst-case-szenarios*, in dem von allen Bezugsrechten Gebrauch gemacht wird.

---

107 Vgl. Reinke, J./Nissen-Schmidt, A.: Eigenkapital, IBP 7, S. 36f.
108 Vgl. Leibfried, P.: Ergebnis je Aktie, 2008, Rz. 6.
109 Vgl. Wiechmann, J./Scharfenberg, A.: Ergebnis je Aktie, 2009, Rz. 11.

3.2 Form, Gliederungskriterien und Inhalt

Im Konzernabschluss der Daimler AG findet sich folgende Aufgliederung des Ergebnisses je Aktie in der GuV:

Ergebnis je Aktie (in €) auf Basis des Ergebnisanteils der Aktionäre der Daimler AG	2008	2007
Unverwässert		
Konzernergebnis aus fortgeführten Aktivitäten	1,71	4,67
Ergebnis aus aufgegebenen Aktivitäten nach Steuern	(0,30)	(0,84)
Konzernergebnis	1,41	3,83
Verwässert		
Konzernergebnis aus fortgeführten Aktivitäten	1,70	4,63
Ergebnis aus aufgegebenen Aktivitäten nach Steuern	(0,30)	(0,83)
Konzernergebnis	1,40	3,80

Damit macht die Daimler AG von dem Wahlrecht Gebrauch, das Ergebnis je Aktie aus aufgegebenen Geschäftsbereichen direkt in der GuV auszuweisen. Darüber hinaus wird auch das Konzernergebnis je Aktie ausgewiesen. Dieses setzt sich als Summe aus Ergebnis je Aktie für fortgeführte und aufgegebene Geschäftsbereiche zusammen.

(Konzerngeschäftsbericht Daimler AG 2008, S. 144)

Im Konzernabschluss der Sixt AG wird das Ergebnis je Aktie in der GuV nach Stamm- und Vorzugsaktien aufgegliedert:

	2008	2007
Ergebnis je Stammaktie unverwässert	2,43	3,73
Ergebnis je **Vorzugsaktie** unverwässert	2,48	3,77
Ergebnis je Stammaktie verwässert	2,43	3,73
Ergebnis je **Vorzugsaktie** verwässert	2,42	3,62

Es handelt sich bei der Angabe der Ergebnisse je Vorzugsaktie um eine freiwillige Zusatzinformation in der GuV.

(Konzerngeschäftsbericht Sixt AG 2008, S. 72)

3.3 Erfolgsspaltung und Ausweis von Ergebnisgrößen[110]

Der Ausweis von Ergebnisgrößen wird, begründet mit der Steigerung der Entscheidungsrelevanz, durch das Einfügen von zusätzlichen Positionen, Überschriften und Zwischensummen erreicht.[111] Aus der Auflistung der Mindestinhalte der GuV ergibt sich nur ein sehr oberflächliches Bild der Ertragslage. Lediglich der Ausweis des **Gewinn oder Verlustes der Periode** (IAS 1.82f) sowie des **Ergebnisses aus aufgegebenen Geschäftsbereichen** (IAS 1.82e) ist explizit gefordert. Undeutlich sind die Formulierungen **Finanzierungsaufwendungen** (IAS 1.82b) und **Steueraufwand** (IAS 1.82d), aus denen sich selbst keine Darstellungspflicht für diese Ergebnisgrößen ableiten lässt. Mit dem **Verbot des Ausweises außerordentlicher Komponenten** (IAS 1.87) ist der Ausweis eines außerordentlichen Ergebnisses hinfällig. Die außerordentlichen Komponenten werden vom IASB als Bestandteile des normalen betrieblichen Geschäftsrisikos gesehen. Die Fähigkeit des Bilanzanalysten, nachhaltige Erfolgsbestandteile zu identifizieren, ist mit dem Verbot eingeschränkt.[112] Das IASB verfolgt mit dem Verbot das Ziel, den ausufernden Ausweis von außerordentlichen Aufwendungen zu unterbinden. Aus Sicht der Darstellungsanforderungen ergibt sich damit insgesamt kein eindeutiges Erfolgsspaltungskonzept für die GuV.[113] Vielmehr ist eine Spaltung des Erfolges nur in Kombination mit den umfangreichen Anhangangaben zu erreichen.

Dem Adressaten soll durch die Angaben in der GuV die Erklärung der Erfolgslage und auf dieser Basis die Prognose der zukünftigen Erfolge ermöglicht werden. Um die **nachhaltigen Aufwendungen und Erträge** zu identifizieren, muss eine Trennung der nach **Betriebszugehörigkeit und Regelmäßigkeit** erfolgen. Die aus dem Kerngeschäft des Unternehmens stammenden Erfolgsbeiträge werden durch die Trennung in betriebliche und betriebsfremde Komponenten sichtbar gemacht, dem Grunde bzw. der Höhe nach volatile oder schwer vorhersehbare Bestandteile werden als unregelmäßige (aperiodische) Komponenten separiert.[114]

---

110 Für empirische Ergebnisse vgl. Kapitel 4.3.4.3.
111 Vgl. Kapitel 1.33.
112 Das Verbot steht im Übrigen im Widerspruch zum Framework, das der GuV bei einer separaten Angabe von außergewöhnlichen Aufwendungen und Erträgen einen höheren Wert für Prognosen zuspricht (F.28).
113 Vgl. Zülch, H.: Improvement, 2004, S. 154.
114 Vgl. Coenenberg, A.G./Deffner, M./ Schultze, W.: Erfolgsspaltung, 2005, S. 435ff.

Regelmäßigkeit \ Betriebszugehörigkeit	Betriebliche Komponente	Betriebsfremde Komponente
Regelmäßig auftretende, nachhaltige Komponente	Betriebsergebnis	Betriebsfremdes Ergebnis (=Finanzergebnis)
Unregelmäßig anfallende Komponente	Aperiodisches Betriebsergebnis	Aperiodisches betriebsfremdes Ergebnis
Eingestellte Geschäftsbereiche	Nicht fortgeführtes Ergebnis	

Abb. 3-1: Erfolgsspaltung nach IFRS[115]

Technischer Anwendungsaspekt

Der Ausweis von (Zwischen-) Ergebnisgrößen in der GuV unterliegt dem Ermessen des Bilanzierenden und ist auch abhängig von der verfolgten Publizitätspolitik. Insbesondere kapitalmarktorientierte Unternehmen sollten sich diesbezüglich an der Erwartungshaltung der Investoren orientieren. Da die Ergebnisdefinitionen schon in der Theorie nicht überschneidungsfrei sind, ist anzuraten, die Zusammensetzung einzelner Ergebnisgrößen im Anhang zu erläutern. Da bestimmte Sachverhalte nicht separat im Anhang oder GuV ausgewiesen werden müssen, wenn sie unwesentlich sind, ist es, verschärft durch die Menge an Anhangangaben, für den Bilanzanalytiker extrem aufwendig die Zuordnung betriebsfremder oder aperiodischer Posten nachzuvollziehen. Die Darstellung und damit auch die Analyse sind in jedem Falle mit einer gewissen Ungenauigkeit behaftet.

Entscheidend für die Darstellung des betrieblichen und betriebsfremden Ergebnisses ist die Interpretation des Begriffs **Finanzierungsaufwendungen** (IAS 1.82b), da sich hieraus mittels Negativabgrenzung die betrieblichen Aufwendungen und Erträge ergeben. In der Vergangenheit wurde dieser Posten als Saldogröße aufgefasst, eine Aufgliederung der Aufwendungen und Erträge erfolgte im Anhang. Unter Verweis auf das Saldierungsverbot gilt nach aktueller Auffassung allerdings, dass ein Ausweis der Finanzierungserträge in der GuV angezeigt ist.[116] Aufwendungen und Erträge aus der Finanzierung werden insbesondere bei einer möglichen weiteren Untergliederung unter dem **Finanzer-**

---

115 In Anlehnung an Coenenberg, A.G.: Jahresabschlussanalyse, 2005, S. 1048.
116 Vgl. Schlüter, J.: Gesamtergebnisrechnung/ GuV, 2009, in: Beck, Rz. 95.

gebnis zusammengefasst.[117] Das Finanzergebnis beinhaltet folgende betriebsfremde Sachverhalte, die sich aus der Unternehmensfinanzierung, aus Kapitalanlagen oder Beteiligungsaktivitäten ergeben:[118]

- Zinsaufwendungen für Kontokorrentkredite und Kredite,
- Sonstige Fremdkapitalkosten (Abschreibungen auf Nebenkosten, Agien),
- Finanzierungskosten aus Finanzierungsleasingverhältnissen (IAS 17),
- *Aufwendungen aus Finanzanlagen in Immobilien (IAS 40)*,*
- Wertminderungen von Finanzanlagen, die zu Anschaffungskosten bewertet werden (IAS 36),
- Erfolgswirksame Wertänderungen von bestimmten Finanzinstrumenten (IAS 39),
- Aufwendungen für Sicherungsgeschäfte (IAS 39),
- Zinsanteil bei Zuführungen zu Pensionsrückstellungen und
- Aufzinsung langfristiger Rückstellungen.

Teilweise analog dazu beinhalten die Finanzierungserträge folgende Sachverhalte:

- Zinserträge aus Einlagen,
- Dividendenerträge,
- Erträge aus der Aufzinsung von unverzinslichen Forderungen,
- Erträge aus der Amortisation von Disagien,
- Erträge aus der Zuschreibung von Finanzanlagen, wenn erfolgswirksam,
- *Erträge aus Finanzanlagen in Immobilien*,*
- Erträge aus Verwertung von Finanzinstrumenten und
- Erträge aus Veräußerung von Finanzinstrumenten.

In der Mindestdarstellung ergibt sich folgender Ausweis des Finanzergebnisses:

	Ergebnis aus nach der Equity-Methode bilanzierten Unternehmen
+	Finanzierungserträge
−	Finanzierungsaufwendungen
=	Finanzergebnis

Bilanzpolitische Perspektive

Besondere Aufmerksamkeit sollte der Zuordnung der Geschäftsvorfälle zum operativen Ergebnis in Abgrenzung zum Finanzergebnis zukommen, da sich hier wertvolle Potenziale zur Beeinflussung des betrieblichen Ergebnisses ergeben.

---

117 Vgl. Coenenberg, A.G.: Jahresabschluss, 2005, S. 484.
118 Vgl. Beyer, S.: Finanzinstrumente, 2008, S. 125 ff.; Kuhnle, H./Banzhaf, J.: GuV, 2007, S. 128; Schlüter, J.: Gesamtergebnisrechnung/ GuV, 2009, Rz. 96 f.; IAS 23.5.

Nicht alle Aufwendungen und Erträge lassen sich zweifelsfrei in ihrer Zuordnung abgrenzen. Beispiele sind Aufwendungen und Erträge aus Investment Properties oder aus At-Equity-bewerteten Beteiligungen.

Für **Investment Properties** ist die Zuordnung zum betrieblichen oder Finanzergebnis in Abhängigkeit von der Geschäftstätigkeit des Unternehmens zu treffen. So sind diese Posten für Unternehmen der Immobilienbranche dem operativen Ergebnis zuzuordnen, während bei einem Energieversorger, wo eine Vermietung bzw. eine Wertsteigerungsabsicht als Nebentätigkeit eines Unternehmens angesehen werden kann, eine Zuordnung zum Finanzergebnis gerechtfertigt erscheint.[119]

Der Ausweis von Gewinnen und Verlusten aus Anteilen an nach der **Equity-Methode bilanzierten assoziierten oder Gemeinschaftsunternehmen** kann im operativen Ergebnis erfolgen, wenn es als Maßstab der operativen Unternehmensleistung des Mutterunternehmens[120] oder als strategische Beteiligung[121] gesehen wird.

Die Zuordnung ist eine langfristige Entscheidung, da sie an das Stetigkeitsgebot gebunden ist. Geht man von eine zukünftigen Gewinnsituation aus, so senken die Gewinne aus At-Equity bewerteten Beteiligungen bei Zuordnung zum Finanzergebnis das operative Ergebnis im Vergleich zur umgekehrten Ausweisalternative dauerhaft.

Die IVG Immobilien AG weist in der GuV die Posten „Marktwertänderungen von Investment Property" und „Aufwendungen aus Investment Property" unter dem operativen Ergebnis aus.

Auszug GuV Geschäftsbericht IVG Immobilien 2008:

Konzern-Gewinn- und Verlustrechnung in Mio. €		2007	2008
Umsatzerlöse	8.1	532,4	608,9
...		...	...
Unrealisierte Marktwertänderungen von Investment Property	8.3	172,0	–583,3
Realisierte Marktwertänderungen von Investment Property	8.4	137,8	171,1
...		...	...
Aufwendungen aus Investment Property	8.9	–63,9	–81,7
...		...	...
Ergebnis vor Finanzergebnis und Ertragsteuern (EBIT)		475,6	–98,6
(Konzerngeschäftsbericht IVG Immobilien AG, S. 59)			

---

119 Vgl. Wobbe, C.: Sachanlagen und Leasing, 2008, S. 97.
120 Vgl. Heuser, P.J./Theile, C.: IFRS Handbuch, 2009, Rz. 4233.
121 Vgl. Coenenberg, A.G./Deffner, M./ Schultze, W.: Erfolgsspaltung, 2005, S. 440.

Der Ausweis eines **operativen Ergebnisses** war in der alten Fassung des IAS 1 (rev. 1997) noch verpflichtend vorgeschrieben (IAS 1.75b (rev. 1997)). Da eine Definition für diesen Ergebnisbegriff in den IFRS nicht existierte – und auch nicht nachträglich vorgenommen wurde –, ist die verpflichtende Darstellung aus dem IAS 1 gestrichen worden (IAS 1.BC55). Der Ausweis einer entsprechenden Ergebnisgröße ist in der Praxis dennoch als Darstellungsstandard anzusehen.[122] Das operative Ergebnis enthält durch Negativabgrenzung zum Finanzergebnis alle (übrigen) Aufwendungen und Erträge, die im Rahmen der Hauptaktivität des Unternehmens anfallen.

Technischer Anwendungsaspekt

Die möglichen Abgrenzungsfragen können die zwischenbetriebliche Vergleichbarkeit von Abschlüssen einschränken. Der Bilanzadressat ist für eine möglichst genaue Prognose der zukünftigen Ertragslage gezwungen, eine im Unternehmensvergleich möglichst gleichartige Spaltung des Erfolges durchzuführen. Da weder der IAS 1 noch die Praxis[123] eine einheitliche Definition des operativen Ergebnisses hervorbringen, ist von dem Bilanzierenden eine Angabe über die angewendete Definition des betrieblichen Ergebnisses in den Erläuterungen zu den Bilanzierungs- und Bewertungsmethoden im Anhang zu empfehlen, die stetig anzuwenden ist.[124] Mit dieser Angabe kann die Ausgestaltung der bestehenden Ermessensspielräume bei der Zusammensetzung des operativen Ergebnisses dem Bilanzadressaten gegenüber freiwillig im Sinne einer aktiven Informationspolitik publik gemacht werden.

Das operative Ergebnis und das Finanzergebnis umfassen nach der Erfolgsspaltungskonzeption des IAS 1 auch die **aperiodischen Bestandteile**. Diese sind nur separat auszuweisen, wenn sie wesentlich sind (IAS 1.97) und umfassen in erster Linie Bewertungs- und Abgangsergebnisse.[125] Der separate Ausweis kann wahlweise in der GuV oder im Anhang vorgenommen werden. Die Abhängigkeit von der Wesentlichkeit des auszuweisenden Postens kann bei der Erfolgsanalyse zu Verzerrungen im Jahresvergleich und im Vergleich mit anderen Unternehmen führen. Denn nur wesentliche aperiodische Komponenten müssen ausgewiesen werden und finden in der Analyse und Prognose des Erfolges Berücksichtigung. Tendenziell sind damit bei einer großen Anzahl von unwesentlichen, aperiodischen Erfolgsbeiträgen zu viele unregelmäßige oder unsichere Bestandteile in der Prognosegröße enthalten. Eine Trennung ist nur auf Basis von umfangreichen Anhangangaben möglich, was zu einem Geschwindigkeitsverlust und einer Ungenauigkeit bei der Analyse führen kann.

---

122 Vgl. Heuser, P.J./Theile, C.: IFRS Handbuch, 2009, Rz. 4230; empirische Untersuchung in Kapitel 4.3.4.3.
123 Vgl. Heuser, P.J./Theile, C.: IFRS Handbuch, 2009, Rz. 4230.
124 Vgl. Kleekämper, H. et al.: IAS 1, 2003, Rz. 137.
125 Vgl. Coenenberg, A.G./Deffner, M./ Schultze, W.: Erfolgsspaltung, 2005, S. 439.

3.3 Erfolgsspaltung und Ausweis von Ergebnisgrößen

Technischer Anwendungsaspekt

Der Ausweis aperiodischer Bestandteile beim Vorliegen eines wesentlichen Sachverhaltes wird ergänzt durch die Angabepflichten der einzelnen Standards. Die Angabe von aperiodischen Bestandteilen ist darin teilweise vorgesehen, wenn auch nicht explizit als Ausweis eines aperiodischen Postens. Insofern ist für den Bilanzanalytiker bei der Analyse der Erfolgslage immer eine Gesamtsicht notwendig. Werden Immobilien, die als Finanzanlage gehalten werden, zum beizulegenden Zeitwert bewertet, entsteht ein unregelmäßiger Gewinn oder Verlust, der von externen Entwicklungen und dem Ermessen des Bilanzierenden in Bezug auf die Bewertungsparameter abhängt. Somit ist dieser Gewinn oder Verlust, der gem. IAS 40.35 ergebniswirksam erfasst wird, als aperiodischer Erfolgsbeitrag zu separieren. Abgesehen von einer Ausweispflicht gem. IAS 1.97 kann dieser Posten dem zu erstellenden Anlagespiegel für Investment Property entnommen werden (IAS 40.76d). Der Analyst richtet seinen Blick somit auch über die Erläuterungen zur GuV hinaus in andere Teile des Anhangs, in denen diese Angaben vermutet werden. Ein Großteil der aperiodischen Komponenten wird in den sonstigen Erträgen und sonstigen Aufwendungen bzw. in den (übrigen) Finanzerträgen bzw. -aufwendungen enthalten sein.[126]

Angabepflicht	Bezeichnung
Betriebliches Ergebnis	
IAS 36.130, 38.118, IFRS 3.55	Wertminderungsaufwendungen von immateriellen Vermögenswerten mit unbestimmter Nutzungsdauer (inkl. Goodwill)
IFRS 3.56b	Erträge aus Badwill
IAS 16.73e,v	Außerplanmäßige Abschreibung von Sachanlagevermögen
IAS 16.40, IAS 36.60, 36.119	Abwertung/ Wertaufholung des Sachanlagevermögens
IAS 2.36e,f	Aufwendungen/ Erträge aus Wertminderung auf den Nettoveräußerungswert bei Vorräten
IAS 19.61d	Versicherungsmathematische Gewinne/Verluste aus Pensionsverpflichtungen
IAS 21.52a	Aufwendungen/ Erträge aus Währungsumrechnung
IAS 37.70, 37.84	Bildung/ Auflösung von Restrukturierungsrückstellungen
IAS 8.36	Aufwendungen/ Erträge aus Schätzungsänderungen
Finanzergebnis	
IFRS 7.20a	Bewertungsgewinne/ -verluste aus Finanzinstrumenten
IAS 40.35, 40.76d	Bewertungsgewinne/ -verluste aus Investment Property

Tab. 3-1: Aperiodische Erfolgsbestandteile

---

126 Vgl. Coenenberg, A.G./Deffner, M./ Schultze, W.: Erfolgsspaltung, 2005, S. 439.

Der Ausweis eines **Ergebnisses aus gewöhnlicher Geschäftstätigkeit** als Zwischensumme ist nicht mit der Darstellungskonzeption der IFRS vereinbar, da außerordentliche Posten nicht separiert werden dürfen und damit in das Betriebsergebnis eingehen. Folglich werden das Finanzergebnis und das operative Ergebnis als **Ergebnis vor Steuern** zusammengefasst. Diese Angabe dient der Vergleichbarkeit der Ertragskraft von Unternehmen. Nationale Unterschiede in der Besteuerung[127] sowie die unterschiedliche gesellschaftsrechtliche Ausgestaltung von Konzernunternehmen könnten das Bild über die Ertragslage verzerren. IAS 1.82 spricht bei der Aufstellung des Mindestinhaltes von Steueraufwand, allerdings ist unstrittig, dass hierunter alle latenten und tatsächlichen Ertragssteuern gem. IAS 12 fallen.[128] Der Ausweis kann als Saldogröße geschehen. Ertragssteueraufwendungen und -erträge werden folglich nicht separat in der GuV ausgewiesen.[129] Inhalte des Ertragssteueraufwandes sind:[130]

- Zu zahlende Ertragssteuern des laufenden Jahres,
- Mehraufwendungen aus Vorjahren,
- Erträge aus Erstattungen,
- Zuführungen und Auflösungen zu Steuerrückstellungen und
- Aufwendungen und Erträge aus der Bildung/ Auflösung latenter Steuern.

Abhängig vom Vorliegen aufgegebener Geschäftsbereiche liegt ein Ergebnis nach Steuern aus fortgeführten Geschäftsbereichen oder das Periodenergebnis direkt vor. Sollte ein **aufgegebener Geschäftsbereich** im Sinne des IFRS 5 vorhanden sein, so ist der zusätzliche Ausweis des **Ergebnisses aus aufgegebenen Geschäftsbereichen nach Steuern**[131] und damit ein separater Ausweis nicht nachhaltiger Erfolgskomponenten geboten (IAS 1.82 i.V.m. IFRS 5.33f.). Ein aufgegebener Geschäftsbereich umfasst Vermögenswerte und direkt mit diesen zusammenhängende Schulden, die innerhalb einer Transaktion veräußert werden (IFRS 5.4) und als zahlungsmittelgenerierende Einheit klar abgrenzbar sind (IFRS 5.31). Der aufgegebene Geschäftsbereich muss einen wesentlichen Geschäftszweig (Beispiel: Klebstoffe) oder geographischen Geschäftsbereich (Beispiel: Osteuropa) darstellen (IFRS 5.32a), Teil eines Plans zur Veräußerung eines solchen sein (IFRS 5.32b) oder ein Tochterunternehmen sein, das mit der Absicht zur Weiterveräußerung erworben wurde (IFRS 5.32c). Segmente, die in der Segmentberichterstattung dargestellt werden, erfüllen die Anforderungen der Wesentlichkeit des IFRS 5 in der Regel. Allerdings können Geschäftsbereiche

---

127 Vgl. Kuhnle, H./Banzhaf, J.: GuV, 2007, S. 87.
128 Vgl. Heuser, P.J./Theile, C.: IFRS Handbuch, 2009, Rz. 4240; Kleekämper, H. et al.: IAS 1, 2003, Rz. 147.
129 Vgl. Schlüter, J.: Gesamtergebnisrechnung/ GuV, 2009, Rz. 101; Kleekämper, H. et al.: IAS 1, 2003, 147.
130 Vgl. IAS 12.5f. i.V.m. 12.81.
131 Der auszuweisende Betrag entspricht der Summe aus Gewinn oder Verlust des aufgegebenen Geschäftsbereiches und dem Bewertungs- und Verkaufsergebnis der Vermögenswerte oder Veräußerungsgruppen (IFRS 5.33a).

auch wesentlich sein ohne als Segment dargestellt zu werden.[132] Als Kriterien für die Klassifizierung als aufgegebener Bereich dienen die höchstwahrscheinliche Veräußerung und der verkaufsfähige Zustand[133] (IFRS 5.7). Ein Verkauf ist nach IFRS 5.8 höchstwahrscheinlich, wenn

- ein konkreter Veräußerungsplan durch die Geschäftsleitung verabschiedet wurde,
- ein Käufer aktiv gesucht wird,
- der Angebotspreis in einem angemessenen Verhältnis zum beizulegenden Wert steht,
- die Veräußerung innerhalb von zwölf Monaten erwartet wird und
- wesentliche Änderungen oder eine Rücknahme des Plans unwahrscheinlich sind.

Bilanzpolitische Perspektive

Die Beurteilung über die Wahrscheinlichkeit des Verkaufs ist in Teilen vom Ermessen des Bilanzierenden abhängig, wie bei der Einschätzung über den vermuteten Veräußerungszeitraum oder den beizulegenden Wert und die davon in Abzug zu bringenden Veräußerungskosten. Gleichwohl führt die Klassifizierung als aufgegebener Geschäftsbereich zu einer unter Umständen erheblichen Auswirkung auf die Ergebnisdarstellung, da die Aufwendungen und Erträge des separierten Geschäftsbereiches das operative und das Finanzergebnis nicht mehr stützen oder belasten. Kommt eine Veräußerung nicht zustande, sind die separierten Beträge wieder in das betriebliche und das Finanzergebnis einzugliedern.

Das unter dem Posten aufgegebene Geschäftsbereiche ausgewiesene Ergebnis setzt sich zusammen aus dem Periodenergebnis des Geschäftsbereiches, dem Bewertungsergebnis und dem Abgangsergebnis. Es handelt sich um ein Ergebnis nach Steuern (IAS 1.82e und IFRS 5.33a). In der GuV oder im Anhang ist die Zusammensetzung des Ergebnisses nach Abgangs- bzw. Bewertungsergebnis und Periodenergebnis sowie die zugehörigen Steuerbestandteile aufzuzeigen (IFRS 5.33b).

Der Ausweis des Ergebnisses aus aufgegebenen Geschäftsbereichen erfolgt getrennt von den fortzuführenden Geschäftsbereichen. Da es sich um die Darstellung eines Nachsteuerergebnisses handelt, erscheint es zweckmäßig, den Ausweis nach dem Steueraufwand vorzunehmen. Diese Darstellung unterstreicht durch ihre Position nach dem Steueraufwand den Inhalt des Postens und dient damit einer klaren Darstellung.

---

132 Vgl. IDW RS HFA 2, Rz. 111.
133 Für einen aufgegebenen Geschäftsbereich sollte der verkaufsfähige Zustand in der Regel gegeben sein.

Eine weitere Verfeinerung der Gliederung könnte wie im Beispiel von Heidelberg Cement AG aussehen.

Auszug Konzern-GuV Heidelberg Cement AG:

Gewinn- und Verlustrechnung des Konzerns 1.000 EUR		2007	2008
...			
Ergebnis vor Steuern aus fortzuführenden Geschäftsbereichen		... 2.343.449	... 997.878
Steuern vom Einkommen und Ertrag	10	–369.073	–327.376
Ergebnis nach Steuern aus fortzuführenden Geschäftsbereichen		1.974.376	670.502
Ergebnis aus aufgegebenen Geschäftsbereichen	*11*	*144.404*	*1.249.258*
Jahresüberschuss		2.118.780	1.919.760
(Konzerngeschäftsbericht Heidelberg Cement AG 2008, S. 64)			

Zudem ist der explizite Hinweis darauf, dass es sich bei den Zwischenergebnissen um Ergebnisanteile aus fortgeführten Geschäftsbereichen handelt, einer unmissverständlicheren Darstellung zuträglich. Das Ergebnis aus aufgegebenen Geschäftsbereichen ist in der GuV oder im Anhang auf die Anteilseigner der Konzernmutter und die Minderheitsgesellschafter aufzuteilen (IFRS 5.33d).

Das **Periodenergebnis** enthält nach der Konzeption des IAS 1.82 auch die Ergebnisanteile der Minderheitsgesellschafter. Gleichzeitig wird die Aufteilung des Gesamtergebnisses auf die Eigentümer des Mutterunternehmens und die Minderheitsgesellschafter in der GuV gefordert (IAS 1.83). Die Angabepflicht kann durch eine „davon"-Angabe vom gesamten Periodenergebnis oder durch offenen Abzug der Minderheitenanteile vom Periodenergebnis mit resultierendem Periodenergebnis der Gesellschafter des Mutterunternehmens erfüllt werden. Da das Periodenergebnis ohnehin in die Anteile von Anteilseignern des Mutterunternehmens und Minderheitsgesellschafter aufgeteilt werden muss, bietet es sich an, diese Aufteilung des Ergebnisses auf aufgegebenen Geschäftsbereichen an selber Stelle vorzunehmen, wenn die Aufteilung des Periodenergebnisses als „davon"-Angabe gemacht wird.

    Umsatzerlöse
- Aufwendungen
= **Operatives Ergebnis**
    Ergebnis aus Equity-Beteiligungen
+ übrige Finanzerträge
- übrige Finanzaufwendungen
= **Finanzergebnis**
= **Ergebnis vor Steuern**
- Ertragsteueraufwand (bezogen auf fortgeführte Geschäftsbereiche)
= **Ergebnis aus fortgeführten Geschäftsbereichen nach Steuern**
+/- Ergebnis aus aufgegebenen Geschäftsbereichen
= **Jahresergebnis**
    – davon Gesellschafter des Mutterunternehmens entfallend
    – davon auf Minderheitsgesellschafter entfallend

3.4 Gliederung der operativen Aufwendungen

Die in Kapitel 3.2.2 gezeigte Aufstellung der Mindestinhalte wird für das aktiv informierende Unternehmen in der Regel nicht ausreichen, um die Quellen seines Erfolges adäquat darzustellen. Insbesondere die einzelnen Aufwandsposten bedürfen einer weiteren Aufgliederung. Erstaunlich ist vor dem Hintergrund des mangelnden Informationsgehalts der oben genannten Mindestdarstellung, dass die Aufgliederung der Aufwandspositionen wahlweise in Anhang oder GuV geschehen kann (IAS 1.99).

Das IASB spricht lediglich eine Empfehlung aus, die Aufgliederung in der GuV vorzunehmen (IAS 1.100). In der Praxis wird die Aufgliederung allerdings in der Regel in der GuV vorgenommen,[134] sodass sich die Empfehlung des IASB faktisch zu einem Mindestgliederungsgebot[135] in der GuV entwickelt hat.

Für die Aufgliederung kommen das **Umsatz-** (IAS 1.103) und das **Gesamtkostenverfahren** (IAS 1.102) in Frage. Diese beiden Ausweismöglichkeiten sind alternativ anzuwenden. Mischformen sind nicht möglich.[136]

Bei der Entscheidung für die Anwendung eines der beiden Gliederungsverfahren sind **historische und branchenbezogene Faktoren** zu berücksichtigen. Abhängig vom Unternehmenstyp ist eine der beiden Darstellungsformen vorteilhafter. Die Entscheidung des Managements für eine Gliederungsalternative sollte die zuverlässige und relevantere Alternative berücksichtigen (IAS 1.105).

---

[134] Vgl. Wagenhofer, A.: IAS, 2005, S. 439.
[135] Vgl. Lüdenbach, N.: Darstellung des Abschlusses, 2008, § 2, Rz. 53; für empirische Ergebnisse vgl. Kapitel 4.3.4.1.
[136] Vgl. Lüdenbach, N.: Umsatz- und Gesamtkostenverfahren, 2009, S. 85 ff.

> **Technischer Anwendungsaspekt**
>
> Faktisch herrscht ein Gliederungswahlrecht vor, das durch zwei Faktoren eingeschränkt wird. Die Faktoren sind die Empfehlung des IAS 1.103, der dem Umsatzkostenverfahren eine größere Entscheidungsrelevanz zumisst, sowie die weite Verbreitung des Umsatzkostenverfahrens in der internationalen Bilanzierungspraxis. Möglicherweise führen die genannten Faktoren zu einer gewissen **Erwartungshaltung** bei den Adressaten, ein vertrautes und verbreitetes Gliederungsverfahren bevorzugt anzuwenden.

3.4.1 Gesamtkostenverfahren

Das **Gesamtkostenverfahren** ist durch die Darstellung der einzelnen **Aufwandsarten** gekennzeichnet. Die für die Darstellung notwendigen Daten können direkt aus dem ohnehin vorgehaltenen externen Rechnungswesen entnommen werden. Lediglich eine sinnvolle Aggregation auf die darzustellenden entscheidungsrelevanten Aufwandsarten ist notwendig. Dies ist sicherlich ein relativ einfacher Weg für das bilanzierende Unternehmen, die Informationen bereitzustellen. Weitere gewichtige Aspekte sind die Prognosefähigkeit und Vergleichbarkeit. Der Ausweis der einzelnen Aufwandsarten ermöglicht dem Adressaten bei entsprechender Detailtiefe die Durchführung von Prognosen und die Bildung von verschiedenen Szenarien.

> **Beispiel**
>
> So könnte beispielsweise für ein Unternehmen des metallverarbeitenden Gewerbes folgende einfache Prognoserechnung für das operative Ergebnis durchgeführt werden. Folgende GuV des Jahres t_0 dient als Basis der Prognose:
>
> | | |
> |---|---|
> | Umsatzerlöse | 1.000,– |
> | – Materialaufwand | 250,– |
> | – Personalaufwand | 400,– |
> | – Abschreibungen | 125,– |
> | – Sonstiger betr. Aufwendungen | 75,– |
> | = **Operatives Ergebnis t_0** | **150,–** |
>
> Es wird angenommen, dass die Produktionsmenge um 10% gesteigert werden könnte, ohne zusätzliches Personal einstellen zu müssen (Produktivitätssteigerung). Bei der Produktion wird Stahl verbraucht, dessen Preis um 20% steigt. Der Personalaufwand für das kommende Jahr t_1 steigt aufgrund einer Tariferhöhung ab 01.07.t_1 um 5%.

3.4 Gliederung der operativen Aufwendungen

	Umsatzerlöse	*1.100,–* (= 1000,–*1,1)
–	Materialaufwand	*300,–* (= 250,–*1,2)
–	Personalaufwand	*410,–* (= 400,–*5%*0,5Jahre)
–	Abschreibungen	125,–
–	Sonstiger betr. Aufwendungen	75,–
=	**Operatives Ergebnis t$_1$**	**190,–**

In diesem sehr simplen Beispiel wird deutlich, dass im Sinne der Prognosefähigkeit eine entscheidungsnützliche Darstellung für den IFRS-Adressaten vorliegt. Beim Vorliegen entsprechender Leistungsdaten wie abgesetzter Stückzahl (keine Bestandsveränderung im Beispiel) und Mitarbeiterzahl können aus dieser Darstellung auch sehr einfach Plausibilitäts- und Vergleichskennzahlen zu anderen Unternehmen der Branche gebildet werden. Bei ungewisser Lage in Bezug auf die Entwicklung der zukünftigen Parameter können verschiedenen Szenarien gebildet werden. In dem aufgeführten Beispiel wären beispielsweise Szenarien für die alternative Ergebnisentwicklung in Abhängigkeit von Rohstoffpreisentwicklungen aufstellbar.

Die Gliederung der GuV nach dem Gesamtkostenverfahren kann laut IAS 1.102 folgendes Aussehen annehmen:

	Umsatzerlöse
+	*Sonstige Erträge*
+/–	Veränderung des Bestands an Fertigerzeugnissen und unfertigen Erzeugnissen
–	Aufwendungen für Roh-, Hilfs- und Betriebsstoffe
–	Aufwendungen für Leistungen an Arbeitnehmer
–	Aufwand für planmäßige Abschreibungen
–	Andere Aufwendungen
–	= *Gesamtaufwand*
=	**Gewinn vor Steuern**

Eine Definition der **Umsatzerlöse** ergibt sich aus dem Rahmenkonzept, das im ersten Schritt **Erträge** durch eine Zunahme wirtschaftlichen Nutzens kennzeichnet. Diese Nutzensteigerung äußert sich in einer Zunahme des Eigenkapitals, verursacht durch die Erhöhung von Vermögenswerten oder die Verringerung von Schulden (F.70a). Erträge umfassen **Erlöse** und **übrige Erträge**. Erlöse entstehen im Rahmen der gewöhnlichen Geschäftstätigkeit des Unternehmens (F.74). Die inhaltliche Zuordnung von Erträgen zur gewöhnlichen Geschäftstätigkeit richtet sich nach der Fähigkeit, auch in Zukunft Zahlungsmittel zu generieren (F.72) und ist damit durch ein regelmäßiges Auftreten gekennzeichnet. Erlöse können in Form von Umsatzerlösen, Dienstleistungsentgelten, Zinsen, Mieten, Dividenden und Lizenzerträgen ausgewiesen werden (F.74). Die Abgrenzung zwischen Erlösen und übrigen Erträgen erfolgt nicht trennscharf, da das einzige Abgrenzungsmerkmal der Erlöse die Verbindung mit der gewöhnlichen Geschäftstätigkeit ist. Die übrigen Erträge *können* der gewöhnlichen Geschäftstätigkeit entspringen, müssen es aber nicht (F.75). Im nächsten Schritt wird der Ansatz von Erträgen unter die Bedingungen des wahrscheinlichen künftigen Nutzenzuflusses und der zuverlässigen Bewertbarkeit dieses Nutzenzuflusses gestellt (F.83).

Sonstige Erträge sind ein Auffangbecken für die Sachverhalte, die nicht als Umsatzerlöse auszuweisen sind. In Abgrenzung zum Finanzergebnis basieren sie auf Geschäftsvorfällen der betrieblichen Tätigkeit, sind aber in ihrer Fähigkeit, in Zukunft Zahlungsmittel zu generieren, nicht mit einer hinreichenden Sicherheit behaftet, da sie volatil und unregelmäßig sind. Sie beinhalten die in der alten Konzeption des IAS 1 als außerordentlich ausgewiesenen Sachverhalte sowie Erträge aus dem Abgang und der Bewertung von Vermögensgegenständen und Schulden.

Die Darstellung gem. Gesamtkostenverfahren basiert auf der Erlösseite auf der abgesetzten Menge. Die dargestellten Aufwendungen können allerdings durch Lagerauf- und -abbaubewegungen und unfertige Erzeugnisse nicht mit den Umsatzerlösen korrespondieren. So könnte bei „Lagerräumung" der Eindruck entstehen, dass besonders wenig Material- und Personalaufwand in den Produkten steckt. Etwaige Rückschlüsse im Unternehmens- oder Zeitvergleich könnten sehr verzerrt sein. Daher sind die zu Herstellungskosten bewerteten **Bestandsveränderungen** auszuweisen. Nur dieses Bindeglied kann bei Lagerberührung den richtigen Zusammenhang zwischen Umsatz und Aufwendungen herstellen. Mögliche wertmäßige Einflüsse fließen ebenfalls in die Bestandsveränderungen ein. Die Bewertung von Vorräten zum niedrigeren Wert aus Anschaffungs-/ Herstellungskosten und Nettoveräußerungswert (IAS 2.9) führt gegebenenfalls zu Wertminderungen, die bei Werterholung in Folgeperioden bis zur Grenze der Anschaffungs-/ Herstellungskosten wieder rückgängig gemacht werden (IAS 2.33).

Ein weiteres Korrektiv stellen die **aktivierten Eigenleistungen** dar, mittels derer die Aufwendungen separiert werden, die nicht im Zusammenhang mit abgesetzten oder absetzbaren Produkten, sondern mit der Herstellung selbst genutzter Vermögenswerte stehen. Hierunter fallen die Aufwendungen für die Erstellung von Vermögenswerten des Sachanlagevermögens sowie unter gewissen Bedingungen aktivierbare Entwicklungsaufwendungen.[137]

Technischer Anwendungsaspekt

Der Ausweis von Bestandsveränderungen sowie aktivierten Eigenleistungen ist abhängig von deren Wesentlichkeit. Sind sie unwesentlich, kommt ein Ausweis unter den sonstigen Erträgen/ Aufwendungen in Betracht.[137]

Unter den **Materialaufwendungen** werden der Periodenverbrauch an Roh-, Hilfs- und Betriebsstoffen sowie für Aufwendungen für bezogene Güter und

---
137 Vgl. Heuser, P.J./Theile, C.: IFRS Handbuch, 2009, Rz. 4222.

Dienstleistungen erfasst.[138] Wertminderungen und -aufholungen durch die vergleichende Bewertung zum Nettoveräußerungspreis sind ebenfalls im Materialaufwand enthalten (IAS 2.34).

Die inhaltliche Ausgestaltung der **Personalaufwendungen** erfolgt in IAS 19, wo die Aufwendungen aus Leistungen an die Arbeitnehmer in vier Kategorien aufgeteilt werden:

- **Kurzfristig anfallende Leistungen** (IAS 19.4a, 19.8 ff.) wie Löhne und Gehälter, Sozialversicherungsabgaben, Urlaubs- und Krankenvergütung, Boni und geldwerte Leistungen.
- **Leistungen nach Beendigung des Arbeitsverhältnisses** (IAS 19.4b, 19.43 ff., 19.48 ff.) wie Renten, Altersvorsorgeleistungen, Lebensversicherungen und medizinische Versorgung. Es erfolgt eine Differenzierung nach beitragsorientierten und leistungsorientierten Leistungen. Beitragsorientierte Zusagen sind dadurch gekennzeichnet, dass das Unternehmen durch die Zahlung eines Beitrages, beispielsweise an ein Versicherungsunternehmen, von der Leistungspflicht befreit ist, während bei leistungsorientierten Zusagen eine spätere Leistung durch das Unternehmen erfolgt. Im Falle der beitragsorientierten Zusage sind die Beiträge Personalaufwand. Für die leistungsorientierten Zusagen stellen die rechnerischen Beiträge (Dienstzeitaufwand) des Jahres, die nachzuholenden Beiträge (nachzuverrechnender Dienstzeitaufwand) und unter gewissen Voraussetzungen auch die versicherungsmathematischen Gewinne und Verluste aus der Bewertung der Rückstellung unter demographischen Annahmen Personalaufwand dar. Die Effekten aus der Abzinsung der Rückstellung auf den Barwert können alternativ Personalaufwand oder Zinsaufwand (Finanzergebnis) darstellen.[139]
- **Andere langfristig fällige Leistungen** (IAS 19.4c, 19.126 ff.) wie Sonderurlaub nach langjähriger Dienstzeit, Jubiläumsgelder, Versorgungsleistungen im Falle der Erwerbsunfähigkeit, Gewinn- und Erfolgsbestandteile und später fällige Vergütungsbestandteile.
- **Leistungen aus Anlass der Beendigung des Arbeitsverhältnisses** (IAS 19.4d, 19.132 ff.) wie **Aufwendungen aus aktienbasierten Vergütungen** sind ebenfalls Bestandteil des Personalaufwandes (IFRS 2.30).[140]

Von den **planmäßigen Abschreibungen** auf Sachanlagen und immaterielle Vermögenswerte getrennt dargestellt werden können die außerplanmäßigen Abschreibungen bzw. Wertminderungen. Zur Trennung der volatileren und unsichereren Wertminderungseffekte aus der Neubewertung von Sachanlagevermögen und den nach IAS 36 auf Wertminderung getesteten nicht abnutzbaren immateri-

---

138 Vgl. Zülch, H.: GuV, 2006, S. 300.
139 Für Detailausführungen zu Pensionsrückstellungen vgl. Müller, S.: Fremdkapital, 2008, S. 29 ff.
140 Für Detailausführungen zu aktienbasierten Vergütungen vgl. Reinke, J./Nissen-Schmidt, B.: S. 93 ff.

ellen Vermögenswerten ist ein Ausweis als separater Posten oder innerhalb der sonstigen Aufwendungen ggf. sachgerechter. Abschreibungen auf Finanzanlagen und Wertpapiere des Umlaufvermögens sind im Finanzergebnis auszuweisen.

Zu den **sonstigen Aufwendung** zählen alle Posten, die nicht bereits in anderen Aufwandsposten enthalten sind. Dies sind insbesondere Aufwendungen mit aperiodischem oder außerordentlichem Charakter.

3.4.2 Umsatzkostenverfahren

Das **Umsatzkostenverfahren** basiert auf der Darstellung der Aufwendungen nach betrieblichen **Funktionsbereichen**. Im Gegensatz zur leistungsbezogenen Darstellung des Gesamtkostenverfahrens werden im Umsatzkostenverfahren nur die Aufwendungen dargestellt, die zur Erzielung des Umsatzes angefallen sind (umsatzbezogene Darstellung).[141] Die **Herstellungskosten** der unfertigen und nicht abgesetzten Fertigerzeugnisse werden als Vorräte aktiviert und sind damit nur durch eine eingehende Betrachtung der Veränderung dieser Bilanzposition ersichtlich.

Die Darstellung nach Funktionsbereichen setzt die Existenz eines internen Rechnungswesens (Kostenstellenrechnung) voraus, das eine entsprechende Zuordnung der Aufwandsarten zu den Funktionsbereichen vornimmt. Das Umsatzkostenverfahren verknüpft damit externes und internes Rechnungswesen. Insbesondere vor dem Hintergrund der wirtschaftlichen Ausgestaltung externer Berichtspflichten und notwendiger interner Planungs-, Kontroll- und Steuerungsinstrumente ist damit eine engere Verzahnung unter Konvergenzgesichtspunkten denkbar.[142] Als nachteilig anzusehen ist die **ermessensabhängige Zuordnung** der einzelnen Aufwandsarten zu den Funktionsbereichen, die auch im Standard explizit erwähnt wird (IAS 1.103).

Prognosen lassen sich nicht wie in dem simplen Beispiel gezeigt durchführen, da die entsprechenden Komponenten in den einzelnen Funktionsbereichen nach nicht zwangsweise nachvollziehbaren Schlüsseln aufgeteilt werden.[143] Für Prognosezwecke sind Angaben in Form von Aufwandsarten hilfreich (IAS 1.105). Daher besteht eine unterstützende Angabepflicht für die planmäßigen Abschreibungen und den Personalaufwand im Anhang (IAS 1.104), die nach herrschender Meinung, begründet durch den Wesentlichkeitsaspekt, auch den Materialaufwand umfasst.[144]

---

141 Vgl. Brücks, M./Diehm, S./Kerkhoff, G.: IAS 1, 2008, Rz. 281.
142 Zur Ausgestaltung des internen und externen Rechnungswesens unter dem Gesichtspunkte der Konvergenz vgl. Müller, S.: Management-Rechnungswesen, 2002.
143 Vgl. Brücks, M./Diehm, S./Kerkhoff, G.: IAS 1, 2008, Rz. 281.
144 Vgl. Brücks, M./Diehm, S./Kerkhoff, G.: IAS 1, 2008, Rz. 281; ADS International: Abschnitt 7, 2007, Rz. 198.

Eine Aufgliederung der Aufwendungen nach dem Umsatzkostenverfahren kann folgende Form aufweisen (IAS 1.103):

Umsatzerlöse
− Umsatzkosten
= **Bruttogewinn**
+ Sonstige Erträge
− Vertriebskosten
− Allgemeine Verwaltungsaufwendungen
− Andere Aufwendungen
= **Gewinn vor Steuern**

Zu erkennen ist, dass der Ausweis einer weiteren Zwischensumme empfohlen wird. Der **Bruttogewinn** bzw. das **Bruttoergebnis** als Differenz aus Umsatzerlösen und Umsatzkosten stellt aus Gründen der zwischenbetrieblichen und interperiodischen Vergleichbarkeit[145] eine sinnvolle Angabe dar, weil sich daraus Rückschlüsse über die Effektivität der Produktion ziehen lassen.

Unterschiede in Bezug auf Umsatzerlöse und sonstige Erträge ergeben sich im Vergleich zum Gesamtkostenverfahren nicht.[146]

Von den Umsatzerlösen werden die **Umsatzkosten** abgesetzt. Diese umfassen die Anschaffungskosten fremdbezogener und die Herstellungskosten selbsterstellter Absatzleistungen sowie Wertminderungen und Wertaufholungen von Vorräten im Rahmen der Bewertung zu Anschaffungs-/ Herstellungskosten bzw. niedrigerem Nettoveräußerungswert und planmäßige Abschreibungen auf Anlagegüter der Produktion.[147] Die Ermittlung der Anschaffungs- und Herstellungskosten richtet sich nach IAS 2.10ff. und beinhaltet alle Kosten, die durch Erwerb oder Herstellung und bei innerbetrieblichem Transport und Weiterbearbeitung angefallen sind (IAS 2.10). Die **Anschaffungskosten** setzen sich damit wie folgt zusammen (IAS 2.11):[148]

  Kaufpreis
− Skonti, Rabatte
+ Einfuhrzölle
+ nicht erstattete Steuern
+ Transport und Abwicklungskosten
+ sonstige Kosten, die dem Erwerb direkt zurechenbar sind
= **Anschaffungskosten**

Die **Herstellungskosten** umfassen die direkt zurechenbaren Einzelkosten der Fertigung sowie systematisch zurechenbare Produktionsgemeinkosten fixer und vari-

---

145 Vgl. Zülch, H.: GuV, 2005, S. 174.
146 Vgl. Kapitel 3.3.1
147 Vgl. Zülch, H.: GuV, 2006, S. 302.
148 Ergänzend zu Anschaffungskosten und vertiefend zur Berücksichtigung von Fremdkapitalzinsen, öffentlichen Zuwendungen siehe u.a. Wobbe, C.: Sachanlagen und Leasing, 2008, S. 28ff.

abler Ausprägung (IAS 2.12). Wertminderungen im Zusammenhang mit dem jährlich durchzuführenden Wertminderungstest eines Geschäfts- oder Firmenwertes sind nicht planbar und können teilweise beachtliche Beträge ausmachen. Im Sinne einer entscheidungsrelevanten Darstellung kann ein getrennter Ausweis dieses Postens durchgeführt werden. Eine Verzerrung der aus den Herstellungskosten des Umsatzes abgeleiteten Kennzahl Bruttomarge kann damit vermieden werden.[149]

Zu den **Vertriebskosten** zählen die Einzel- und Gemeinkosten des Vertriebs. In dem Posten enthalten sind, nach Kostenarten gegliedert, Materialauf- und Personalaufwendungen, Abschreibungen auf dem Vertrieb dienende Vermögenswerte und sonstige Aufwendungen wie Provisionen, die nach IAS 2.16a nicht in den Herstellungskosten respektive Umsatzkosten berücksichtigt werden dürfen.

Die **Verwaltungskosten** bilden die Aufwendungen ab, die nicht als produktionsbezogene Umsatzkosten und nicht als Vertriebskosten anzusetzen sind. In erster Linie werden allgemeine Verwaltungsfunktionen wie Personal, Rechnungswesen, Finanzen, IT und Geschäftsführung einfließen.

Technischer Anwendungsaspekt

Vertriebs- und Verwaltungskosten beziehen sich nicht wie die Umsatzkosten auf die abgesetzte Menge. Sie werden zeitlich abgegrenzt und stellen damit Periodenaufwand dar.[150] Ursächlich dafür ist das Aktivierungsverbot für allgemeine Verwaltungskosten und Vertriebskosten bei der Herstellungskostenermittlung.

3.5 Beispielhafte Darstellung einer Gewinn- und Verlustrechnung

Die im Folgenden gezeigten beispielhaften Darstellungen einer GuV stellen diese im Sinne des *two-statement-approach* als getrenntes Berichtselement dar. Gezeigt werden das Umsatz- und das Gesamtkostenverfahren.

---

149 Vgl. Heuser, P.J./Theile, C.: IFRS Handbuch, 2009, Rz. 4224.
150 Vgl. Coenenberg, A.G.: Jahresabschluss, 2005, S. 526f.

3.5 Beispielhafte Darstellung einer Gewinn- und Verlustrechnung

3.5.1 Umsatzkostenverfahren (UKV)

Konzern-GuV XY-AG (IFRS)

in Mio. €	Anhang	31.12.t_1	31.12.t_0
Umsatzerlöse	1		
Umsatzkosten	2		
Bruttoergebnis		SUMME	SUMME
Vertriebskosten	3		
Verwaltungskosten Sonstige betriebliche Erträge Sonstige betriebliche Aufwendungen	...		
Operatives Ergebnis		SUMME	SUMME
Ergebnis aus Equity-Beteiligungen (Sonstige) Finanzierungsaufwendungen (Sonstige) Finanzierungserträge			
Finanzergebnis		SUMME	SUMME
Ergebnis vor Steuern		SUMME	SUMME
Steuern auf Einkommen und Ertrag			
Ergebnis nach Steuer aus fortgeführten Geschäftsbereichen		SUMME	SUMME
Ergebnis aus aufgegebenen Geschäftsbereichen			
Jahresüberschuss/ -fehlbetrag		SUMME	SUMME
Anteil der Minderheitsgesellschafter			
Gewinn/ Verlust, der den Eigenkapitalgebern des Mutterunternehmens zuzurechnen ist		SUMME	SUMME

Ergebnis je Aktie (in €)
Fortgeführte Geschäftsbereiche
    verwässert
    unverwässert
 	
Aufgegebene Geschäftsbereiche
    verwässert
    unverwässert			

Abb. 3-2: Beispielhafte Darstellung einer GuV nach dem Umsatzkostenverfahren

3.5.2 Gesamtkostenverfahren (GKV)

Konzern-GuV XY-AG (IFRS)

in Mio. €	Anhang	31.12.t_1	31.12.t_0
Umsatzerlöse	1		
Bestandsveränderungen an fertigen und unfertigen Erzeugnissen	2		
Aktivierte Eigenleistungen	3		
Materialaufwand	...		
Personalaufwand			
Planmäßige Abschreibungen			
Außerplanmäßige Abschreibungen			
Sonstige betriebliche Erträge			
Sonstige betriebliche Aufwendungen			
Operatives Ergebnis		SUMME	SUMME
Ergebnis aus Equity-Beteiligungen			
(Sonstige) Finanzierungsaufwendungen			
(Sonstige) Finanzierungserträge			
Finanzergebnis		SUMME	SUMME
Ergebnis vor Steuern		SUMME	SUMME
Steuern auf Einkommen und Ertrag			
Ergebnis nach Steuer aus fortgeführten Geschäftsbereichen		SUMME	SUMME
Ergebnis aus aufgegebenen Geschäftsbereichen			
Jahresüberschuss/ -fehlbetrag		SUMME	SUMME
Anteil der Minderheitsgesellschafter			
Gewinn/ Verlust, der den Eigenkapitalgebern des Mutterunternehmens zuzurechnen ist		SUMME	SUMME
Ergebnis je Aktie (in €) Fortgeführte Geschäftsbereiche			
verwässert			
unverwässert			
Aufgegebene Geschäftsbereiche			
verwässert			
unverwässert			

Abb. 3-3: Beispielhafte Darstellung einer GuV nach dem Gesamtkostenverfahren

3.6 Abgrenzung zum Handelsrecht

Die Gewinn- und Verlustrechnung ist mit der Gültigkeit des IAS 1 (rev. 2007) als Teilmenge der verpflichtend zu erstellenden Gesamtergebnisrechnung einzuordnen. Im HGB existiert dieses Berichtsinstrument nicht und die GuV ist ein eigenständiger Teil des Abschlusses. Im Zusammenhang mit den Grundlagen der Darstellung sind die Ausführungen zur Bilanz in Kapitel 2.6 heranzuziehen.

Der **Inhalt von Posten** in der GuV nach HGB oder IFRS unterscheidet sich in Abhängigkeit von den unterschiedlichen Erfassungszeitpunkten von Aufwendungen und Erträgen sowie in differierenden Ansatz- und Bewertungsregeln.[151] Tendenziell können durch das Kriterium des wahrscheinlichen künftigen Nutzenzuflusses in der IFRS-GuV Gewinne ausgewiesen sein, die im HGB im Rahmen des Realisationsprinzips als unrealisiert angesehen werden.[152] Zudem ist der Begriff der Umsatzerlöse nach IFRS weiter gefasst, da er alle Erträge aus der gewöhnlichen Geschäftstätigkeit enthält.

Die Form der GuV ist auf die Staffelform normiert (§ 275 Abs. 1 HGB). Auch die Erfolgsspaltungskonzeptionen der beiden Rechnungslegungssysteme unterscheiden sich.[153] Das HGB fordert einen getrennten Ausweis von außergewöhnlichen Aufwendungen und Erträgen, während in IAS 1 ein explizites Verbot vorherrscht. Der Ausweis des Ergebnisses aus aufgegebenen Geschäftsbereichen erfolgt im Handelsrecht nicht getrennt. Hier werden die Aufwendungen und Erträge aus diesen Bereichen den Posten der gewöhnlichen Geschäftstätigkeit zugeordnet,[154] lediglich das Ergebnis aus der Veräußerung des aufgegebenen Geschäftsbereich wird – soweit wesentlich – außerhalb der gewöhnlichen Geschäftstätigkeit, nämlich unter den außergewöhnlichen Posten, dargestellt.[155]

---

151 Vgl. Schlüter, J.: Gesamtergebnisrechnung/ GuV, 2009, Rz. 132f.
152 Vgl. Wawrzinek, W.: Ansatz, Bewertung und Ausweis, 2009, Rz. 165.
153 Vgl. Kuhnle, H./Banzhaf, J.: GuV, 2007, S. 72.
154 Vgl. Kuhnle, H./Banzhaf, J.: GuV, 2007, S. 132.
155 Vgl. Wagenhofer, A.: IAS, 2005, S. 444.

4 Empirische Analyse

Leitfragen

- Welche Gliederungen sind in der Praxis anzutreffen?
- Wie wird mit Zwischenüberschriften umgegangen?
- Welche Untergliederungen sind vorzufinden?
- Welche Formen werden überwiegend verwendet?
- Inwieweit bestehen Abweichungen der Postenbezeichnungen?
- Ist eine sich entwickelnde Angleichung bezüglich der Ausgestaltung des *substance over form* zu beobachten?
- Wie wird das Kriterium der Wesentlichkeit in der Praxis quantitativ ausgestaltet?

4.1 Empirische Basis

Die nachfolgende empirische Best-Practise-Analyse bezieht sich auf die Konzernabschlüsse des Jahres 2008 der am 01.03.2009 in den Indices DAX, MDAX und SDAX gelisteten Unternehmen, die alle nach IFRS bilanzieren. Aufgrund der abweichenden Gliederungs- und Ausweisprinzipien für Banken und Versicherungen sind die Unternehmen der Cluster der Deutschen Börse Banken, Versicherung und Finanzdienstleitung[156] nicht Bestandteil der Analyse. Somit verringert sich die Zahl der analysierten Unternehmen um 26 Unternehmen. Damit stützt sich die Untersuchung auf eine Grundgesamtheit von 104 Unternehmen.

---

156 Die Kategorisierung erfolgt entsprechende der Sektoreneinteilung der Deutschen Börse. Abrufbar im Internet: http://deutsche-boerse.com/dbag/dispatch/de/binary/gdb_content_pool/imported_files/public_files/10_downloads/33_going_being_public/50_others/Initial_Sectors_20080314.xls, Stand: 15.01.10.

4 Empirische Analyse

DAX	MDAX	MDAX	SDAX	SDAX
Adidas AG	Arcandor AG	MTU Aero Engines Holding AG	Air Berlin PLC	Klöckner Werke AG
BASF SE	Bauer AG	Norddeutsche Affinerie AG	Axel Springer AG	Koenig & Bauer AG
Bayer AG	Bilfinger Berger AG	Pfleiderer AG	BayWa AG	KWS Saat AG
Beiersdorf AG	Celesio AG	Praktiker Bau- und Heimwerkmärkte AG	Bertrand AG	Loewe AG
BMW AG	Continental AG	Premiere AG	Biotest AG	Medion AG
Daimler AG	Demag Cranes AG	ProSiebenSat.1 Media AG	C.A.T. Oil AG	MVV Energie AG
Deutsche Post AG	Douglas Holding AG	Puma AG	Centrotec Sustainable AG	Rational AG
Deutsche Telekom AG	EADS N.V.	Rheinmetall AG	CTS Eventim AG	Sixt AG
E.ON AG	Fielmann AG	Rhön-Klinikum AG	Curanum AG	SKW Stahl-Metallurgie Holding AG
Fresenius Medical Care AG & Co. KGaA	Fraport AG	SGL Carbon SE	Delticom AG	Takkt AG
Henkel KGaA	Fresenius SE	Stada Arzneimittel AG	Deutz AG	VTG AG
Infineon AG	Fuchs Petrolub AG	Südzucker AG	Dürr AG	Wacker Construction Equipment AG
K+S AG	GEA Group AG	Symrise AG	Dyckerhoff AG	
Linde AG	Gerresheimer AG	Tognum AG	Elexis AG	
Lufthansa AG	Gildemeister AG	Tui AG	ElringKlinger AG	
MAN AG	Heidelberg Cement AG	Vossloh AG	EM.Sport Media AG	
Merck KGaA	Heidelberger Druckmaschinen AG	Wacker Chemie AG	Escada AG	
Metro AG	HHLA AG	Wincor Nixdorf AG	Gerry Weber International AG	
RWE AG	Hochtief AG		Gesco AG	
Salzgitter AG	Hugo Boss AG		GfK SE	
SAP AG	Klöckner & Co SE		Grammer AG	
Siemens AG	Krones AG		H&R WASAG AG	
ThyssenKrupp AG	KUKA AG		Highlight Communications AG	
Volkswagen AG	Lanxess AG		Homag Group AG	
	Leoni AG		Jungheinrich AG	

Tab. 4-1: Umfang und Zuordnung der ausgewerteten Unternehmen

Die Grundgesamtheit der 104 betrachteten Unternehmen verteilt sich wie folgt auf die Indices.

Verteilung der Unternehmen auf die Indices	Alle Indices	DAX	MDAX	SDAX
Anzahl	104	24	43	37
Anteil	100%	23%	41%	36%

Tab. 4-2: Verteilung der Unternehmen auf die Indices

4.2 Empirische Analyse der Bilanzdarstellung

4.2.1 Grundlegendes bezüglich Form und Darstellung

Alle betrachteten Unternehmen weisen **Vorjahreswerte** aus und stellen diese in einer Bilanz mit den Werten des aktuellen Jahres als zweite Spalte dar. Die Angabe von Vergleichswerten bezieht sich fast ausschließlich auf eine Vorperiode. Lediglich MTU Aero Engines stellt in der Bilanz zwei Vorperioden dar.[157] Als Hilfestellung für die Auswertung der Bilanz durch den Adressaten erweitern wenige Unternehmen die Darstellung. Die zusätzlichen Angaben beinhalten die Darstellung von prozentualen Veränderungen der einzelnen Posten im Vergleich zum Vorjahr oder den Anteil der einzelnen Posten an der Bilanzsumme. Die Darstellung dieser Zusatzangaben sollte vor dem Hintergrund von Übersichtlichkeitserwägungen stattfinden. Die abnehmende Übersichtlichkeit sollte durch einen wesentlich höheren Informationswert kompensiert werden. Da die eingehende Analyse der Bilanz ohnehin nur mit EDV-Unterstützung geschehen kann, die Anteils- oder Veränderungswerte in kurzer Zeit und ohne großen Aufwand sichtbar werden lässt, ist der Einsatz von Zusatzangaben eher zu vernachlässigen. Insgesamt stellen nur vier Unternehmen solche Vergleichsangaben dar.

Erweiterte Darstellung in der Bilanz	Alle Indices	DAX	MDAX	SDAX
Prozentuale Veränderung der Posten zu Vorjahr	3	1	2	0
Anteil an Unternehmen (%)	*3%*	*4%*	*5%*	*0%*
Absolute Veränderung der Posten zu Vorjahr	1	0	1	0
Anteil an Unternehmen (%)	*1%*	*0%*	*2%*	*0%*
Prozentualer Anteil der Posten an Bilanzsumme	2	1	0	1
Anteil an Unternehmen (%)	*2%*	*4%*	*0%*	*3%*
Segmentdarstellung	3	3	0	0
Anteil an Unternehmen (%)	*3%*	*13%*	*0%*	*0%*

Tab. 4-3: Darstellungserweiterungen in der Bilanz

---

157 Vgl. Konzerngeschäftsbericht MTU Aero Engines AG 2008, S. 130f.

Drei DAX-Unternehmen (BMW, Daimler und MAN) teilen die Bilanzpositionen zusätzlich in verschiedene **Segmente** ein.[158] Daimler und MAN nehmen eine Unterscheidung in das Industriegeschäft und die Finanzdienstleistungen vor, während BMW mit einer Einteilung in Automobile, Motorräder, Finanzdienstleistung und Sonstige eine noch weitergehende Aufgliederung verfolgt. Exemplarisch wird dieses Vorgehen anhand eines Bilanzauszuges von Daimler illustriert.

Auszug Bilanz Daimler AG 2008							
		Daimler-Konzern 31. Dezember		Industriegeschäft 31. Dezember		Daimler Financial Services 31. Dezember	
	Anmerkung	2008	2007	2008	2007	2008	2007
Angaben in Millionen €							
Aktiva							
Immaterielle Vermögenswerte	9	**6.037**	5.202	**5.964**	5.128	**73**	74
Sachanlagen	10	**16.087**	14.650	**16.022**	14.600	**65**	50
...		...	...	...	...	...	...
(Konzerngeschäftsbericht Daimler AG 2008, S. 145)							

4.2.2 Postenbezeichnung

Der Pool an Postenbezeichnungen ist bezogen auf die Indexclusterung und die einzelnen Bilanzteile in der Tab. 4-4 dargestellt, die das volle Spektrum an Bezeichnungen für diese Kategorien zeigt. Die Bilanzen der betrachteten Unternehmen gründen auf einer Postenliste von 296 Stück, die Aktiva werden mit 134 verschiedenen Bezeichnungen beschrieben. Gezeigt wird jeweils auch die Anzahl der Mindestposten an der Postenzahl. Als Mindestposten werden die nach IAS 1.54 zwingend auszuweisenden Posten benannt. Die Unternehmen aus dem DAX bedienen sich der kleinsten Auswahl an Postenbezeichnungen für alle Bilanzbereiche. Die Bilanzen sind sprachlich damit uniformer als die Bilanzen der Unternehmen aus dem MDAX und SDAX. Das größte Spektrum nutzen die Unternehmen des MDAX.

---

158 Vgl. Konzerngeschäftsbericht BMW AG 2008, S. 74; Konzerngeschäftsbericht Daimler AG 2008, S. 145; Konzerngeschäftsbericht MAN SE 2008, S. 136.

4.2 Empirische Analyse der Bilanzdarstellung

Genutzte Posten	Bilanz	Aktiva	lang-fristige Aktiva	kurz-fristige Aktiva	Passiva	Passiva ohne EK	EK	lang-fristige Passiva	kurz-fristige Passiva
Alle Indices									
Gesamtposten	296	134	73	61	162	98	64	49	49
davon Mindestposten	50	14	7	7	36	24	5	7	0
(in %)	*17%*	*10%*	*10%*	*11%*	*22%*	*24%*	*8%*	*14%*	*0%*
DAX									
Gesamtposten	150	68	37	31	82	50	32	25	25
davon Mindestposten	41	14	7	7	27	15	5	7	0
(in %)	*27%*	*21%*	*19%*	*23%*	*33%*	*30%*	*16%*	*28%*	*0%*
MDAX									
Gesamtposten	206	92	49	43	114	74	40	37	37
davon Mindestposten	44	14	7	7	30	18	5	7	0
(in %)	*21%*	*15%*	*14%*	*16%*	*26%*	*24%*	*13%*	*19%*	*0%*
SDAX									
Gesamtposten	179	83	45	38	96	61	35	29	32
davon Mindestposten	38	14	7	7	24	12	5	7	0
(in %)	*21%*	*17%*	*16%*	*18%*	*25%*	*20%*	*14%*	*24%*	*0%*

Tab. 4-4: Anzahl der genutzten Posten in der Bilanz

Die Rangliste der **am meisten verwendeten Bilanzpositionen** basiert auf der Gesamtbetrachtung über die Unternehmen aller Indices. Betrachtet werden wiederum die einzelnen Bilanzbereiche, getrennt nach Aktiv- und Passivseite. Besonders zu beachten sind die Spalte Fristigkeit und Mindestposten. Durch die Gliederung der IFRS-Bilanz nach dem Fristigkeitsprinzip kommt es regelmäßig vor, dass zwei verschiedene Ränge mit der gleichen Benennung versehen sind, weil sie beispielsweise als kurz- **und** langfristige Finanzverbindlichkeiten ausgewiesen sind. Handelt es sich um einen Posten der Mindestdarstellung gem. IAS 1.54, ist die Zeile mit „M" markiert. Die Anteilsberechnung stützt sich auf die über alle Unternehmen aufsummierten Bilanzsummen. Die Summe der Bilanzsummen ergibt 1.797.061 Mio. €. Die mindestens darzustellenden Posten nehmen jeweils die obersten Ränge ein und sind häufig vertreten.

Rang	Postenbenennung	Fristig-keit	Mindest-posten (M)	Volumen (Mio. €)	Anteil an Bilanz-summe	Anzahl	Anteil an Unter-nehmen
I	*Aktiva*						
1	Latente Steuern	LF	M	35.498	2,0%	101	97%
2	Vorräte	KF	M	158.059	8,8%	99	95%
3	Sachanlagen	LF	M	327.522	18,2%	98	94%
4	Forderungen aus LuL	KF	M	165.179	9,2%	98	94%
5	Steuerforderungen (Ertragsteuern)	KF	M	8.938	0,5%	89	86%
6	Immaterielle Vermögenswerte	LF	M	180.647	10,1%	76	73%
7	Sonstige Vermögenswerte	LF		5.057	0,3%	56	54%
8	Zahlungsmittel/ -äquivalente	KF	M	56.648	3,2%	54	52%
9	Sonstige Vermögenswerte	KF		15.478	0,9%	52	50%
10	Vermögenswert der zur Veräußerung gehaltenen langfr. VM, aufgegebenen GB und Veräußerungsgruppen (als zur Veräußerung klassifiziert)	KF	M	255.274	14,2%	49	47%
11	At-equity bewertete Beteiligungen	LF	M	43.415	2,4%	45	43%
12	Als Finanzanlage gehaltene Immobilien	LF	M	1.645	0,1%	39	38%
13	Geschäfts- oder Firmenwert	LF		63.070	3,5%	33	32%
14	Übrige Forderungen und sonstige Vermögenswerte	KF		37.236	2,1%	30	29%
15	Ertragsteuerforderung	LF		3.711	0,2%	27	26%
16	Sonstige finanzielle Vermögenswerte	LF		14.388	0,8%	26	25%
17	Sonstige	LF		35.155	2,0%	25	24%
18	Finanzanlagen	LF		494	0,0%	25	24%
19	Sonstige Finanzanlagen	LF		5.125	0,3%	24	23%
20	Wertpapiere	KF		19.378	1,1%	24	23%

Tab. 4-5: Rangliste der meistverwendeten Bilanzposten (Aktivseite)

4.2 Empirische Analyse der Bilanzdarstellung

Rang	Postenbenennung	Fristigkeit	Mindestposten (M)	Volumen (Mio. €)	Anteil an Bilanzsumme	Anzahl	Anteil an Unternehmen
II	*Passiva*						
1	Latente Steuerverbindlichkeiten	LF	M	45.359	2,5%	101	97%
2	Verbindlichkeiten aus LuL	KF	M	159.522	8,9%	100	96%
3	Gezeichnetes Kapital	EK		39.954	2,2%	94	90%
4	Sonstige Verbindlichkeiten	KF	M	115.080	6,4%	90	87%
5	Kapitalrücklage	EK		144.773	8,1%	86	83%
6	Sonstige Verbindlichkeiten	LF	M	36.110	2,0%	81	78%
7	Laufende Ertragsteuerverbindlichkeiten	KF	M	11.438	0,6%	79	76%
8	Sonstige Rückstellungen	KF		46.172	2,6%	66	63%
9	Gewinnrücklagen	EK		179.496	10,0%	58	56%
10	Sonstige Rückstellungen	LF		16.742	0,9%	56	54%
11	Finanzverbindlichkeiten	LF	M	148.707	8,3%	55	53%
12	Finanzverbindlichkeiten	KF	M	84.064	4,7%	55	53%
13	Pensionsrückstellungen und ähnliche Verpflichtungen	LF		41.952	2,3%	42	40%
14	Minderheitsanteile	EK		8.353	0,5%	40	38%
15	Anteile anderer Gesellschafter	EK		9.286	0,5%	38	37%
16	Pensionsrückstellungen	LF		23.886	1,3%	35	34%
17	Rückstellungen	LF	M	65.067	3,6%	34	33%
18	Rückstellungen	KF	M	22.919	1,3%	34	33%
19	Schulden im direkten Zusammenhang mit zur Veräußerung gehaltenen langfristigen Vermögenswerten	KF	M	242.072	13,5%	30	29%
20	Finanzschulden	KF		51.836	2,9%	25	24%

Tab. 4-6: Rangliste der meistverwendeten Bilanzposten (Passivseite)

4.2.3 Veränderung des Ausweises über die Zeit (Stetigkeit)

Für die Aussage über die Veränderung des verwendeten Postenpools wurden alle Unternehmen betrachtet, die in beiden Jahren 2007 und 2008 in einem der Indices gelistet waren. Die Datenbasis ist damit von 104 auf die Schnittmenge von 96 Unternehmen reduziert. Zu erkennen ist, dass sich der Gesamtumfang an verwendeten Posten im Saldo leicht erhöht hat und im Wesentlichen auf Veränderungen auf der Aktivseite beruht. Somit kann die These, dass sich über die Zeit eine einheitliche Bilanzdarstellung nach IFRS bei deutschen Unternehmen einstellt, für dieses Jahr nicht bestätigt werden.

Veränderung der Postenanzahl	Hinzufügung	%	Entfernung	%	Saldo	%
Bilanz	6	2,0%	3	1,0%	3	1,0%
Aktiva	4	3,0%	1	0,7%	3	2,2%
lf Aktiva	2	2,7%	0	0,0%	2	2,7%
kf Aktiva	2	3,3%	1	1,6%	1	1,6%
Passiva	2	1,2%	2	1,2%	0	0,0%
EK	1	1,0%	2	2,0%	−1	−1,0%
lf Passiva	1	1,6%	0	0,0%	1	1,6%
kf Passiva	0	0,0%	0	0,0%	0	0,0%

Tab. 4-7: Veränderung der Postenzahl in der Bilanz (2007/2008)

4.2.4 Gliederung

Alle betrachteten Unternehmen nehmen auf oberster Ebene eine Gliederung in kurz und langfristige Vermögenswerte und Schulden vor. Von der Möglichkeit der weiteren **Untergliederung** machen nur 17% der Unternehmen Gebrauch, wobei der Höchstwert von 25% im DAX erreicht wird. Grund für diese Praxis können umfangreichere Geschäftsmodelle der DAX-Unternehmen mit entsprechender Vielfalt der Geschäftsvorfälle, höherer Stellenwert der Finanzberichterstattung wegen gesteigertem Interesse der Adressaten oder leistungsstärkere Rechnungswesen sein.

4.2 Empirische Analyse der Bilanzdarstellung

Weitere Untergliederungen der Bilanz	Alle Indices	DAX	MDAX	SDAX
Anzahl der weiter untergliedernden Unternehmen	18	6	6	6
Anteil an Unternehmen (%)	*17%*	*25%*	*14%*	*16%*
Untergliederung				
AKTIVA				
Forderungen und sonstige Vermögenswerte (kf)	7	0	4	3
Anlagevermögen	6	0	4	2
Finanzanlagevermögen	6	2	2	2
Sachanlagevermögen	4	0	2	2
Vorräte	4	0	3	1
Immaterielle Vermögenswerte	3	1	1	1
Andere langfristige Aktiva	3	0	1	2
Filmvermögen	1	0	0	1
Sonstiges Finanzanlagevermögen	1	1	0	0
Finanzielle Vermögenswerte (kf)	1	1	0	0
Finanzielle Vermögenswerte (lf)	1	1	0	0
Forderungen und sonstige Vermögenswerte (lf)	1	0	1	0
Umlaufvermögen	1	1	0	0
Liquide Mittel	1	1	0	0
PASSIVA				
Verbindlichkeiten	6	0	4	2
Rückstellungen	5	0	4	1
Finanzielle und sonstige Verbindlichkeiten (kf)	1	1	0	0
Finanzielle und sonstige Verbindlichkeiten (lf)	1	1	0	0
lf: Schulden, kf: Rückstellungen und Verbindlichkeiten	1	0	0	1

Tab. 4-8: Weitere Untergliederungen in der Bilanz

Besonderer Beachtung bedarf der Verwendung von Begriffen aus den Regelungen des HGB. Infineon gliedert die Bilanz im Geschäftsbericht 2008 auf der Aktivseite in kurz- und langfristige Vermögenswerte. Dabei werden die kurzfristigen Vermögenswerte unter dem Begriff „Umlaufvermögen" aufgeführt. Kurzfristige Vermögenswerte und Umlaufvermögen sind inhaltlich nicht deckungsgleich. In den kurzfristigen Vermögenswerten nach IFRS ist unter anderem der kurzfristige Anteil langfristiger Vermögenswerte enthalten. Das HGB kennt diese Trennung nicht und langfristige Vermögenswerte werden unabhängig von ihrer Restverweildauer im Anlagevermögen abgebildet. Um einen möglichst eindeutigen Ausweis nach IFRS zu erreichen, sollte auf die Bezeichnungen Anlage- und Umlaufvermögen verzichtet werden.

Auszug Bilanz Infineon AG:

	Anhang Nr.	2007	2008
AKTIVA:			
Umlaufvermögen:			
Zahlungsmittel und Zahlungsmitteläquivalente		1.809	749
...			
Sonstige kurzfristige finanzielle Vermögenswerte	18	78	19
Sonstige kurzfristige Vermögenswerte	19	203	124
Zur Veräußerung stehende Vermögenswerte	6	303	2.129
Summe kurzfristige Vermögenswerte			

(Konzerngeschäftsbericht Infineon AG 2008, S. 53)

Sollte in einer IFRS-Bilanz eine Auflistung unter den Begriffen Anlage- oder Umlaufvermögen vorgenommen werden, ist zu beachten, dass nur Posten ausgewiesen werden, die auch im HGB dem Umlaufvermögen zuzurechnen sind. Auf den ersten Blick sind in der Bilanz von Infineon die zur Veräußerung stehenden Vermögenswerte kein Umlaufvermögen im Sinne des HGB. Eine geeignetere Darstellung der Bilanz unter Verwendung der Kategorie Anlagevermögen erreicht VTG.

Auszug Bilanz VTG AG:

AKTIVA

Tsd. €	Anhang	31.12.2008	31.12.2007
Geschäfts- oder Firmenwerte	(11)	158.146	156.211
Sonstige immaterielle Vermögenswerte	(12)	63.678	66.734
Sachanlagen	(13)	810.187	729.691
Anteile an assoziierten Unternehmen	(14)	16.857	15.811
Sonstige Finanzanlagen	(15)	7.617	8.921
Anlagevermögen		**1.056.485**	**977.368**
Sonstige Forderungen und Vermögenswerte	(18)	1.571	1.280
Latente Ertragsteueransprüche	(19)	23.114	11.954
Langfristige Forderungen		**24.685**	**13.234**
Langfristige Vermögenswerte		**1.081.170**	**990.602**

(Konzerngeschäftsbericht VTG AG 2008, S. 64)

4.2 Empirische Analyse der Bilanzdarstellung

Wie ein Blick in den Anhang bestätigt, erfolgt hier eine der Definition des HGB entsprechende Abgrenzung, da die sonstigen Finanzanlagen aus Anteilen an verbundenen Unternehmen sowie Beteiligungen bestehen. Die nicht in die Definition des Anlagevermögens fallenden Posten sind separat unter der Kategorie langfristige Forderungen abgegrenzt.

4.2.5 Umfang der Bilanz und Wesentlichkeit

Die Abbildung zeigt die **Anzahl von Posten** je Unternehmen über alle Indices. Eine Bilanz setzt sich danach im Schnitt aus 29,9 Posten zusammen, davon mindestens 19 und maximal 47 Posten. Für die Aktiv- und Passivseite sowie für deren weitere Untergliederungen ergeben sich keine besonderen Ausreißer. Die Passivseite umfasst die drei Bereiche Eigenkapital, lang- und kurzfristige Schulden. Die einzelnen Passivbereiche liegen leicht unter den korrespondierenden Aktivbereichen, wobei durch den Ausweis des Eigenkapitals eine im Schnitt höhere Postenzahl der Passivseite von 16,2 entsteht (Aktivseite 13,6).

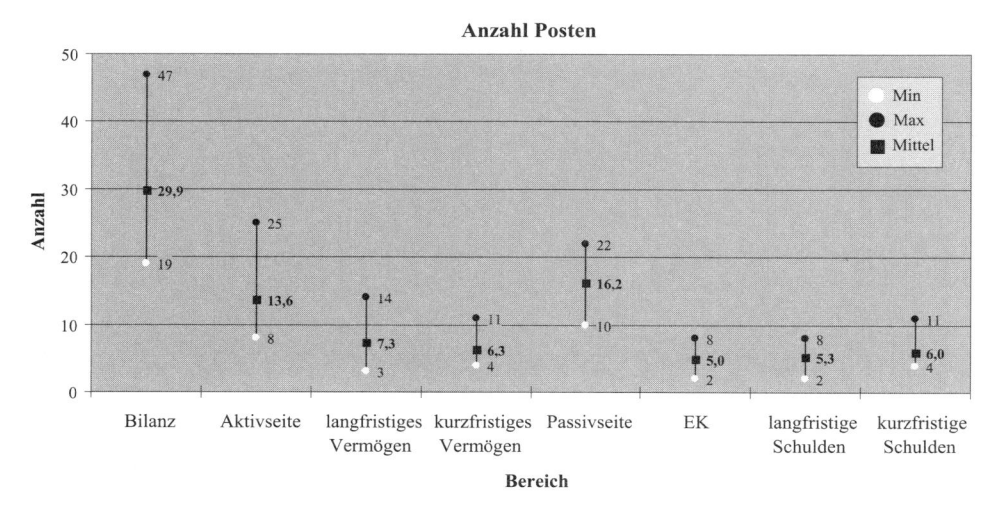

Abb. 4-1: Durchschnittliche Postenanzahl der Bilanz

Über alle betrachteten Unternehmen beträgt die mittlere Abweichung von der durchschnittlichen Postenanzahl in Höhe von 29,9 für die Bilanz 3,8 (13 %). Daraus ergibt sich ein Intervall von 26,1 bis 33,6 Posten innerhalb dessen die Postenanzahl im Mittel schwankt.

4 Empirische Analyse

Abweichung und Intervall für den Mittelwert	Mittlere Abweichung	%	UG	OG
Bilanz	3,8	*13%*	26,1	33,6
Aktivseite	2,3	*17%*	11,3	15,9
langfristiges Vermögen	1,6	*21%*	5,7	8,9
kurzfristiges Vermögen	1,0	*17%*	5,3	7,4
Passivseite	0,4	*3%*	15,8	16,7
EK	2,0	*40%*	3,0	7,0
langfristige Schulden	0,8	*16%*	4,4	6,1
kurzfristige Schulden	1,0	*17%*	5,0	7,0

Tab. 4-9: Mittlere Schwankungsbreite der durchschnittlichen Bilanzpostenanzahl

Wie eng die Unternehmen im Schnitt an der Mindestgliederung operieren zeigt die folgende Abbildung. Nimmt man die **Anzahl der Posten** als Maßstab, erhält man eine durchschnittliche Zusammensetzung der Bilanz aus 64 % Mindestposten und 36 % Zusatzposten. Demnach ist die Nähe zur Mindestgliederung relativ stark ausgeprägt.

Anteil Mindest- und Zusatzposten an Gesamtzahl der Posten

Bereich	Mindestposten	Zusatzposten
Bilanz	64%	36%
Aktivseite	63%	37%
langfristiges Vermögen	59%	41%
kurzfristiges Vermögen	67%	33%
Passivseite	65%	35%
EK	74%	26%
langfristige Schulden	56%	44%
kurzfristige Schulden	67%	33%

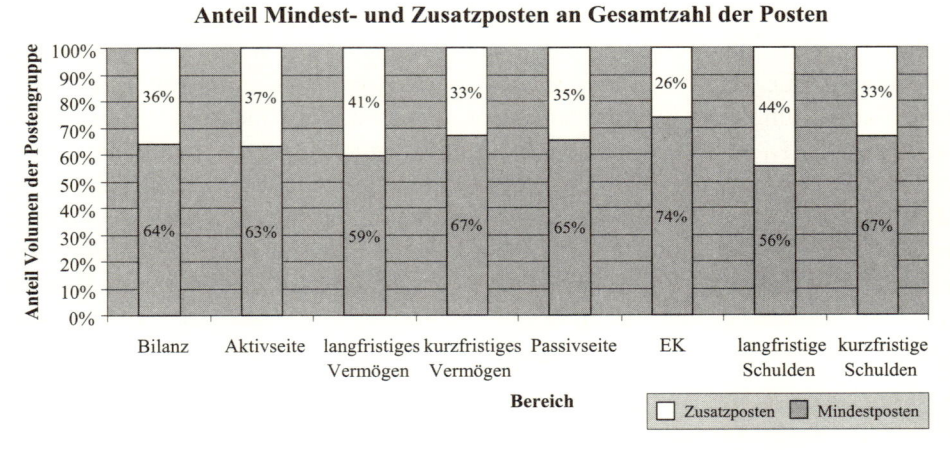

Abb. 4-2: Aufteilung der Gesamtpostenzahl in Mindest- und Zusatzposten

Diese Bild wird verstärkt, wenn man den Anteil des Postenvolumens an der Bilanzsumme und den Zwischensummen (langfristige Schulden u.a.) betrachtet. Die Abbildung 4-3 zeigt das Volumen der Mindestposten jeweils gemessen an den einzelnen Bilanzbereichen. Exemplarisch ergibt sich für die Aktivseite folgendes Bild. Der Anteil des Volumens der Aktivposten, die durch die Mindestgliederungsvorgabe des IAS 1.54 gesetzt sind, beträgt minimal 17 % und maximal 99 %. Im Mittel sind 86 % der Bilanzsumme auf der Aktivseite durch Mindestposten abgedeckt. Im Vergleich zur Abbildung 4-2 wird deutlich, dass die Bilanzsumme zu einem großen Anteil durch die Posten der Mindestgliederung erklärt wird.

Anteil Mindestposten an Bilanzbereichen

Bereich	Min	Max	Median
Aktivseite	17%	99%	86%
langfristiges Vermögen	2%	100%	90%
kurzfristiges Vermögen	19%	100%	89%
Passivseite	28%	100%	78%
EK	14%	100%	87%
langfristige Schulden	4%	100%	72%
kurzfristige Schulden	8%	100%	84%

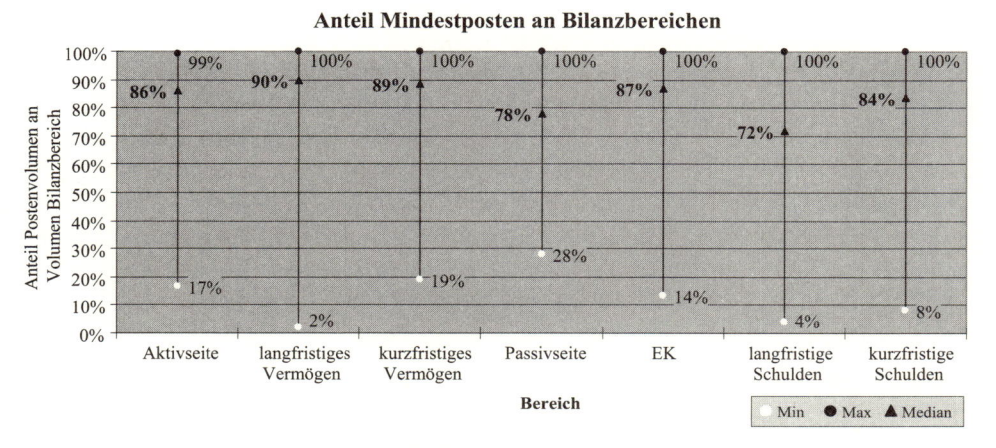

Abb. 4-3: Anteil Mindestposten an Bilanzbereichen

Der Ausweis von **zusätzlichen Posten** geschieht unter dem Aspekt der **Wesentlichkeit**. Da keine konkrete Vorgabe in dem Standard gemacht wird, an welchem Wertniveau oder Wertintervall sich die quantitative Wesentlichkeit misst, folgt eine Betrachtung der quantitativen Ausweispraxis der Unternehmen des DAX, MDAX und SDAX, um Anhaltspunkte für Ausweisfragen zu erhalten. Die Untersuchung kann nur quantitative Wertbereiche liefern und berücksichtigt bei der Bestimmung der Bereiche nicht, dass auch qualitative Aspekte zum Ausweis der untersuchten Posten führen können. Diese qualitativen Aspekte verfälschen den ermittelten Wertbereich möglicherweise. Für die Messung erfolgt eine Bereinigung um die Leerposten, da diese nur im Vorjahr wesentlich waren. Gemessen werden die Anteile der Zusatzposten an den Bilanzbereichen

- Aktivseite,
- langfristiges Vermögen,
- kurzfristiges Vermögen,
- Passivseite,
- Eigenkapital,
- langfristige Schulden und
- kurzfristige Schulden.

Elementar für die Untersuchung ist die Trennung der Posten in zwei Gruppen. Die Mindestposten sind durch die Vorgabe des IAS 1.54 definiert. Spielraum besteht bei der Identifizierung als Mindestposten nach IAS 1.54 auch durch die Frage, ob nur sprachlich exakt mit dem Standardtext übereinstimmende Bezeichnungen zugelassen werden (**strenge Sichtweise**) oder ob auch abweichende Formulierungen mit gleicher inhaltlicher Aussage zugelassen werden (**gemilderte Sicht-**

weise). So sieht der IAS 1.54i den Ausweis von Zahlungsmitteln und Zahlungsmitteläquivalenten vor. In der Ausweispraxis werden relativ häufig auch Bezeichnungen wie „Flüssige Mittel und Wertpapiere" verwendet, die in der gemilderten Sichtweise keinerlei inhaltlichen Unterschied beinhalten und damit ebenfalls als Mindestposten angesehen werden.

Zunächst ist zu klären, ob die Wesentlichkeitsschwelle in Abhängigkeit von der Indexzugehörigkeit bestimmten Gesetzmäßigkeiten unterliegt. Wie man exemplarisch für den Ausweis von Zusatzposten auf der Aktivseite erkennen kann, bestehen zwar Unterschiede zwischen den Indices, die allerdings nicht sehr stark ausgeprägt sind. Die Zuordnung der Unternehmen zu den Indices richtet sich absteigend von DAX über MDAX zum SDAX nach der Marktkapitalisierung und dem Börsenumsatz. Insofern wäre zu erwarten, dass eine Gesetzmäßigkeit in Abhängigkeit dieser Faktoren in dieser oder der entgegengesetzten Richtung zu erkennen ist. Die Gegenüberstellungen auf Indexebene für die weiteren Bilanzbereiche liefert die gleiche Erkenntnis, daher wird diese Differenzierung in der weiteren Betrachtung aufgegeben. Der Ausweis eines Zusatzpostens auf der Aktivseite bewegt sich bei Betrachtung über alle Unternehmen in einem Intervall von 0,2 % bis 7,9 %. Im Schnitt wird ein Zusatzposten separat ausgewiesen, wenn der Anteil 1,7 % an der Bilanzsumme beträgt.

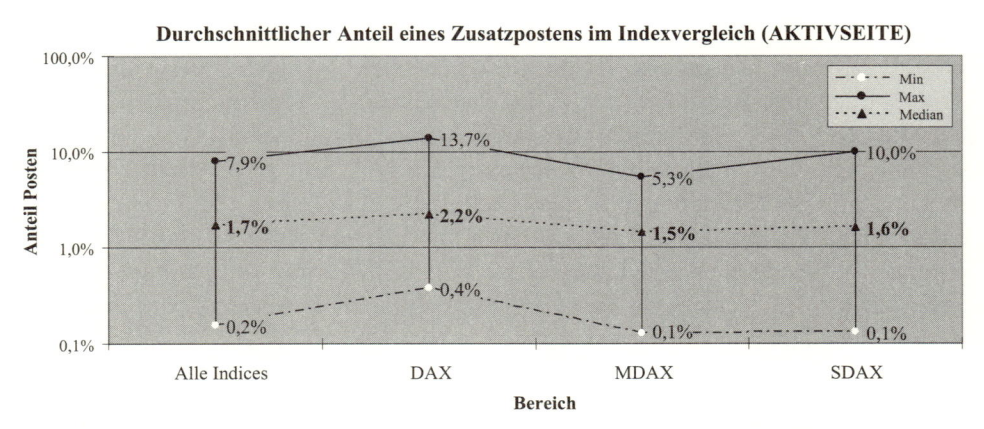

Abb. 4-4: Durchschnittlicher Anteil eines Zusatzpostens im Indexvergleich

Die folgenden Diagramme zeigen den Mittelwert sowie die Extremwerte für den Ausweis eines Zusatzpostens (gemilderte Sichtweise) in Abhängigkeit von dem Bereich, in dem er in der Bilanz Ansatz findet. Es ist somit für jeden Bilanzbereich abzulesen, innerhalb welchen Intervalls sich der Ausweis von Zusatzposten für alle 104 ausgewerteten Unternehmen bewegt und wo der Mittelwert anzusiedeln ist. Der Median liegt im Vergleich der Passivseite mit 2,3 % leicht über dem Niveau der Aktivseite in Höhe von 1,7 %. Das Intervall auf der Passivseite ist leicht ausgedehnter. Damit werden Zusatzposten auf der Aktivseite bereits bei einem niedrigerem Wertniveau separat ausgewiesen als auf der Passivseite. Auf der Aktivseite ist ein Anstieg des Ausweisniveaus in Abhängigkeit von der Fristigkeit des Postens zu erkennen. Ein langfristiger Vermögensgegenstand weist demnach im Mittel einen Anteil von 2,5 % gemessen an den langfristigen Vermögenswerten auf. Kurzfristige Vermögenswerte hingegen nehmen im Schnitt eine Höhe von 6,0 %, gemessen an den gesamten kurzfristigen Vermögenswerten, an. Auf der Passivseite erkennt man in den Bereichen EK, langfristige und kurzfristige Schulden ein im Vergleich zu den entsprechenden Aktivposten jeweils höheres Niveau, das sich zwischen 8,5 % und 9,5 % bewegt.

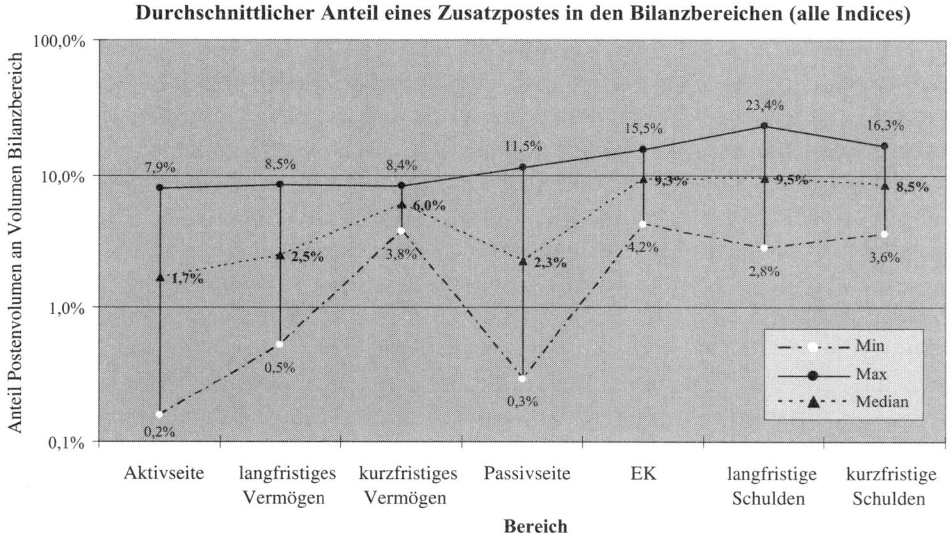

Abb. 4-5: Durchschnittlicher Anteil eines Zusatzpostens in den Bilanzbereichen

Die Messung der Wesentlichkeit nach quantitativen Kriterien kann anhand verschiedener Kennzahlen durchgeführt werden. An dieser Stelle wurde eine Messung anhand der Bilanzbereiche nach IFRS durchgeführt. Weitere Maßzahlen, die sich auf weitere Untergliederungspunkte wie das Vorratsvermögen beziehen, sind möglich, scheinen aber nicht sehr sinnvoll, da es mit zunehmender Atomisierung dieser Kennzahlen schwieriger wird, Vergleichszahlen als Hilfe bei der Kompensation der fehlenden Vorgabe des IASB heranzuziehen.[159] Da ein Großteil des Postenvolumens und der Postenzahl ohnehin durch die mindestens darzustellenden Posten gem. IAS 1.54 abgedeckt werden, sollte der Aufwand für die Definition der Ausweisschwelle für quantitativ wesentliche Posten im Rahmen bleiben. Daher sind die dargestellten Ergebnisse als grobe Richtschnur geeignet, das Bilanzierungsverhalten im Unternehmensvergleich kritisch zu vergleichen.

---

[159] Für empirische Ergebnisse zum Untergliederungsverhalten vgl. Kapitel 4.2.4.

4.3 Empirische Analyse der Darstellung der Gewinn- und Verlustrechnung

4.3.1 Grundlegendes bezüglich Form und Darstellung

Alle betrachteten Unternehmen nutzen die **Staffelform** und weisen **Vorjahreswerte** aus, die in einer GuV mit den Werten des aktuellen Jahres als zweite Spalte aufgeführt werden. Die Angabe von **Vergleichswerten** bezieht sich fast ausschließlich auf eine Vorperiode. Lediglich MTU Aero Engines (MDAX) stellt in der GuV zwei Vorperioden dar.[160]

Bei der Auswertung der Geschäftsberichte wurde das Geschäftsjahr 2008 betrachtet. Der IAS 1 (rev. 2007) ist erst für nach dem 01.01.2009 beginnende Geschäftsjahre verbindlich anzuwenden. Insofern ist eine Gesamtergebnisrechnung in den untersuchten Geschäftsberichten nicht verpflichtend aufzustellen. Vielmehr gilt für diese Berichte das Wahlrecht aus IAS 1.96 (rev. 2003), sofern keine versicherungsmathematischen Gewinne und Verluste aus der Bewertung von Pensionsrückstellung direkt erfolgsneutral im Eigenkapital erfasst werden.

Einzig Wacker Chemie (MDAX) stellt eine explizit als Gesamtergebnisrechnung bezeichnete Aufstellung dar.[161] Die übrigen Unternehmen zeigen eine Aufstellung der erfassten Aufwendungen und Erträge, die allerdings inhaltlich im Wesentlichen der Gesamtergebnisrechnung entspricht. Die Darstellung erfolgt durchweg mittels *Two-statement-approach*, bei dem die GuV als eigenständiges Rechenwerk besteht und das Ergebnis laut GuV als Saldo in die Gesamtergebnisrechnung übernommen wird. Auch an dieser Stelle ist ein in Richtung SDAX abfallendes Aufstellungsverhalten zu beobachten. Weisen im DAX noch 75 % der Unternehmen eine Gesamtergebnisrechnung aus, so sind es im SDAX nur noch 27 % der dort notierten Unternehmen. Der Anteil der Minderheiten und der Anteilseigner am Gesamtergebnis sind gem. IAS 1.83 (rev. 2007) auszuweisen. Diesem kommen 93 % der Unternehmen nach, obwohl die Angabe erst für das Geschäftsjahr 2009 verbindlich ist.

	Alle Indices	DAX	MDAX	SDAX
Gesamtergebnisrechnung	45	18	17	10
Anteil an Gesamtzahl Unternehmen (%)	*43%*	*75%*	*40%*	*27%*
<u>Bezeichnungen</u>:				
Gesamtergebnisrechnung	1	0	1	0
Aufstellung der erfassten Aufwendungen und Erträge	44	18	16	10
Two-Statement-approach, GuV separat	45	18	17	10
Aufteilung des Gesamtergebnisses in Minderheiten und Anteilseigner	42	17	16	9
Anteil an Unternehmen, die GER aufstellen (%)	*93%*	*94%*	*94%*	*90%*

Tab. 4-10: Aufstellung der Gesamtergebnisrechnung

---

160 Vgl. Konzerngeschäftsbericht MTU Aero Engines AG 2008, S. 129.
161 Vgl. Konzerngeschäftsbericht Wacker Chemie AG 2008, S. 125.

Als Hilfestellung für die Auswertung der GuV durch den Adressaten erweitern wenige Unternehmen die Darstellung, teilweise analog zur Bilanzdarstellung, um weitere Angaben. Neben den bereits in der Bilanz beobachteten Angaben zur Veränderung im Vergleich zum Vorjahr werden von insgesamt drei Unternehmen Anteilswerte von Zwischenergebnissen bzw. Aufwendungen und Erträgen an den Umsatzerlösen ausgewiesen. Auch die Auftrennung der Posten in **Segmente** wird hier fortgeführt.[162] Zusätzlich dazu teilt H&R WASAG (SDAX) die Vorjahreswerte in fortgeführte und aus aufgegebenen Geschäftsbereichen stammende Bestandteile auf.[163] „Davon"-Angaben werden insbesondere im MDAX und SDAX genutzt. Sie können dem Adressaten, dosiert eingesetzt, zu einem schnelleren Überblick verhelfen, ohne die Darstellung zu sehr ausufern zu lassen. K+S stellt mit diesem Mittel den Betrag der latenten Steuern an, der im ausgewiesenen Steueraufwand steckt.[164] Dieses Vorgehen erspart den Ausweis einer weiteren Zeile, dem Steuerergebnis. Die Norddeutsche Affinerie hingegen stellt mit Hilfe von „davon"-Angaben die Effekte aus der Umstellung von der Lifo-Methode auf die Durchschnittsmethode in den betroffenen Posten und den (Zwischen-) Ergebnissen heraus, was allerdings die GuV tendenziell unübersichtlich erscheinen lässt.[165]

Zusatzbestandteile der Darstellung	Alle Indices	DAX	MDAX	SDAX
Prozentuale Veränderung der Posten zum Vorjahr	3	1	2	0
Anteil an Unternehmen (%)	*3%*	*4%*	*5%*	*0%*
Absolute Veränderung zu Vorjahr	1	0	1	0
Anteil an Unternehmen (%)	*1%*	*0%*	*2%*	*0%*
Prozentuale Anteile von Zwischenergebnissen an Umsatzerlösen	1	1	0	0
Anteil an Unternehmen (%)	*1%*	*4%*	*0%*	*0%*
Prozentuale Anteile der Aufwands-/Ertragsposten an Umsatzerlösen	2	0	0	2
Anteil an Unternehmen (%)	*2%*	*0%*	*0%*	*5%*
Segmentdarstellung	3	3	0	0
Anteil an Unternehmen (%)	*3%*	*13%*	*0%*	*0%*
Separate Darstellung aufgegebener, fortgeführter Geschäftsbereiche	1	0	0	1
Anteil an Unternehmen (%)	*1%*	*0%*	*0%*	*3%*
„davon"-Angaben (ohne separate Darstellung der Minderheitsanteile)	10	1	5	4
Anteil an Unternehmen (%)	*10%*	*4%*	*12%*	*11%*

Tab. 4-11: Erweiterung der Darstellung der GuV

---

162 Für die Bilanz vgl. Kapitel 4.2.1.
163 Vgl. Konzerngeschäftsbericht H&R WASAG AG 2008, S. 122.
164 Vgl. Konzerngeschäftsbericht K+S AG 2008, S. 142.
165 Vgl. Konzerngeschäftsbericht Norddeutsche Affinerie AG 2008, S. 109.

4.3.2 Postenbezeichnungen in der GuV

Die Gesamtzahl der **ausgewiesenen Posten** ist mit 100 Posten in der Gesamtbetrachtung deutlich geringer als in den Bilanzen der untersuchten Unternehmen. Ebenfalls zeichnet sich bei den Unternehmen aus dem DAX ein geringeres Spektrum ab. Die Vorgaben bezüglich der mindestens auszuweisenden Posten der GuV fallen gem. IAS 1.82 deutlich weniger umfassend aus als für die Bilanz. Dies spiegelt sich im gezeigten, deutlich geringerem, Anteil der Mindestposten am genutzten Postenpool ab.

Nutzung des Postenpools	Alle Indices	DAX	MDAX	SDAX
Umfang des genutzten Postenpools	**100**	**55**	**70**	**64**
davon Mindestposten	8	8	8	8
%	*8,0%*	*14,5%*	*11,4%*	*12,5%*

Tab. 4-12: Anzahl der genutzten Posten in der GuV

In der Rangliste des Postenausweises der GuV werden die 40 meistausgewiesenen Posten aufgeführt. Berücksichtigung finden grundsätzlich alle Aufwendungen und Erträge, sowie Saldogrößen wie der Posten „Zinsergebnis". Zwischenergebnisse und „davon-"Angaben sind nicht Bestandteil der Auflistung. Die Spalte „Kategorie" ordnet die Posten nach Verwendung im Umsatzkosten- (U) oder Gesamtkostenverfahren (G) sowie als Teil des Finanzergebnisses. Die Kategorisierung als Finanzergebnis erfolgt dabei fiktiv, da nicht alle Unternehmen ein Finanzergebnis ausweisen oder einzelnen Bestandteile, wie Beteiligungsergebnisse, dem operativem Ergebnis zurechnen. Ist ein Rang mit einem „M" in der Spalte Mindestposten markiert, handelt es sich um einen Mindestposten gem. IAS 1.82. Das Gesamtvolumen ergibt sich durch die Summierung der Absolutwerte der Aufwands- und Ertragsposten der GuV.

4.3 Empirische Analyse der Darstellung der Gewinn- und Verlustrechnung

Rang	Postenbezeichnung	Kategorie	Mindestposten	Volumen	Anteil am Gesamtvolumen	Anzahl	Anteil an Unternehmen
1	Umsatzerlöse		M	1.260.586	48,0%	104	100%
2	Steuern vom Einkommen und Ertrag		M	21.300	0,8%	104	100%
3	Allgemeine Verwaltungskosten	U		28.975	1,1%	47	45%
4	Sonstige betriebliche Erträge	G		26.450	1,0%	45	43%
5	Sonstige betriebliche Aufwendungen	G		56.418	2,1%	45	43%
6	Sonstige betriebliche Erträge	U		20.224	0,8%	42	40%
7	Ergebnis aus nach Equity-Methode bewerteten Unternehmen	F	M	4.953	0,2%	41	39%
8	Abschreibungen	G		16.842	0,6%	40	38%
9	Sonstige betriebliche Aufwendungen	U		23.223	0,9%	39	38%
10	Personalaufwand	G		56.166	2,1%	39	38%
11	Vertriebskosten	U		75.206	2,9%	38	37%
12	Materialaufwand	G		237.238	9,0%	38	37%
13	Finanzaufwendungen	F	M	10.950	0,4%	38	37%
14	Sonstiges Finanzergebnis	F		6.458	0,2%	38	37%
15	Zinsaufwendungen	F		9.639	0,4%	37	36%
16	Forschungs- und Entwicklungskosten	U		22.138	0,8%	36	35%
17	Zinserträge	F		2.589	0,1%	36	35%
18	Anteile anderer Gesellschafter		M	2.014	0,1%	36	35%
19	Finanzerträge	F	M	4.211	0,2%	34	33%
20	Umsatzkosten	U	M	501.410	19,1%	30	29%
21	Bestandsveränderungen	G		557	0,0%	25	24%
22	Übriges Beteiligungsergebnis	F		833	0,0%	22	21%
23	Ergebnis aus assoziierten Unternehmen	F		199	0,0%	21	20%
24	Aktivierte Eigenleistungen	G		833	0,0%	20	19%
25	Ergebnis aus nicht fortgeführten Aktivitäten		M	11.110	0,4%	19	18%
26	Herstellungskosten	U		57.067	2,2%	18	17%
27	Zinsen und ähnliche/ sonstige Erträge	F		2.104	0,1%	16	15%
28	Zinsen und ähnliche/ sonstige Aufwendungen	F		4.993	0,2%	15	14%
29	Beteiligungsergebnis	F		486	0,0%	13	13%
30	Sonstige betriebliche Aufwendungen und Erträge	U		3.055	0,1%	12	12%
31	Vertriebskosten und allgemeine Verwaltungskosten	U		24.568	0,9%	10	10%
32	Bestandsveränderungen und andere aktivierte Eigenleistungen	G		492	0,0%	9	9%
33	Zinsergebnis	F		193	0,0%	8	8%
34	Löhne und Gehälter	G		1.183	0,0%	6	6%
35	Soziale Abgaben und Aufwendungen für Altersversorgung und Unterstützung	G		208	0,0%	6	6%
36	Kosten der umgesetzten Leistung	U		19.986	0,8%	5	5%
37	Marketing- und Vertriebsaufwendungen	U		11.591	0,4%	5	5%
38	Aufwand für bezogenen Leistungen	G		707	0,0%	5	5%
39	Wechselkursgewinne/ -verluste	F		40	0,0%	4	4%
40	Sonstige Erträge	F		780	0,0%	4	4%

Tab. 4-13: Rangliste der am meisten verwendeten Bezeichnungen in der GuV

4.3.3 Veränderung des Ausweises über die Zeit (Stetigkeit)

Die Veränderung des Postenausweises über die Zeit wurde mittels Schnittmengenbildung durchgeführt, bei der nur Unternehmen betrachtet wurden, die in beiden Jahren in einem der Indices vertreten waren. Bei den 96 identifizierten Unternehmen wurden im Vergleich zum Jahr 2007 vier Posten (4%) hinzugefügt und sieben Posten (7%) entfernt. Damit ergibt sich eine leichte Reduzierung in Höhe von drei Posten (–3%), die ein relativ gleichmäßiges Bild des Postenausweises zeichnet.

4.3.4 Gliederung der GuV

4.3.4.1 Umsatzkostenverfahren/Gesamtkostenverfahren

IAS 1.99 schreibt eine Gliederung der operativen Aufwendungen nach dem Umsatzkosten- oder dem Gesamtkostenverfahren vor. Formal gesehen besteht ein Wahlrecht, das es zulässt diese Aufgliederung im Anhang vorzunehmen. Alle betrachteten Unternehmen nehmen die Aufgliederung direkt in der GuV vor. In der Gesamtbetrachtung über alle Indices überwiegt die Anwendung des **Umsatzkostenverfahrens** mit 57% der untersuchten Unternehmen, im DAX nutzen es 79% der Unternehmen. Deutlich zu erkennen ist, dass die Anwendung des Umsatzkostenverfahrens im MDAX mit 58% geringer ausgeprägt ist und im SDAX die Anwendung mit 41% nicht mehr mehrheitlich ist.

Gliederung der operativen Aufwendungen	Alle Indices	DAX	MDAX	SDAX
Umsatzkostenverfahren	**59**	19	25	15
Anteil an Unternehmen %	*57%*	*79%*	*58%*	*41%*
Gesamtkostenverfahren	**45**	5	18	22
Anteil an Unternehmen %	*43%*	*21%*	*42%*	*59%*

Tab. 4-14: Aufwandsgliederung nach Umsatz- und Gesamtkostenverfahren

4.3.4.2 Weitere Untergliederungen

Weitere Untergliederungen können die Aufgliederung einzelner Aufwands- und Ertragsposten oder den Ausweis von Zwischenergebnisgrößen betreffen. Untergliederungen einzelner Aufwands- und Ertragsposten in der GuV werden im DAX nicht vorgenommen. Der Anteil der untergliedernden Unternehmen ist im SDAX mit 14% am höchsten. Die Anwendungsbereiche sind insbesondere der

Personalaufwand, der in den Lohn- und Gehaltsteil sowie die Sozialabgaben und Aufwendungen für Altersversorgung und Unterstützung aufgeteilt wird. Der Materialaufwand erfährt eine Teilung in Aufwendungen für Roh-, Hilfs- und Betriebsstoffe und bezogene Waren sowie Aufwendungen für bezogene Leistungen. Mit der Art der vorgenommenen Untergliederungen weisen die betreffenden Unternehmen eine starke Nähe zu den Gliederungsvorgaben des § 275 HGB auf. Bei den Abschreibungen wird teilweise der Abschreibungsbetrag von für die Geschäftstätigkeit wesentlicher Sachanlagen separat gezeigt. Weiter kann eine Trennung in Abschreibungen auf Sachanlagevermögen, immaterielle Vermögenswerte und ggf. den Geschäfts- und Firmenwert erfolgen.

Weitere Untergliederungen in der GuV	Alle Indices	DAX	MDAX	SDAX
Vornahme weiterer Untergliederungen	7	0	2	5
Anteil an Unternehmen %	*7%*	*0%*	*5%*	*14%*
Untergliederte Aufwandsarten:				
Materialaufwand	**5**	0	2	3
Personalaufwand	**6**	0	2	4
Abschreibungen	**3**	0	0	3

Tab. 4-15: Weitere Untergliederungen in der GuV

4.3.4.3 Zwischenergebnisausweis

Ein besonderer Status wohnt der Untergliederung mittels Zwischenergebnisgrößen inne. Nach IAS 1 ist der Ausweis dieser Größen nicht (mehr) vorgeschrieben. Daher bietet sich bei Betrachtung der Unternehmen auch ein recht inhomogenes Bild. Die Intensität des Ergebnisausweises schwankt über alle Indices vom Ausweis einer Zwischenergebnisgröße bis zum Ausweis von sechs dieser Größen. Im Mittel ergibt sich ein Wert von vier ausgewiesenen Zwischenergebnissen.

Ausweis von Zwischenergebnissen	Alle Indices	DAX	MDAX	SDAX
Minimum	1	1	2	1
Maximum	**6**	6	6	6
Mittelwert (Median)	**4**	4	4	4

Tab. 4-16: Anzahl der ausgewiesenen Zwischenergebnisse

Das **Bruttoergebnis** ergibt sich bei Anwendung des Umsatzkostenverfahrens als Differenz zwischen den Umsatzerlösen und den Herstellungskosten der abgesetzten Produkte. Die Herstellungskosten umfassen die Material- und Fertigungseinzelkosten, die Sondereinzelkosten der Fertigung sowie Material- und Fertigungsgemeinkosten und fertigungsbezogene Verwaltungskosten.[166] Damit wird durch den Ausweis eines Bruttoergebnisses der Erfolgsbeitrag aus der Produktion sichtbar und vergleichbar gemacht. Die weitgehende Mehrheit der Unternehmen, die das Umsatzkostenverfahren anwenden, weist ein Bruttoergebnis aus.

Bruttoergebnis	Alle Indices	DAX	MDAX	SDAX
Anwendung UKV	59	19	25	15
Ausweis Bruttoergebnis (Anwender UKV)	**57**	**18**	**24**	**15**
Anteil an Unternehmen (UKV)	*97%*	*95%*	*96%*	*100%*
Bezeichnungen:				
Bruttoergebnis	55	18	22	15
Rohertrag	1	–	1	–
Bruttogewinn	1	–	1	–

Tab. 4-17: Anzahl der ausgewiesenen Zwischenergebnisse

Das **EBITDA** ist das Ergebnis vor Zinsen, Steuern, Abschreibungen auf Sachanlagen und Abschreibungen auf immaterielle Vermögenswerte. Da es Abschreibungen enthält, die im Umsatzkostenverfahren auf die Herstellungskosten und die Funktionskosten aufgeschlüsselt werden, kann es nur bei Anwendung des Gesamtkostenverfahrens ausgewiesen werden. 29% der Unternehmen, die das Gesamtkostenverfahren anwenden, weisen das EBITDA aus. Dabei erfolgt der Ausweis im SDAX am häufigsten, während im DAX kein Unternehmen diese Größe nutzt.

EBITDA	Alle Indices	DAX	MDAX	SDAX
Ausweis EBITDA	**13**	**0**	**5**	**8**
Anteil an Unternehmen (GKV)	*29%*	*0%*	*28%*	*36%*

Tab. 4-18: Ausweis des EBITDA

Der Ausweis des **operativen Ergebnisses** ist in IAS 1 (rev. 2007) nicht mehr vorgeschrieben. Es umfasst die Aufwendungen und Erträge aus der Haupttätigkeit des Unternehmens. Die Höhe ist unabhängig von der Anwendung des Umsatz- oder Gesamtkostenverfahrens. Die Abgrenzung ist nicht zweifelsfrei möglich. Neben der unternehmensindividuellen Geschäftstätigkeit herrschen Argumentationsspielräume bei der Abgrenzung vor. Bei einem Industrieunternehmen gehören Gewinne oder Verluste aus Beteiligungen nicht zur Haupttätigkeit des Unternehmens, dennoch kann im Konzernabschluss argumentiert werden, dass die Beteili-

---

166 Vgl. Müller, S./Wobbe, C.: Anpassungsbedarf, 2008, S. 6.

4.3 Empirische Analyse der Darstellung der Gewinn- und Verlustrechnung

gungsergebnisse in gewisser Weise Ausdruck der in die Tochterunternehmen ausgelagerten operativen Tätigkeiten und Maßstab für die Leistung der Konzernmanagements sind. Weiter herrscht Spielraum bei der Zuordnung von Zinseffekten aus der Bewertung von Pensionsrückstellungen sowie für die Zurechnung von Ergebnissen aus Bewirtschaftung und Bewertung von Renditeliegenschaften nach IAS 40. Die Mehrheit der Unternehmen (97%) weist ein operatives Ergebnis aus. Die Ausweisintensität ist im DAX mit 88% an geringsten ausgeprägt. Es überwiegen die Bezeichnungen EBIT, Betriebsergebnis und operatives Ergebnis und Ableitungen daraus.

Operatives Ergebnis	Alle Indices	DAX	MDAX	SDAX
Ausweis operatives Ergebnis	97	21	41	35
Anteil an Unternehmen (%)	*93%*	*88%*	*95%*	*95%*
Bezeichnungen:				
EBIT	43	9	16	18
Betriebsergebnis	22	4	8	10
Operatives Ergebnis	13	3	5	5
Ergebnis der betrieblichen Tätigkeit	9	2	7	–
Betriebliches Ergebnis	5	1	4	–
Sonstige	9	2	3	4

Tab. 4-19: Ausweis des operativen Ergebnisses

Die anhand des Postenausweises erkennbaren Abgrenzungen zwischen Finanzergebnis und operativem Ergebnis betreffen in der untersuchten Unternehmensgruppe ausschließlich Beteiligungsergebnisse. Die folgende Tabelle zeigt die absolute und relative Häufigkeit des Ausweises der Beteiligungsergebnisgrößen im operativen Ergebnis. Die übrigen Zuordnungsspielräume können auf Basis der Bilanzbetrachtung nicht geklärt werden, sondern nur in ergänzender Betrachtung des Anhangs.

Nutzung Ausweisspielraum operatives vs. Finanzergebnis	Alle Indices	DAX	MDAX	SDAX
Ergebnis aus nach der Equity-Methode bewerteten Beteiligungen	22	3	13	6
Anteil an Unternehmen, die den Posten ausweisen (%)	*31%*	*16%*	*46%*	*25%*
Sonstiges Beteiligungsergebnis	11	1	6	4
Anteil an Unternehmen, die den Posten ausweisen (%)	*42%*	*14%*	*60%*	*44%*
Beteiligungsergebnis	5	2	1	2
Anteil an Unternehmen, die den Posten ausweisen (%)	*45%*	*67%*	*17%*	*100%*

Tab. 4-20: Ermessensabhängige Zuordnung von Beteiligungsergebnissen zum operativen Ergebnis

Der Ausweis eines **Finanzergebnisses** ist nicht zwingend vorgeschrieben. Lediglich Finanzierungsaufwendungen gem. IAS 1.82b und nach herrschender Meinung auch Finanzierungserträge sind auszuweisen. Eine Zwischensumme Finanzergebnis weisen 55% der betrachteten Unternehmen aus, wobei keine eindeutige Tendenz in Bezug auf die Indexzugehörigkeit auszumachen ist. Betrachtet man die Art des Ausweises, werden zwei Alternativen sichtbar. Einerseits erfolgt ein Ausweis als Saldogröße, bei dem die einzelnen Bestandteile des Finanzergebnisses nicht gezeigt werden. Insgesamt ist dies bei 14% der Unternehmen der Fall, am häufigsten nutzen Unternehmen aus dem SDAX diese Art des Ausweises mit 19% Anteil an den im SDAX betrachteten Unternehmen. Andererseits überwiegt mit 86% jedoch der Ausweis eines Finanzergebnisses, bei dem eine genauere Zusammensetzung gezeigt wird.

Ausweis eines Finanzergebnisses	Alle Indices	DAX	MDAX	SDAX
Finanzergebnis	57	16	20	21
Anteil an Unternehmen (%)	*55%*	*67%*	*47%*	*57%*
Finanzergebnis als Saldo	8	2	2	4
Anteil an Finanzergebnis ausweisenden Unternehmen (%)	*14%*	*13%*	*10%*	*19%*
Finanzergebnis als Zwischensumme	49	14	18	17
Anteil an Finanzergebnis ausweisenden Unternehmen (%)	*86%*	*88%*	*90%*	*81%*

Tab. 4-21: Ausweis des Finanzergebnisses

Im Durchschnitt weist das untergliederte Finanzergebnis minimal zwei und maximal sieben Posten auf. Im Mittel werden drei Unterposten gezeigt. In den Fällen des Minimalausweises von zwei Posten werden in der Regel die Posten Finanzaufwendungen und -erträge gezeigt.

Unterposten des Finanzergebnisses	Alle Indices	DAX	MDAX	SDAX
Min	2	3	2	2
Max	7	7	6	5
Mittel (Median)	3	4	3	3

Tab. 4-22: Anzahl der im Finanzergebnis ausgewiesenen Posten

Die Aufgliederung zeigt in der Regel neben den Posten Finanzerträge bzw. -aufwendungen die Beteiligungs- sowie Zinskomponenten. Der Ausweis von Wechselkursgewinnen und -verlusten hat sich schon eher als Ausnahme in der ausgewerteten Datenbasis erwiesen. Damit ist das beobachtete Ausweisverhalten als recht minimalistisch anzusehen. Bewertungseffekte im Zusammenhang mit

Finanzinstrumenten oder Renditeimmobilien werden nur von einem Bruchteil der Unternehmen angegeben.

Das **Ergebnis vor Steuern** kann dem Ergebnisvergleich von Unternehmen aus verschiedenen Steuersystemen dienlich sein, da keine Verzerrungen durch nationale Steuerregelungen und Steuersätze enthalten sind. Mit einem Anteil von 97% weist ein Großteil der Unternehmen dieses Zwischenergebnis aus. Eindeutig überwiegt der Ausweis unter der Bezeichnung Gewinn/ Ergebnis vor Steuer. Die Unternehmen, die den Zwischenergebnisausweis nach dem „earnings-before"-Konzept vornehmen, bezeichnen dies mit Earnings-before-tax. Der Ausweis als Ergebnis der gewöhnlichen Geschäftätigkeit ist nach IFRS abzulehnen, da es suggeriert, dass keine außerordentlichen Komponenten in den Ergebnisbestandteilen enthalten sind. Dennoch weisen einige Unternehmen ein solches Ergebnis aus und erwecken damit den Anschein dem Ausweisverbot von außerordentlichen Posten nach IAS 1.87 nicht Rechnung zu tragen. Es handelt sich hier um eine vermeidbare Undeutlichkeit bei der Benennung, da die außerordentlichen Posten in Einklang mit den IFRS in diesen Fällen dennoch in dem gewöhnlichen Ergebnis enthalten sind.

Ausweis Ergebnis vor Steuern	Alle Indices	DAX	MDAX	SDAX
Ergebnis vor Steuern	**101**	23	42	36
Anteil an Unternehmen (%)	*97%*	*96%*	*98%*	*97%*
Bezeichnung:				
Gewinn/ Ergebnis vor Steuern	**70**	21	31	18
EBT	**22**	1	8	13
Ergebnis der gewöhnlichen Geschäftstätigkeit	**8**	1	3	4
Sonstige	**2**	0	0	2

Tab. 4-23: Ausweis des Ergebnisses vor Steuer

Steueraufwendungen sind nach IAS 1.82d in der GuV auszuweisen. 92% der Unternehmen weisen diese als Einzelposten ohne weitere Differenzierung aus. Die weiter differenzierenden Unternehmen finden sich insbesondere im SDAX, wo 14% der Unternehmen eine weitere Untergliederung vornehmen. Dabei ist fast ausschließlich eine Aufteilung in tatsächliche und latente Steuern zu beobachten. Lediglich ein Unternehmen unterscheidet zwischen Ertragsteuern und sonstige Steuern.

Untergliederung der Position Steuern	Alle Indices	DAX	MDAX	SDAX
Untergliederung	8	2	1	5
Anteil an Gesamtzahl Unternehmen (%)	*8%*	*8%*	*2%*	*14%*
Art der Untergliederung:				
latente und tatsächliche Steuern	7	2	1	4
Anteil an untergliedernden Unternehmen (%)	*88%*	*100%*	*100%*	*80%*
periodenfremde und Steuern der aktuellen Periode	0	0	0	0
Anteil an untergliedernden Unternehmen (%)	*0%*	*0%*	*0%*	*0%*
Ertragsteuern und sonstige Steuern	1	0	0	1
Anteil an untergliedernden Unternehmen (%)	*13%*	*0%*	*0%*	*20%*

Tab. 4-24: Untergliederung der Steuern

Nach IAS 1.82f ist der Gewinn oder Verlust der Periode in der Gewinn- und Verlustrechnung zu zeigen und eine Zuordnung zu Minderheitsgesellschaftern und Gesellschaftern des Mutterunternehmens vorzunehmen (IAS 1.83). Der Verpflichtung zum Ausweis eines **Periodenergebnisses** kommen alle Unternehmen nach. Die Ausgestaltung der Abspaltung von Minderheitsanteilen ist durch zwei Alternativen abbildbar. Zunächst weisen 13% der Unternehmen keine Minderheitsanteile aus. 28% der Unternehmen nehmen den Abzug der Fremdanteile innerhalb der GuV-Rechnung vor und weisen zunächst einen Gesamtperiodengewinn (gem. IAS 1.82f) oder -verlust aus und ziehen den Fremdanteil davon ab, so dass am Ende der GuV ein Periodenergebnis der Anteilseigner des Mutterunternehmens ausgewiesen wird. 59% der Unternehmen weisen das Gesamtergebnis beider Anteilsgruppen entsprechend IAS 1.82f am Ende der GuV aus und nehmen die Aufteilung separat unter dem Periodenergebnis als „davon"-Angaben vor. Der zweiten Variante ist tendenziell aus Übersichtlichkeitserwägungen der Vorzug zu geben, da keine Verwechslungsgefahr zwischen den beiden Ergebnisgrößen besteht.

Gewinnausweis	Alle Indices	DAX	MDAX	SDAX
Gewinn nach Fremdanteilen	29	8	9	12
Anteil an Unternehmen (%)	*28%*	*33%*	*21%*	*32%*
Gewinn inkl. Fremdanteilen (Ausweis Fremdanteile nach Gewinn)	61	15	30	16
Anteil an Unternehmen (%)	*59%*	*63%*	*70%*	*43%*
Keine Fremdanteile vorhanden	14	1	4	9
Anteil an Unternehmen (%)	*13%*	*4%*	*9%*	*24%*

Tab. 4-25: Gewinnausweis

4.3.5 Umfang der GuV und Wesentlichkeit

Analog zur Untersuchung der Bilanz zeigt sich für die GuV in der folgenden Abbildung die durchschnittlich verwendete Postenanzahl. Lediglich im MDAX ist ein im Vergleich leicht höherer Maximalwert von 19 Posten zu sehen, wobei sich dieser bei der Betrachtung des Mittelwertes nicht verfestigt. Insgesamt besteht eine GuV somit im Mittel aus zwölf Posten, wobei minimalistische Aufstellungen mit sieben Posten sowie umfangreiche Aufstellungen mit 19 beobachtet wurden.

Durchschnittliche Anzahl Posten GuV

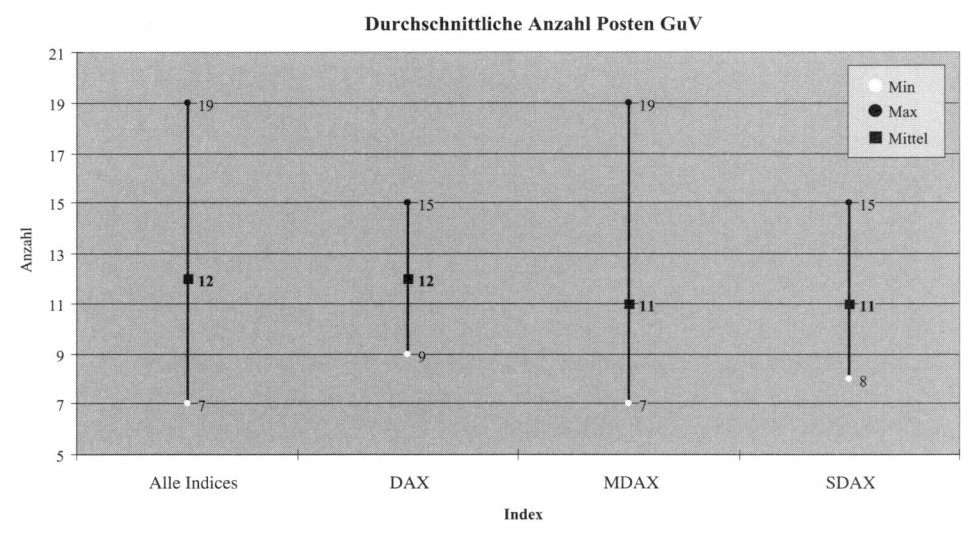

Abb. 4-6: Durchschnittliche Anzahl Posten in der GuV

Die mittlere Abweichung um den Mittelwert beträgt bei Betrachtung aller Indices 1,7. Damit ergibt sich ein Intervall von 10,3 bis 13,7 im Mittel. Die Abweichung weist im MDAX (1,9) und SDAX (1,7) minimal höhere Werte auf als im DAX (1,1).

Abweichung und Intervall für den Mittelwert	Mittlere Abweichung	Mittelwert	UG	OG
Alle Indices	**1,7**	**12,0**	**10,3**	**13,7**
DAX	1,1	12,0	10,9	13,1
MDAX	1,9	11,0	9,1	12,9
SDAX	1,7	11,0	9,3	12,7

Tab. 4-26: Mittlere Schwankungsbreite der durchschnittlichen GuV-Postenanzahl

4 Empirische Analyse

Für die Gewinn- und Verlustrechnung sind die Vorgaben bezüglich mindestens auszuweisender Inhalte zahlenmäßig weit geringer gefasst als für den Ausweis in der Bilanz. Es zeigt sich, dass der Anteil der Mindestposten an der Gesamtpostenzahl im Mittel im DAX mit 41,7% am höchsten ist und in Richtung SDAX auf einen Wert von 36,4% abfällt. Bei Betrachtung aller Indices ergibt sich ein Anteilswert von 33,3%.

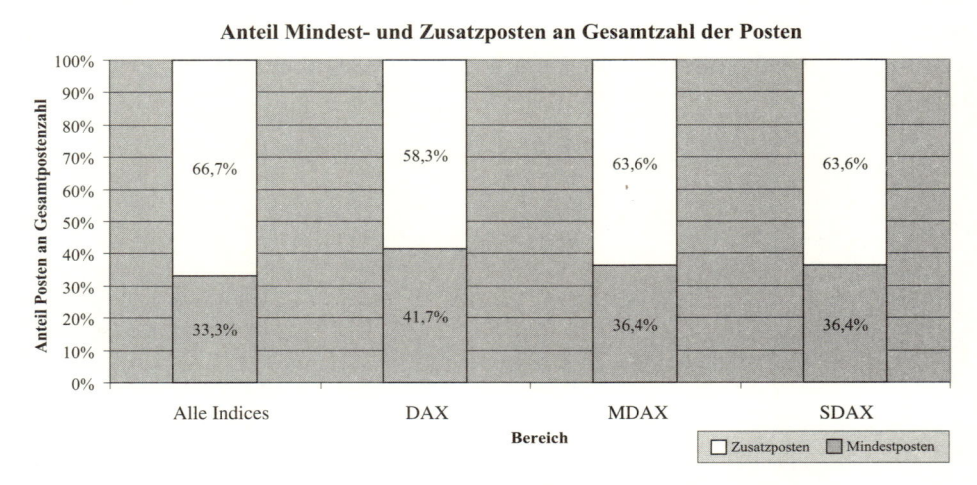

Abb. 4-7: Aufteilung der Gesamtpostenzahl in Mindest- und Zusatzposten

Die betragsmäßige Ansicht stützt sich auf die Berechnung des Gesamtvolumens der GuV. Dieses wird gebildet durch Summation der Beträge der einzelnen Aufwands- und Ertragsposten, um eine Verzerrung durch negative Werte zu vermeiden. Betrachtet man den Anteil, der im Mittel über alle Indices durch die Mindestposten in der GuV erklärt wird, liegt dieser mit 77,9% deutlich über dem zahlenmäßigen Anteil der Mindestposten. Die Betrachtung auf Indexebene zeigt keine wesentlich unterschiedlichen Anteilswerte. Die mittleren Schwankungen bewegen sich in einem Intervall von 42,6% bis 96,0% (Darstellung nahezu nur durch Mindestposten).

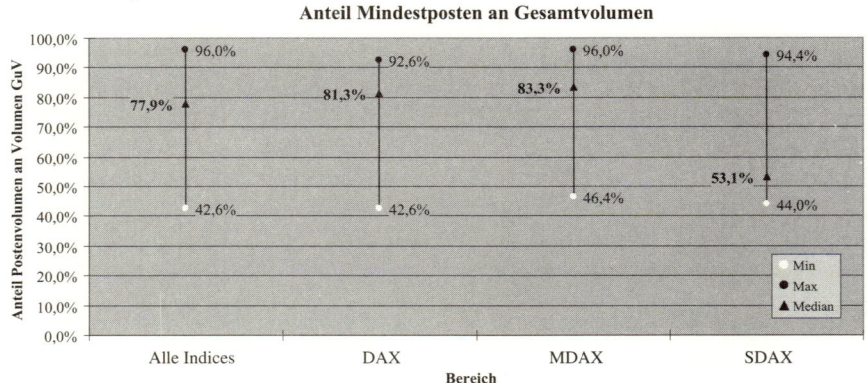

Abb. 4-8: Anteil Mindestposten an Gesamtvolumen

4.3 Empirische Analyse der Darstellung der Gewinn- und Verlustrechnung

Um für die konkrete Ausweisentscheidung eines Postens entscheidungsrelevante Daten zu erlangen, wird in den folgenden Diagrammen eine Betrachtung je Posten vorgenommen. Abzulesen sind die Intervalle, in denen sich im Mittel ein Zusatzposten wertmäßig bewegt, sowie die zugehörigen Mittelwerte als vergleichende Übersicht auf Basis der Indices. Es sind zwei Messreihen dargestellt. Die erste Reihe misst die Postenhöhe am Gesamtvolumen, die zweite Reihe wird an den Umsatzerlösen gemessen.

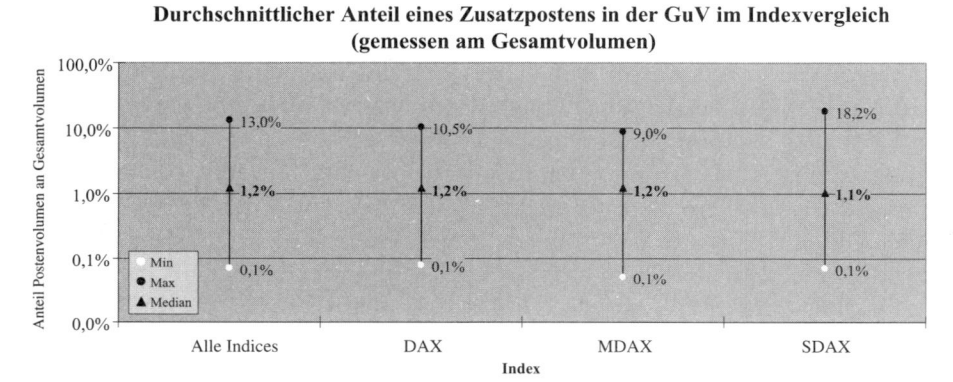

Abb. 4-9: Durchschnittlicher Anteil eines Zusatzpostens am Gesamtvolumen

Zu erkennen ist, dass die wertmäßige Ausweisfrage für beide betrachteten Reihen unabhängig von der Indexzugehörigkeit geschieht, da die Mittelwerte und Intervallgrenzen nahezu identisch sind. Die Messung am Gesamtvolumen führt zu einem Mittelwert von 1,2% (alle Indices), der in einem Intervall zwischen 0,1% und 13,0% liegt.

Die Anteilsbildung unter Zuhilfenahme der Umsatzerlöse ergibt eine abweichende Werthöhe der Anteilswerte aber zu einem vergleichbar homogenen Gesamtbild im Indexvergleich. Somit führt die Messung der Höhe eines Postens an den Umsatzerlösen zu einem Mittelwert in Höhe von 2,6%, der in einem Intervall zwischen 0,1% und 25,8% liegt.

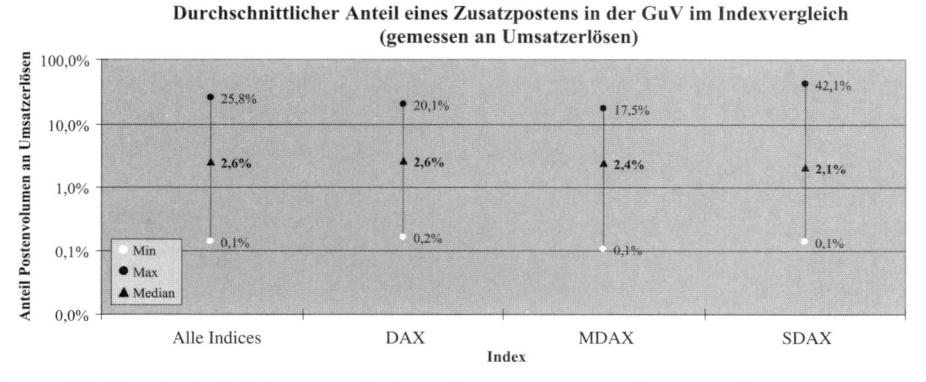

Abb. 4-10: Durchschnittlicher Anteil eines Zusatzpostens an Umsatzerlösen

Insgesamt scheinen die Ergebnisse für den Ausweis von Zusatzposten in der GuV weitestgehend unabhängig von der Zuordnung der Unternehmen zu einem Index zu sein. Die Schwankungsbreite ist im Vergleich zu den Ergebnissen der Untersuchung für die Bilanz etwas weiter gefasst. Die Messung kann anhand der Bezugswerte Gesamtvolumen oder Umsatzerlöse durchgeführt werden. Für eine **Messung anhand der Umsatzerlöse** spricht die sofortige Verfügbarkeit dieser Größe. Die Messung anhand des Gesamtvolumens führt zu qualitativ gleichen Ergebnissen auf anderem Wertniveau, bedingt allerdings eine Berechnung der Bezugsgröße. Gemessen am Gesamtvolumen ergibt sich ein durchschnittliches Ausweisniveau von 1,2%, wobei dieser Wert im Bereich zwischen 0,1% und 13,0% schwankt. Die Messung anhand der Umsatzerlöse ergibt einen Mittelwert von 2,6%, der allerdings in einem großen Intervall schwankt. Daher scheint die Messung anhand des Gesamtvolumens mehr Genauigkeit aufzuweisen. Da die quantitativen Versuche ohnehin mit dem nicht bekannten qualitativen Ausweisgründen eine unbekannte Störgröße enthalten, scheinen die Ergebnisse der Untersuchung, gemessen am Gesamtvolumen, als grobe Richtschnur für die Ausweisentscheidung interessant zu sein. Je niedriger der Wert des durchschnittlichen Zusatzpostens allerdings ist, desto mehr verstärkt sich die Vermutung, dass bei der Ausweisentscheidung eher qualitative Aspekte für den Ausweis verantwortlich sind.

5 Grundsachverhalte der Segmentberichterstattung

Leitfragen

- Welches sind die konzeptionellen Unterschiede zwischen dem *Management Approach* des IFRS 8 und dem *Risk and Reward Approach* des Vorgängerstandards IAS 14 (rev. 1997)?
- Welche Unternehmen fallen unter die Segmentberichterstattungspflicht nach IFRS 8?
- Welche Regelungen enthält IFRS 8 zur Bestimmung berichtspflichtiger Segmente?
- Welche Segmentinformationen sind unter IFRS 8 auszuweisen?
- Welche zusätzlichen Angabe- und Erläuterungspflichten existieren unter IFRS 8?
- Welches sind die wesentlichen Unterschiede zum Vorgängerstandard IAS 14 (rev. 1997)?

5.1 Zielsetzung der Segmentberichterstattung

Die in den letzten Jahrzehnten zugenommenen Diversifikations- und Globalisierungstendenzen von Unternehmen haben dazu geführt, dass die hoch aggregierten Daten des Jahres- bzw. (Konzern-)Abschlusses per se ihrer Funktion – der Vermittlung eines den tatsächlichen Verhältnissen entsprechenden Bildes der Vermögens-, Finanz- und Ertragslage von Unternehmen – nicht mehr ausreichend nachkommen. Zur Offenlegung der mit den einzelnen Geschäftsaktivitäten verbundenen Chancen und Risiken hat deshalb die Bereitstellung zusätzlicher disaggregierter Informationen über Produkte bzw. Dienstleistungen und geografische Tätigkeitsgebiete in Form einer Segmentberichterstattung zu erfolgen. Nur so können die Abschlussadressaten beurteilen, ob die von der Unternehmensleitung vorgenommene Diversifikation tatsächlich wertsteigernd wirkt oder nur eine Verschwendung von Unternehmensressourcen darstellt.[167]

---

[167] Vgl. Benecke, B.: Management-Approach, 2000, S. 166; Müller, S.: Management-Rechnungswesen, 2003, S. 182.

Vor diesem Hintergrund definiert IFRS 8.1 für die Segmentberichterstattung einen **Kerngrundsatz** (*core principle*), der besagt, dass die Segmentpublizität Informationen bereitstellen soll, die den Abschlussadressaten eine Beurteilung der Art und finanziellen Auswirkungen der geschäftlichen Aktivitäten des Unternehmens sowie des wirtschaftlichen Umfelds ermöglicht.

5.2 Regulatorische Entwicklung und Konzeption des IFRS 8

Am 30.11.2006 veröffentlichte das IASB im Rahmen des sog. *Short-term Convergence Projects* den Segmentberichterstattungsstandard **IFRS 8 „Operating Segments"**. Zielsetzung war es für die Segmentberichterstattung außerhalb der großangelegten *Joint Projects* von FASB und IASB möglichst kurzfristig eine Angleichung bestehender IFRS- und US-GAAP-Standards herbeizuführen (IFRS 8.IN2). Bei IFRS 8 handelt es sich dabei um das Ergebnis der Diskussionen über den bereits 1997 veröffentlichten FASB Standard No. 131 „Disclosures about Segments of an Enterprise and Related Information" (SFAS 131) und sein IFRS-Pendant IAS 14 (rev. 1997)[168] „Segment Reporting". IFRS 8 ersetzt IAS 14 und sieht eine weitgehende Übernahme der Regelungen des SFAS 131 und damit die Anwendung des darin geregelten *Management Approach* für Zwecke der externen Segmentberichterstattung vor.

Der **Management Approach** basiert auf der Überlegung, dass die intern von der Unternehmensleitung zur Entscheidungsfindung verwendeten Segmentinformationen auch im Rahmen der externen Berichterstattung zu publizieren sind. Die konsequente Anwendung des Ansatzes soll dazu führen, dass die Abschlussadressaten in die Lage versetzt werden, das Unternehmen „*through the management's eyes*"[169] zu betrachten, indem ihnen dieselbe Informationsgrundlage zur Verfügung gestellt wird, wie sie auch die Unternehmensleitung zur Erfolgsbeurteilung und Ressourcenallokation der Segmente zugrunde legt.[170] Dem Management Approach zugrunde liegen die

- interne Segmentabgrenzung,
- intern verwendeten Rechnungslegungsgrundsätze und
- intern ermittelten Segmentdaten.[171]

Da jedoch nicht zwangsläufig alle Informationen auch zur Entscheidungsfindung beurteilungsrelevant sind, werden die Segmentinformationen vom Management aufbereitet und „gefiltert". Durch die Identifizierung wesentlicher Erfolgs- und

---

168 Im Folgenden ist mit dem Standard IAS 14 immer IAS 14 (rev. 1997) gemeint.
169 IASB, Press Release vom 30.11.2006: IASB, 2006.
170 Vgl. Risse, A.: IASC, 1996, S. 748; Alvarez, M.: Segmentberichterstattung und Segmentanalyse, 2004, S. 46.
171 Vgl. Böcking, H.-J./Benecke, B.: Segmentberichterstattung, 1998, S. 97.

Risikopotenziale hat das Management dafür zu sorgen, dass die Abschlussadressaten nicht mit Informationen überlastet werden (*information overload*).[172]

Hinter dem Management Approach steht die Ansicht, dass die Unternehmensleitung die beste Informationsbasis zur Beurteilung der Vermögens-, Finanz- und Ertragslage sowie der Chancen und Risiken einzelner Unternehmensbereiche besitzt.[173] Folglich ist auch sie in der Lage am Sinnvollsten die Segmente abzugrenzen, die Segmentleistung objektiv zu bewerten sowie eine optimale Ressourcenallokation vorzunehmen. Die damit verbundenen umfangreichen Ermessens- und Gestaltungsspielräume der Unternehmensleitung beinträchtigen jedoch auf der anderen Seite auch die Objektivität der Segmentinformationen, welches sich letztlich in einer verminderten zwischenbetrieblichen und temporären Vergleichbarkeit der segmentspezifischen Daten äußert.

Der **Risk and Reward Approach** des Vorgängerstandards IAS 14 hingegen legt zur Segmentabgrenzung nicht die interne Organisations- und Berichtsstruktur des Unternehmens zugrunde, sondern greift auf das Prinzip der homogenen Risiken und Chancen von Segmenten als Differenzierungskriterium zurück. Die Segmentklassifizierung unter Risiken- und Chancenaspekten dient dazu, den segmentspezifischen Erfolgs- bzw. Verlustbeitrag zum gesamten Unternehmenserfolg zu bestimmen.[174] Ein weiterer bedeutender Unterschied besteht in den anzuwendenden Bilanzierungs- und Bewertungsmethoden für die auszuweisenden Segmentinformationen. Koppelt IFRS 8 die auszuweisenden Segmentinformationen vollständig an das interne Steuerungs- und Berichtswesen, so verlangt der Vorgängerstandard IAS 14 eine Abbildung der berichtspflichtigen Segmentinformationen in Übereinstimmung mit den externen Ermittlungsgrundsätzen. Aufgrund dieser konzeptionellen Unterschiede wird der Wechsel vom *Risk and Reward Approach* zum *Management Approach* häufig auch als „Paradigmenwechsel"[175] bezeichnet.

5.3 Anwendungsbereich und Formelle Anforderungen

Nach IFRS 8.2 unterliegen nur **kapitalmarktorientierte Unternehmen** der Segmentberichterstattungspflicht. Dabei werden unter dem Begriff „kapitalmarktorientiert" sämtliche Unternehmen subsumiert, deren **Wertpapiere (Eigen- oder Fremdkapitalinstrumente)** öffentlich gehandelt werden oder die eine entsprechende Emission ihrer Wertpapiere vorbereiten.

Die Pflicht zur Publikation eines Segmentberichts besteht für alle **Einzel- und Konzernabschlüsse**. Enthält ein Geschäftsbericht sowohl den Konzern- als

---

172 Vgl. Alvarez, M.: Segmentberichterstattung und Segmentanalyse, 2004, S. 46.
173 Vgl. Albrecht, W.D./Chipalkatti, N.: New Segment Reporting, 1998, S. 49.
174 Vgl. Böcking, H.-J./Benecke, B.: Segmentberichterstattung, 1998, S. 97.
175 Vgl. z.B. Alvarez, M./Büttner, M.: ED 8 Operating Segments, 2006, S. 307; Fink, C./Ulbrich, P.: IFRS 8, 2007, S. 1.

auch den separaten Einzelabschluss, so ist die Segmentberichterstattung jedoch nur auf Basis des Konzernabschlusses zu erstellen (IFRS 8.4). Die Segmentberichterstattungspflicht in **Zwischenberichten** ist hingegen nicht explizit in IFRS 8 geregelt; IAS 34.16g verweist jedoch für Segmentinformationen in Zwischenberichten grundsätzlich auf die Bestimmungen des IFRS 8.

Für Unternehmen, die nicht unter den Anwendungsbereich von IFRS 8 fallen, besteht zudem ein **Wahlrecht** zur Publikation von Segmentinformationen. Erfüllt die **freiwillige Berichterstattung** über Segmente jedoch nicht die Bestimmungen des IFRS 8, so darf das Unternehmen diese Angaben nicht als Segmentinformationen (*segment information*) bezeichnen (IFRS 8.3).[176]

> **Technischer Anwendungsaspekt**
>
> Sofern die freiwillige Segmentberichterstattung außerhalb des (Konzern-) Abschlusses i.S. des IAS 1.8 publiziert wird (z.B. im Lagebericht), ist eine Übereinstimmung mit den Bestimmungen des IFRS 8 nicht erforderlich. Auch die Bezeichnung als Segmentinformationen ist in diesem Fall grds. erlaubt.

Die Vorschriften des IFRS 8 sind für **Geschäftsjahre**, die nach dem **01.01.2009** beginnen, verpflichtend anzuwenden. Eine freiwillige vorzeitige Anwendung ist unter der Voraussetzung eines gesonderten Hinweises möglich (IFRS 8.35).

Zur Bestimmung des **Ausweisortes** der Segmentberichterstattung findet sich in den IFRS keine explizite Angabe. Nach h.M. ist der Segmentbericht allerdings kein eigener IFRS-Berichtsbestandteil, sondern als Bestandteil des (Konzern-) Abschlusses innerhalb des Anhangs darzustellen.[177] In der Publizitätspraxis zeigt sich jedoch, dass der Segmentbericht häufig als gesonderter Abschlussbestandteil unmittelbar nach Bilanz, GuV sowie Kapitalflussrechnung publiziert wird (siehe Kapitel 6.2).

5.4 Bestimmung berichtspflichtiger Segmente

5.4.1 Prozess der Segmentidentifikation

Unter IFRS 8 richtet sich die Segmentabgrenzung unmittelbar nach der internen Organisations- und Berichtsstruktur des Unternehmens. Grundsätzlich empfiehlt sich folgende Vorgehensweise zur Identifikation der berichtspflichtigen Segmente:

---

[176] ED 8.3 verlangte noch, dass die freiwillige Angabe von Segmentinformationen an die *vollumfängliche* Beachtung des IFRS 8 geknüpft ist. Die geäußerte Kritik hat jedoch das IASB zu einer Abschwächung dieser restriktiven Regelung veranlasst (IFRS 8.BC22).

[177] Vgl. Hütten, C./Fink, C.: Segmentberichterstattung, 2009, § 36, Rz. 130; Leippe, B.: Segmentberichterstattung, 2009, Rz. 4603.

Schritt (1): Abgrenzung operativer Segmente (Kapitel 5.4.2)
Schritt (2): Bestimmung berichtspflichtiger Segmente (Kapitel 5.4.3)

- ***Schritt (2a):*** Ggf. Zusammenfassung ähnlicher operativer Segmente (Kapitel 5.4.3.2)
- ***Schritt (2b):*** Bestimmung berichtspflichtiger Segmente anhand Wesentlichkeitskriterien (Kapitel 5.4.3.3)

Vor der Abgrenzung der Segmente soll im Folgenden zuerst erörtert werden, welche **Arten der Segmentierung** nach IFRS 8 gefordert werden. Da die Segmentabgrenzung nach IFRS 8.5ff. auf einer konsequenten Umsetzung des Management Approach beruht, existiert diesbezüglich keine explizite Vorgabe zulässiger oder unzulässiger Segmentabgrenzungen. Neben den in der Publizitätspraxis häufig vorzufindenden sektoralen und regionalen Segmentabgrenzungen sind deshalb auch andere Kriterien wie z.B. kundenbezogene oder an juristischen Einheiten orientierte Abgrenzungen möglich.[178] Damit soll sichergestellt werden, dass das von der Unternehmensleitung intern als Bewertungs- und Steuerungsgrundlage verwendete Berichtssystem ohne Einschränkungen auf die externe Segmentberichterstattung transformiert werden kann. Den Abschlussadressaten soll letztlich dieselbe Informationsgrundlage zur Verfügung gestellt werden, wie sie auch die Unternehmensleitung zur Leistungsbeurteilung, Steuerung und Entscheidungsfindung des Unternehmens erhält.[179]

5.4.2 Abgrenzung operativer Segmente

IFRS 8.5-10 stellt im Rahmen der Segmentabgrenzung auf die **operativen Segmente** eines Unternehmens ab. Ein operatives Segment ist definiert als ein aus der Übernahme der internen Organisations- und Berichtsstruktur stammender Teilbereich eines Unternehmens, der für die externe Berichterstattung abzugrenzen ist, sofern er die drei nachfolgenden Kriterien erfüllt:

- ***Kriterium (1):*** Die geschäftlichen Aktivitäten führen tatsächlich oder potenziell zu **Erträgen** und **Aufwendungen** (sowohl mit externen Kunden als auch aus intersegmentären Transaktionen).
- ***Kriterium (2):*** Das **operative Ergebnis** wird regelmäßig vom Hauptentscheidungsträger des Unternehmens (*chief operating decision maker*) überwacht und als Grundlage zur **Erfolgsbeurteilung** und zur **Ressourcenallokation** herangezogen.

---

[178] Für einen Überblick über potenzielle Segmentierungsdimensionen siehe z.B. Peskes, Zukunftsorientierte Segmentberichterstattung, 2004, S. 183ff.; Alvarez, M., Segmentberichterstattung und Segmentanalyse, 2004, S. 35ff.

[179] Vgl. Risse, A.: IASC, 1996, S. 748; Alvarez, M.: Segmentberichterstattung und Segmentanalyse, 2004, S. 46.

– **Kriterium (3):** Für den Unternehmensbereich sind im internen Berichtswesen **gesonderte Finanzinformationen** verfügbar (IFRS 8.5).

Als operatives Segment können auch Unternehmensbereiche abgegrenzt werden, die bislang noch keine Erträge erwirtschaftet haben, da sie sich in der **Gründungsphase** oder **im Aufbau** befinden (IFRS 8.5). Zur Identifizierung eines operativen Segments ist es nämlich ausreichend, wenn Erträge potenziell erst in der Zukunft erwirtschaftet werden; die tatsächliche Erzielung von Erträgen wird nicht verlangt. Zusätzlich müssen die Unternehmensbereiche jedoch auch geschäftliche Aktivitäten entfalten (*engage in business activities*), um als operatives Segment zu qualifizieren (IFRS 8.5).[180] Somit darf – auch bei Erfüllung der vorgenannten Kriterien – nicht jeder Teilbereich eines Unternehmens als operatives Segment eingestuft werden. IFRS 8.6 zählt exemplarisch zentrale Unternehmensteile mit Stabs- und Leitungsfunktion wie die **Unternehmenszentrale** und **funktionelle Unternehmensbereiche** (wie z.B. Finanz- und Rechnungswesen, Shared Services, Forschung- und Entwicklung etc.) auf, da sie i.d.R. keine eigenen Erträge erwirtschaften bzw. potenzielle Erträge nicht Bestandteil des originären Geschäftszwecks des Unternehmens sind. Aus diesem Grund dürfen auch **Pensionsfonds** nicht als operative Segmente abgegrenzt werden (IFRS 8.6).

Technischer Anwendungsaspekt

Offen ist, inwieweit **Forschungs- und Entwicklungsaktivitäten** eines Unternehmens als operatives Segment zu qualifizieren sind. Nach h.M. ist die Voraussetzung zur Segmentabgrenzung nur dann gegeben, wenn die F&E-Abteilung derart organisiert ist, dass sie ohne wesentliche Umstrukturierung eigenständige, unternehmerische Aktivitäten entfalten, am Markt selbständig agieren und Erträge erzielen könnte. Die alleinige Erbringung von unterstützenden Dienstleistungen für andere Segmente oder aber die Konzentration auf Grundlagenforschung würden eine Abgrenzung als operatives Segment somit nicht rechtfertigen.[181]

Technischer Anwendungsaspekt

Auch die Frage, ob eine **nicht fortgeführte Geschäftsaktivität** (*discontinued operation*) als operatives Segment einzuordnen ist, ist abhängig vom Ergebnis der Prüfung der drei Definitionskriterien des IFRS 8.5. Während das Kriterium der Erzielung von Erträgen auch bei nicht fortgeführten Geschäftsaktivitäten grds. erfüllt sein sollte, gilt es kritisch zu prüfen, ob noch eine Steuerung des

---

180 Vgl. Hütten, C./Fink, C.: Segmentberichterstattung, 2009, § 36, Rz. 20.
181 Vgl. Hütten, C./Fink, C.: Segmentberichterstattung, 2009, § 36, Rz. 20ff.

> Segments durch den Hauptentscheidungsträger im Sinne der Erfolgsbeurteilung und Ressourcenallokation vorliegt oder das Segment nur noch als „Finanzinvestition" mit dem perspektivischen Ziel der Veräußerung betrachtet wird. Ebenso könnte theoretisch die fehlende Existenz von gesonderten Finanzdaten einer Deklarierung als operatives Segment entgegenstehen, auch wenn dies bei kapitalmarktorientierten Unternehmen aufgrund der quartalsweisen Berichtspflicht unwahrscheinlich sein sollte.[182]

Zur Prüfung des zweiten Definitionskriteriums operativer Segmente ist aufgrund der Ausrichtung der Segmentabgrenzung an der internen Organisations- und Berichtsstruktur die Bestimmung des **„Hauptentscheidungsträgers"** (*key operating decision maker*) von zentraler Bedeutung. Der Begriff „Hauptentscheidungsträger" identifiziert jedoch nicht eine bestimmte Person mit einem Titel, sondern ist rein funktional zu verstehen und somit durch seine Tätigkeitsfelder, d.h. die Erfolgsbeurteilung und die Ressourcenallokation der Segmente, gekennzeichnet. Als Beispiel hierfür nennt IFRS 8.7 den Chief Executive Officer (CEO) und den Chief Operating Officer (COO); allerdings kann es sich bei der Funktion auch um ein Gremium von Personen (Vorstand in AG, Geschäftsführung in GmbH) handeln, welches die Aufgaben des Hauptentscheidungsträgers wahrnimmt. Bei der Deutschen Telekom wird die Funktion des „Hauptentscheidungsträgers" wie folgt definiert.

Nach IFRS 8 basiert die Identifikation von berichtspflichtigen operativen Segmenten auf dem „Management Approach". Danach erfolgt die externe Segmentberichterstattung auf Basis der konzerninternen Organisations- und Managementstruktur sowie der internen Finanzberichterstattung an das oberste Führungsgremium („Chief Operating Decision Maker"). Im Konzern Deutsche Telekom ist der Vorstand der Deutschen Telekom AG verantwortlich für die Bewertung und Steuerung des Geschäftserfolgs der Segmente und gilt als oberstes Führungsgremium im Sinne des IFRS 8. (Konzerngeschäftsbericht Deutsche Telekom AG 2007, S. 167)

Das IASB erwartet grundsätzlich von Unternehmen ihre operativen Segmente anhand der drei in IFRS 8.5 genannten Kriterien abzugrenzen (IFRS 8.8). Existieren in einem Unternehmen jedoch unterschiedliche Berichtsstrukturen, so ist neben der Art der Geschäftsaktivitäten der Unternehmensbereiche und der Ausgestaltung der Berichterstattung an die Unternehmensleitung die Existenz eines **„Segmentmanagers"** (*segment manager*) als maßgebliches Kriterium zur Identifizierung der operativen Segmente heranzuziehen (IFRS 8.9). In Analogie zum Begriff des Hauptentscheidungsträgers ist auch die Begrifflichkeit des Segment-

---

[182] Vgl. hierzu auch Heintges, S./Urbanczik, P./Wulbrand, H.: Regelungen, Falltricke und Überraschungen, 2008, S. 2776.

managers wieder funktional und nicht personen- oder titelbezogen zu verstehen. Nach IFRS 8.9 ist der Segmentmanager dem Hauptentscheidungsträger gegenüber direkt berichterstattungspflichtig und steht in regelmäßigem Kontakt mit diesem, wobei die Funktion jedoch auch vom Hauptentscheidungsträger in Personalunion ausgeübt werden kann. Der Verantwortungsbereich des Segmentmanagers kann sich zudem auch über mehrere operative Segmente erstrecken.

Beispiel

Es bestehen **mehrere parallele interne Berichtsstrukturen**, welche die Definition operativer Segmente erfüllen. Dabei handelt es sich um:

– Produktspezifische Segmente,
– Geografische Segmente,
– Rechtliche Einheiten und
– Kundengruppen.

Segmentmanager existieren als einzige Berichtsebene für die produktspezifischen Segmente, die dem Hauptentscheidungsträger unterstellt sind und mit diesem regelmäßig über Tätigkeiten, Finanzergebnisse, Prognosen oder Pläne diskutieren. Da zur Identifikation der operativen Segmente als maßgebendes Kriterium die Existenz von Segmentmanagern heranzuziehen ist, qualifiziert in diesem Fall die Segmentierung nach Produkten für die operativen Segmente.

Der Rückgriff auf das Kriterium des Segmentmanagers zur Abgrenzung der operativen Segmente versagt, wenn in einem Unternehmen sich überschneidende Verantwortungsbereiche existieren. In IFRS 8.10 wird der Fall exemplarisch anhand von Unternehmen dargestellt, bei denen einige Manager für die unterschiedlichen Produkte bzw. Dienstleistungen weltweit zuständig sind, wohingegen andere Manager die regionale Verantwortung tragen. Eine derartige Struktur wird i.d.R. als **Matrixorganisation** bezeichnet. Für eine solche Sachlage verlangt IFRS 8 vom Hauptentscheidungsträger für Zwecke der externen Berichterstattung diejenige Segmentierung zu wählen, die am ehesten den in IFRS 8.1 konstatierten Kerngrundsatz (*core principle*) des IFRS 8 erfüllt.

Technischer Anwendungsaspekt

Die Behandlung **vertikal integrierter Unternehmensbereiche**, welche häufig in der Öl-, Gas-, Chemie- und Luftfahrtindustrie vorzufinden sind, wird in IFRS 8 nicht explizit adressiert. Während unter IAS 14 lediglich eine Empfehlung zur Abgrenzung als eigenständige Segmente existierte, qualifizieren vertikal integrierter Unternehmensbereiche nach Maßgabe des Management Approach unter IFRS 8 grds. als eigenständige Segmente, sofern sie für Zwecke der internen Organisations- und Berichtsstruktur gesondert abgegrenzt werden (IFRS 8.5 i.V.m. IFRS 8.IN12).

5.4.3 Bestimmung berichtspflichtiger Segmente

5.4.3.1 Grundsätzliche Vorgehensweise

Die Identifizierung der operativen Segmente ist nicht zwingend mit einer Berichtspflicht der entsprechenden Segmente verbunden. Die Bestimmung der **berichtspflichtigen Segmente** *(reportable segments)* läuft nach IFRS 8.11-19 in einem zweistufigen Prozess ab, dessen Reihenfolge zwingend einzuhalten ist (IFRS 8.BC30):

- **Schritt (2a):** Ausgangspunkt bilden die nach der internen Organisations- und Berichtsstruktur abgegrenzten operativen Segmente, die zuerst hinsichtlich der Möglichkeit zur **Zusammenfassung ähnlicher operativer Segmente** untersucht werden (Kapitel 5.4.3.2).
- **Schritt (2b):** Anschließend folgt eine Prüfung der ggf. zusammengefassten Segmente in Bezug auf die **Erfüllung der vorgegebenen Wesentlichkeitskriterien** *(threshold test)* (Kapitel 5.4.3.3).

Der zweistufige Prozess zur Bestimmung der berichtspflichtigen Segmente führt u.a. dazu, dass der *Management Approach* in IFRS 8 keine stringente Umsetzung erfährt, da beide Prozessschritte eine Beschränkung der auszuweisenden Segmente mit sich ziehen, die wiederum zu einem reduzierten Publizitätsumfang an Segmentinformationen führt. Durch eine Konzentration auf die „wesentlichen" Segmente sollen letztlich jedoch die Abschlussadressaten vor einer Informationsüberlastung *(information overload)* geschützt werden. Aus diesem Grund empfiehlt IFRS 8.19 auch zusätzlich, die Anzahl der berichtspflichtigen Segmente auf *zehn* Segmente zu begrenzen; dabei handelt es sich jedoch nicht um eine explizite Höchstzahl sondern um eine unverbindliche Vorgabe.

5.4.3.2 Zusammenfassung ähnlicher operativer Segmente

Da viele operative Segmente über **ähnliche langfristige Ertragsentwicklungen** *(similar long-term financial performance)* verfügen, kann eine Zusammenfassung von operativen Segmenten sinnvoll sein. Nach IFRS 8.12 dürfen zwei oder mehrere operative Segmente zu einem einzigen berichtspflichtigen Segment aggregiert werden, wenn die folgenden Kriterien zusammen erfüllt werden:

- **Kriterium (1):** Die Zusammenfassung entspricht dem **Kerngrundsatz** (*core principle*) des IFRS 8.1.
- **Kriterium (2):** Die Segmente weisen **ähnliche wirtschaftliche Charakteristika** (*similar economic characterstics*) auf.
- **Kriterium (3):** Es besteht **Ähnlichkeit** bezüglich **aller** in IFRS 8.12 aufgezählten **Aggregationskriterien** (*aggregation criteria*). Dabei handelt es sich um die in Tab. 5-1 dargestellten Kriterien.

Kriterien nach IFRS 8.12	Ausgewählte Merkmale
Art der Produkte bzw. Dienstleistungen	– Ähnlichkeit des Bestimmungszwecks – Stufe im Produktlebenszyklus – Substitute/komplementäre Güter
Art der Produktions- bzw. Dienstleistungsprozesse	– Gemeinsame Nutzung von Produktionsanlagen – Ähnliche Qualifikation der Arbeitskräfte – Einsatz gleicher/ähnlicher Rohstoffe
Kundengruppen	– Privatkunden, gewerbliche Kunden, staatliche Institutionen – Abhängigkeit von Großkunden
Vertriebsmethoden	– Ähnlichkeit der Vertriebsmethoden – Gemeinsame Vertriebsorganisation /-kanäle
Art der regulatorischen Umfelds (falls erforderlich)	– Ähnliche rechtliche Rahmenbedingungen (z.B. für bestimmte Branchen wie Banken oder Versicherungen) – Ähnliche steuerliche Bestimmungen

Tab. 5-1: Aggregationskriterien nach IFRS 8.12

Technischer Anwendungsaspekt

IFRS 8 gibt keine explizite Hilfestellung im Hinblick auf die Auslegung des Begriffs der **ähnlichen wirtschaftlichen Charakteristika** und der i.d.R. daraus resultierenden analogen langfristigen finanziellen Performance. Grundsätzlich kann jedoch – neben der exemplarisch in IFRS 8.12 aufgeführten langfristigen durchschnittlichen Bruttorendite – auch auf Kriterien wie Umsatzwachstum, sonstige operative Renditen, Investitionsaufwand, operativer Cashflow, Umschlagshäufigkeit der Vorräte, Kapitalstruktur und -rendite etc. zurückgegriffen werden. Der Begriff der Ähnlichkeit der wirtschaftlichen Charakteristika ist i.d.R. gekennzeichnet durch eine geringe Abweichung der genannten Indikatoren voneinander, einem vergleichbaren Entwicklungstrend sowie einer ähnlichen Reaktion auf externe Einflüsse. Der Vergleich der Indikatoren sollte zudem tendenziell eher auf zukünftige Erwartungen als auf historische Maßgrößen abgestellt werden.[183]

---

[183] Vgl. Beine, F./Nardmann, H.: Segmentberichterstattung, 2009, § 20, Rz. 39f.; Hütten, C./Fink, C.: Segmentberichterstattung, 2009, § 36, Rz. 35; KPMG (Hrsg.): US-GAAP, 2006, S. 183.

5.4.3.3 Bestimmung berichtspflichtiger Segmente anhand Wesentlichkeitskriterien

Im Anschluss an die Zusammenfassung operativer Segmente, gilt es zu prüfen, ob die identifizierten Segmente als wesentlich zu klassifizieren und somit gesondert als Segment berichtspflichtig sind (→ *materiality*-Grundsatz). Nach IFRS 8.13 muss das operative Segment dazu mindestens eines der nachfolgenden **Wesentlichkeitskriterien** (*quantitative thresholds*) erfüllen:

– *Kriterium (1):* Die ausgewiesenen **Segmenterträge**, sowohl mit externen Dritten und intersegmentär, betragen mindestens 10% der zusammengefassten externen und internen Erträge aller operativen Segmente.

– *Kriterium (2):* Der absolute Betrag des ausgewiesenen **Segmentergebnisses** entspricht mindestens 10% des höheren der beiden nachfolgend genannten absoluten Beträge:

(i) der Summe des Gewinns aller operativen Segmente, die keinen Verlust machen,

(ii) der Summe des Verlusts aller operativen Segmente, die einen Verlust erwirtschaften.

– *Kriterium (3):* Das ausgewiesene **Segmentvermögen** hat einen Anteil von mindestens 10% an den kumulierten Vermögenswerten aller operativen Segmente.

Beispiel				
Die interne Organisations- und Berichtsstruktur basiert auf den sechs operativen Segmenten S1 bis S6.				
Operatives Segment	Kriterium 1 Segmenterträge (extern/intern)		Kriterium 2 Segmentergebnis	Kriterium 3 Segmentvermögen
S1	75	5	20	90
S2	62		10	80
S3	25		10	25
S4	18		4	20
S5	10		4	15
S6	5		2	20
Gesamt	**200**		**50**	**250**
Zur Identifizierung der Vergleichsbasis für die Bestimmung berichtspflichtiger Segmente sind die Gesamtwerte alle operativen Segmente, d.h. auch als unwesentlich qualifizierte operative Segmente, zu berücksichtigen. Für die Prüfung der Erfüllung der 10%-Grenze bei den Segmenterträgen bedeutet dies,				

dass somit auch die Segmente S5 und S6 als Vergleichsbasis für den Wesentlichkeitstest einbezogen werden müssen. Zudem muss sichergestellt werden, dass sowohl die mit externen Kunden erzielten als auch die intersegmentären Erträge aus Segment S1 im Rahmen der Prüfung der Wesentlichkeitskriterien mit berücksichtigt werden. Werden Erträge von als unwesentlich eingestuften Segmenten und Innenerträge nicht mit berücksichtigt, würde Segment S4 fälschlicherweise als wesentlich deklariert werden, da 18/180 = 10%.

> **Beispiel**
>
> Es existieren acht Segmente, wovon fünf Gewinne aufweisen (Σ 45) und drei Verluste machen (Σ 15).
> Als größter Absolutbetrag ist die 45 als Vergleichsbasis für die Wesentlichkeitsbestimmung mittels der „10%-Grenze" zugrunde zu legen, d.h. Segmente mit einem Ergebnis größer als 4,5 sind – unabhängig von der Existenz von Gewinnen oder Verlusten – berichtpflichtig.

Erfüllt ein operatives Segment keines der drei Wesentlichkeitskriterien, so ist es als unwesentlich und somit nicht berichtspflichtig zu klassifizieren. Dem berichtenden Unternehmen stehen in diesem Fall drei grundsätzliche Optionen für das als unwesentlich eingestufte Segment zur Verfügung (IFRS 8.13ff.):[184]

– *Option (1):* Das operative Segment kann trotz der Unwesentlichkeit als berichtspflichtig deklariert werden, wenn das Management der Auffassung ist, dass die zusätzlichen Informationen über das Segment für die Abschlussadressaten nützlich sind (IFRS 8.13).
– *Option (2):* Das operative Segment kann mit anderen, ebenfalls als unwesentlich eingestuften Segmenten zur Bildung eines berichtspflichtigen Segments zusammengefasst werden. Voraussetzung ist, dass die Segmente ähnliche ökonomische Charakteristika aufweisen und hinsichtlich der *Mehrzahl* der in IFRS 8.12 aufgeführten Aggregationskriterien einander ähnlich sind. Die Zusammenfassung mit als wesentlich geltenden und somit gesondert berichtspflichtigen Segmenten ist jedoch nicht erlaubt (IFRS 8.14).
– *Option (3):* Das operative Segment kann im Rahmen des Sammelsegments (*all other segments*) ausgewiesen werden. Zu beachten ist, dass eine Trennung des Sammelsegments von den anderen nach IFRS 8.28 geforderten Überleitungsposten erfolgen muss, sowie die Herkunft der Erträge des Sammelsegments zu beschreiben ist (IFRS 8.16).

Der Rückgriff auf Option (3) kann dazu führen, dass die als unwesentlich eingestuften operativen Segmente eines Unternehmens zusammen einen bedeutenden Teil des Unternehmens ausmachen, der jedoch lediglich hoch aggregiert im Sam-

---

184 In Anlehnung an Hütten, C./Fink, C.: Segmentberichterstattung, 2009, § 36, Rz. 48ff.

melsegment abgebildet wird. Damit den Abschlussadressaten nicht ein wesentlicher Teil der segmentspezifischen Informationen vorenthalten wird, müssen alle als berichtspflichtig deklarierten Segmente zusammen **mindestens 75 % der (konsolidierten) Gesamterträge** umfassen (IFRS 8.15). Bei Nichterreichen der 75 %-Grenze sind im erforderlichen Umfang weitere, zunächst als unwesentliche deklarierte Segmente in die Berichterstattung aufzunehmen, bis der Schwellenwert erreicht wird. Die Wesentlichkeitskriterien gemäß IFRS 8.13 müssen in diesem Zusammenhang nicht erfüllt werden.

Bilanzpolitische Perspektive

IFRS 8 äußert sich nicht explizit dazu, nach welchen Kriterien die bislang als unwesentlich eingestuften Segmente für die externe Berichterstattung ausgewählt werden sollen. Die Auswahl der entsprechenden Segmente liegt somit im Ermessensspielraum des berichtenden Unternehmens.

Beispiel

Es existieren sechs operative Segmente S1 bis S6. Die Prüfung der Wesentlichkeitskriterien nach IFRS 8.13 hat ergeben, dass die Segmente S1 bis S3 als berichtspflichtig einzustufen sind, während die Segmente S4 bis S6 als unwesentlich und folglich bislang nicht berichtspflichtig klassifiziert sind. Die Gesamterträge belaufen sich auf 1.000.

Operatives Segment	Erträge mit externen Kunden	Wesentlichkeit nach IFRS 8.13 erfüllt?
S1	200	Ja
S2	420	Ja
S3	110	Ja
S4	4	Nein → Sammelsegment
S5	16	Nein → Sammelsegment
S6	40	Nein → Sammelsegment
Gesamt	**790**	

Addiert man die mit externen Kunden generierten Erträge der als wesentlich qualifizierten und somit berichtspflichtigen Segmente S1 bis S3, unterschreiten die externen Erträge von 730 den Schwellenwert von 75 % der Gesamterträge (1.000). Um die 75 %-Grenze zu erreichen, müssen deshalb unwesentliche Segmente mit einem externen Ertragsvolumen von mindestens 20, die bislang im Sammelsegment (*all other segments*) ausgewiesen wurden, zukünftig als berichtspflichtige Segmente deklariert werden. Dafür bietet sich entweder Segment S6 oder alternativ die Segmente S4 und S5 an.

---

185 In Anlehnung an Hütten, C./Fink, C.: Segmentberichterstattung, 2009, § 36, Rz. 52.

Die Wesentlichkeitskriterien sind **in jeder Periode** neu zu überprüfen. Falls ein in der aktuellen Berichtsperiode als unwesentlich deklariertes Segment in der Vorperiode noch als wesentlich eingestuft wurde, das Management dem operativen Segment jedoch zur Gewährleistung der Stetigkeit eine andauernde Bedeutung (*continuing significance*) beimisst, so ist das Segment weiterhin gesondert dazustellen (IFRS 8.17). Dies könnte der Fall sein, wenn beispielsweise aus konjunkturellen oder wechselkursbedingten Gründen ein vorübergehendes Absinken unter die 10%-Grenze vorliegt.[186] Im umgekehrten Fall, d.h. bei erstmaligem Erfüllen der Wesentlichkeitskriterien in der aktuellen Berichtsperiode, ist eine Anpassung der Vorjahreswerte vorzunehmen, sofern deren Beschaffung nicht unmöglich oder mit unzweckmäßig hohen Kosten verbunden ist (IFRS 8.18).

5.5 Bilanzierungs- und Bewertungsmethoden

5.5.1 Anzuwendende Bilanzierungs- und Bewertungsmethoden

Die Segmentberichterstattung nach IFRS 8 basiert auf einer **konsequenten Umsetzung des Management Approach**. Ceteris paribus erfolgt auch die Ermittlung der auszuweisenden Segmentinformationen auf Grundlage der intern zur Anwendung kommenden Bilanzierungs- und Bewertungsmethoden – auch wenn diese von den externen Ermittlungsgrundsätzen abweichen (z.B. aufgrund der Verwendung kalkulatorischer Werte oder HGB-Werte) (IFRS 8.25). Das IASB begründet den Rückgriff auf interne Grundsätze für Zwecke der externen Berichterstattung damit, dass den Abschlussadressaten die Betrachtung eines Unternehmens „*through the management's eyes*"[187] ermöglicht werden soll. Voraussetzung dafür ist, dass Abschlusserstellern und -adressaten dieselbe Informationsgrundlage zur Erfolgsbeurteilung und zur Ressourcenallokation der Segmente zur Verfügung gestellt wird. Die Übernahme interner Größen für die externe Publizität führt jedoch zugleich auch zu einer fehlenden Standardisierung, welche sich in einem Verlust an Objektivität der Segmentinformationen und einer reduzierten zwischenbetrieblichen Vergleichbarkeit äußert.[188] Entgegenwirken sollen dieser Problematik die an Bedeutung gewonnenen Überleitungsrechnungen (siehe Kapitel 5.6.3) als auch zusätzliche Limitierungen und Erläuterungspflichten.

So sieht IFRS 8 bspw. eine Einschränkung des *Management Approach* vor, falls unternehmensintern vom Hauptentscheidungsträger **mehrere Bilanzierungs- und Bewertungsmethoden** zur Erfolgsbeurteilung und zur Ressourcenallokation der Segmente verwendet werden. Für diesen Fall gilt für die externe Publizität diejenige Bilanz- bzw. Erfolgsgröße als maßgebend, die nach Auffassung

---

186 Vgl. z.B. Leippe, B.: Segmentberichterstattung, 2009, Rz. 4625.
187 IASB, Press Release vom 30.11.2006: IASB, 2006.
188 Vgl. Alvarez, M.: IFRS 8, 2009, Rz. 72.

des Managements am ehesten den im (Konzern-)Abschluss verwendeten Grundsätzen entspricht (IFRS 8.26).

Darüber hinaus hat ein Unternehmen **Erläuterungen** zu den Bewertungs- und Bilanzierungsgrundlagen für die Segmentergebnisgröße, das Segmentvermögen und die Segmentverbindlichkeiten der berichtspflichtigen Segmente zu machen. Die Mindestangaben umfassen – sofern nicht bereits aus den Überleitungsrechnungen nach IFRS 8.28 ersichtlich – die Bilanzierungs- und Bewertungsunterschiede zwischen berichtspflichtigen Segmenten und (Konzern-)Abschluss sowie die Änderung der Bilanzierungs- und Bewertungsmethoden im Zeitablauf (IFRS 8.27b-e). Ebenso sind auch die Grundsätze intersegmentärer Transaktionen anzugeben (IFRS 8.27a).

Beispiele für die Erläuterung der Bilanzierungs- und Bewertungsvorschriften sowie die Grundsätze intersegmentärer Transaktionen finden sich wie folgt in den Geschäftsberichten von SAP sowie von BMW und Axel Springer.

Bilanzierungs- und Bewertungsmethoden

> *Die Rechnungslegungsmethoden, die in der Segmentberichterstattung angewendet werden, basieren auf den US-GAAP und können von den unter Textziffer (3) beschriebenen Bilanzierungs- und Bewertungsmethoden gemäß IFRS abweichen. Wesentliche Unterschiede zwischen den Rechnungslegungsmethoden sind unter der Textziffer (3) erörtert. Zudem führen die Unterschiede in der Fremdwährungsumrechnung zu geringen Abweichungen zwischen den Beträgen des internen Berichtswesens und den entsprechenden Angaben im Konzernabschluss. (Konzerngeschäftsbericht SAP AG 2007, S. 135)*

Grundsätze intersegmentärer Verrechnungspreise

> *Die BMW AG gibt in ihrem Konzernabschluss 2008 an: „Konzerninterne Umsätze erfolgen zu marktüblichen Preisen." (Konzerngeschäftsbericht BMW AG 2008, S. 129)*
> *Die Axel Springer AG hingegen erläutert im Konzernabschluss 2008: „Die Verrechnung erfolgt auf Kostendeckungsbasis." (Konzerngeschäftsbericht Axel Springer AG 2008, S. 159)*

5.5.2 Allokation von Bilanz- und Erfolgsgrößen

IFRS 8 verlangt **keine symmetrische Allokation von Bilanz- und Erfolgsgrößen** auf einzelne Segmente (IFRS 8.25 i.V.m. IFRS 8.27f). Die Allokation von (Gemeinschafts-)Posten muss lediglich auf einer **vernünftigen Grundlage** (*reasonable basis*) erfolgen. Als Standardbeispiel für eine asymmetrische Segmentallokation wird in IFRS 8.27f die Berücksichtigung bestimmter Abschreibungen im

Segmentergebnis genannt, ohne dass der abgeschriebene Vermögenswert im Segmentvermögen enthalten ist. *Haller* unterstellt jedoch, dass bei Existenz eines effizienten internen Steuerungs- und Berichtssystems die sachlogische Zuordnung von Bestands- und Stromgrößen auf Grundlage des **Verursachungsprinzips** vorgenommen wird, welche in der Mehrzahl aller Fälle zu einer symmetrischen Allokation von Segmentgrößen führt.[189] Sofern eine asymmetrische Ressourcenallokation vorliegt, soll durch eine Erläuterungspflicht des Abschlusserstellers sichergestellt werden, dass der Abschlussadressat Kenntnis über Ursachen sowie größenmäßige Folgen erlangt und somit die Segmentdaten besser interpretieren kann. Willkürliche Segmentallokationen sind hingegen nicht erlaubt.

Beispiel

Die Allokation der Zuführung zu Pensionsrückstellungen kann sowohl auf Basis des anteiligen Personalaufwands pro Segment als auch auf Grundlage der segmentspezifischen Mitarbeiteranzahl erfolgen. Voraussetzung für die Zuteilung von Bilanz- und Erfolgsgrößen auf die Segmente ist, dass diese auf einer vernünftigen Grundlage (*reasonable basis*) basiert. Aus den Erläuterungen des IASB geht jedoch hervor, dass grds. unterschiedliche Allokationen als vernünftig angesehen werden können, auch wenn diese potenziell zu signifikant voneinander abweichenden Segmentergebnissen führen. Nicht erlaubt ist hingegen die Schlüsselung des Personalaufwands auf Segmente, in denen keine Altersvorsorgemaßnahmen für die Belegschaft existieren (IFRS 8.BC Appendix A.88).

5.6 Auszuweisende Segmentinformationen

Nach dem Kerngrundsatz (*core principle*) des IFRS 8 hat ein Unternehmen Informationen bereitzustellen, anhand derer die Abschlussadressaten die Art und die finanziellen Auswirkungen der Geschäftstätigkeiten sowie das wirtschaftliche Umfeld, in dem es tätig ist, beurteilen können (IFRS 8.1 i.V.m. IFRS 8.20). Vor diesem Hintergrund sind in jeder Periode, in der eine Gewinn- und Verlustrechnung veröffentlicht wird, folgende Angaben auszuweisen:

- Allgemeine Informationen (IFRS 8.22),
- Informationen zu segmentspezifischen Erfolgs- und Bilanzgrößen (IFRS 8.23-24) und
- Überleitungsrechnungen (IFRS 8.28).

---

[189] Insbesondere im Rahmen einer kennzahlengestützten Unternehmenssteuerung (z.B. Steuerung auf Grundlage einer Kapitalrendite) sollte ein sinnvolles Verhältnis von Ressourcenverbrauch und -ertrag gewährleistet sein. Vgl. Haller, A.: Segmentberichterstattung, 2000, S. 782.

In den nachfolgenden Kapiteln sollen die einzelnen Berichtspflichten näher erläutert werden. Da im Rahmen der Segmentberichterstattung den Informationen über das Segmentergebnis und weiteren Posten eine zentrale Bedeutung zukommen, werden zuerst die unbedingten sowie bedingten Berichtspflichten für operative Segmente dargestellt (Kapitel 5.6.1 und 5.6.2). Im Anschluss erfolgt die Erläuterung der Anforderungen an die Überleitungsrechnungen (Kapitel 5.6.3) sowie der unternehmensweiten Angaben (Kapitel 5.6.4) und der Angabe- und Erläuterungspflichten (Kapitel 5.6.5).

5.6.1 Unbedingte Berichtspflichten für operative Segmente

Aufgrund der konsequenten Ausrichtung am Management Approach sieht IFRS 8 **wenige unbedingte** und **zahlreiche bedingte Berichtspflichten** für Segmentinformationen vor.[190] Im Rahmen der Jahrespublizität sind für alle berichtspflichtigen Segmente als Mindestgrößen Angaben zum

– Segmentergebnis und
– Segmentvermögen

vorgesehen (IFRS 8.23).

Für das **Segmentergebnis** gibt IFRS 8.23 keine explizite Definition der Erfolgsgröße vor, sondern verlangt – dem Management Approach folgend – als Segmentergebnis den Ausweis derjenigen Größe, die zur internen Steuerung und Berichterstattung verwendet wird (*a measure of profit or loss*). Als Folge der offenen Ausgestaltung sowie der Koppelung des externen an das interne Berichtswesen existiert ein breites Spektrum an unterschiedlichen Segmentergebnisgrößen wie z.B. Erträge, Bruttoergebnis vom Umsatz, Ergebnis vor Zinsen und Steuern (EBIT), Ergebnis vor Steuern (EBT) aber auch eher zahlungsstromorientierte Größen wie das Ergebnis vor Abschreibungen, Zinsen und Steuern (EBITDA), Cashflow Größen oder kalkulatorische Werte wie den Deckungsbeitrag.[191] In der Publizitätspraxis handelt es sich bei der am häufigsten verwendeten Segmentergebnisgröße um das Ergebnis vor Zinsen und Steuern (EBIT); seltener sind hingegen das Ergebnis vor Abschreibungen, Zinsen und Steuern (EBITDA) sowie das Ergebnis vor Steuern (EBT) vorzufinden (siehe Kapitel 6.4.1).

In Analogie zum Segmentergebnis regelt IFRS 8.23 auch die Berichtspflicht des **Segmentvermögens** auf Grundlage des Management Approach (*a measure of total segment assets*). Aus diesem Grund existiert auch keine Definition für das berichtspflichtige Segmentvermögen, d.h. die Abgrenzung der zum Segmentvermögen zählenden Bestandteile erfolgt anhand der im internen Steuerungs- und Berichtswesen definierten Vermögensgrößen. Allerdings handelt es sich bei der

---

190 Vgl. Fink, C./Ulbrich, P.: IFRS 8, 2007, S. 4.
191 Vgl. z.B. Alvarez, M.: Segmentberichterstattung und Segmentanalyse, S. 148.

Segmentergebnisgröße um die einzige „wirkliche" verpflichtende Segmentinformation, da auf die Angabe des Segmentvermögens verzichtet werden kann, sofern es dem Hauptentscheidungsträger nicht berichtet wird (vgl. *Annual Improvements Project 2008/2009*[192]). Die SAP begründet dementsprechend den fehlenden Ausweis segmentspezifischer Vermögenswerte folgendermaßen:

> *Der Vorstand erhält in seiner Funktion als Hauptentscheidungsträger keine Angaben zum Segmentvermögen. Die Aufteilung des Geschäfts- oder Firmenwerts auf die Segmente zeigen wir in Textziffer (16). (Konzerngeschäftsbericht SAP AG 2007, S. 136)*

Werden im internen Steuerungs- und Berichtswesen **mehrere unterschiedliche Segmentergebnis- oder Segmentvermögensgrößen** an den Hauptentscheidungsträger zur Erfolgsbeurteilung und zur Ressourcenallokation berichtet, so ist jeweils diejenige berichtspflichtig, die nach Auffassung des Hauptentscheidungsträgers hinsichtlich der zugrunde liegenden Bilanzierungs- und Bewertungsmethoden am ehesten mit den entsprechenden Werten im (Konzern-)Abschluss übereinstimmt (IFRS 8.26).

> **Beispiel**
>
> Im internen Steuerungs- und Berichtssystem werden zwei unterschiedliche Segmentergebnisgrößen, das Ergebnis vor Steuern (EBT) und der Economic Value Added (EVA), regelmäßig an den Hauptentscheidungsträger berichtet, der diese Größen zur Erfolgsbeurteilung und zur Ressourcenallokation verwendet.
> Im Zuge der Ermittlung des EVA erfolgen zahlreiche Anpassungen (*conversions*) der externen Rechnungslegungsinformationen. Aus diesem Grund ist das Ergebnis vor Steuern (EBT) als Segmentergebnisgröße zu verwenden, da es am ehesten den Ermittlungsgrundsätzen des (Konzern-)Abschlusses entspricht (IFRS 8.26).

---

[192] IFRS 8.23 sieht grds. eine unbedingte Berichtspflicht für das Segmentvermögen vor. SFAS 131, als US-amerikanisches Pendant zu IFRS 8, wird i.d.R. jedoch so ausgelegt und angewendet, dass das Segmentvermögen nur dann berichtspflichtig ist, wenn es regelmäßig an den Hauptentscheidungsträger berichtet wird. Da im Rahmen des Wechsels auf IFRS 8 keine Abweichung zu SFAS 131 beabsichtigt war, hat das IASB im *Annual Improvements Project 2008/2009* in der *Basis for Conclusions* (IFRS 8.BC35) klargestellt, dass es Fälle geben kann, in denen auch unter IFRS 8 keine Angabe des Segmentvermögens erforderlich ist. Vgl. Hütten, C./Fink, C.: Segmentberichterstattung, 2009, § 36, Rz. 74.

5.6.2 Bedingte Berichtspflichten für operative Segmente

Neben den beiden unbedingten Offenlegungspflichten existieren **zahlreiche bedingte Berichtspflichten** für die operativen Segmente. Demnach besteht eine Angabepflicht für nachfolgende Positionen, sofern sie Bestandteil der intern berichteten Segmentergebnisgröße sind <u>oder</u> regelmäßig an den Hauptentscheidungsträger berichtet werden (IFRS 8.23):

- Segmenterträge mit externen Kunden,
- intersegmentäre Erträge,
- planmäßige Abschreibungen und Wertminderungen,
- andere (wesentliche) nicht zahlungswirksame Posten (außer planmäßige Abschreibungen und Wertminderungen),
- Segmentergebnisbeiträge aus at-Equity-bewerteten Beteiligungen,
- Zinsaufwendungen <u>und</u> -erträge (ggf. -ergebnis),
- Ertragsteuern und
- wesentliche Ertrags- und Aufwandsposten (gem. IAS 1.97).

Im Zuge einer konsequenten Anwendung des Management Approach enthält IFRS 8 keine Angaben zur Definition der berichtspflichtigen Größen. Allerdings kann aufgrund der verpflichtenden Publikation der internen Segmentergebnisgröße analog auch für die Ergebnisbestandteile nur ein Rückgriff auf die Werte des internen Berichtswesens erfolgen.

Segmenterträge mit externen Kunden als auch **intersegmentäre Erträge** unterliegen folglich nicht zwingend der Definition des IAS 18. Es wird lediglich ein gesonderter Ausweis der Außen- und Innenerträge gefordert, sofern diese Bestandteile der intern berichteten Segmentergebnisgröße sind oder regelmäßig an den Hauptentscheidungsträger berichtet werden (IFRS 8.23a,b).

Unter **planmäßigen Abschreibungen und Wertminderungen** werden sowohl die planmäßigen Abschreibungen auf materielle Vermögenswerte als auch planmäßige Wertverluste bei immateriellen Vermögenswerten subsumiert. **Andere (wesentliche) nicht zahlungswirksame Posten**[193] sind – falls berichtspflichtig – ohne die planmäßigen Abschreibungen und Wertminderungen auszuweisen (IFRS 8.23e,i).

---

[193] Nach IFRS 8.23i sind sowohl nicht zahlungswirksame Aufwendungen als auch Erträge berichtspflichtig. IAS 14 beschränkt die Offenlegungspflicht auf die zahlungsunwirksamen Aufwendungen (IAS 14.61).

Bilanzpolitische Perspektive

Die Beschränkung der berichtspflichtigen nicht zahlungswirksamen Posten auf die **wesentlichen Aufwendungen und Erträge** (→*materiality*-Grundsatz) steht im Einklang mit einer konsequenten Orientierung der Berichtspflicht am *Management Approach*. Allerdings führt der Rückgriff auf den Wesentlichkeitsgrundsatz gleichzeitig auch zu einem deutlichen Ermessens- und Gestaltungsspielraum des Managements. Dieser kann sich u.a. in einer erschwerten Approximation des operativen Cashflows aus der Summe von EBIT und zahlungsunwirksamen Posten ergeben, welcher ein Ergebnis der nicht vollständigen Ausweispflicht der zahlungsunwirksamen Posten ist. Darüber hinaus bietet sich weiteres bilanzpolitisches Potenzial hinsichtlich der Frage der Netto- oder Bruttodarstellung an, da IFRS 8 keine explizite Regelung vorsieht, die eine gesonderte Identifizierung bzw. Erläuterung der Bestandteile der ausgewiesenen zahlungsunwirksamen Posten vorsieht. Auch wenn im Sinne der Entscheidungsnützlichkeit der Segmentinformationen grds. von einem unsaldierten Ausweis ausgegangen werden sollte, existieren in der Literatur hierzu konträre Ansichten.[194]

Technischer Anwendungsaspekt

Nach IAS 36.129 sind zudem auch <u>außerplanmäßige</u> Abschreibungen und Wertaufholungszuschreibungen gesondert berichtspflichtig.

Segmentergebnisbeiträge aus at-Equity-bewerteten Beteiligungen sind ebenso berichtspflichtig wie die **Ertragsteuern**, sofern sie Bestandteil der intern berichteten Segmentergebnisgröße sind oder regelmäßig an den Hauptentscheidungsträger berichtet werden (IFRS 8.23g,h).

Das **Zinsergebnis** ist grds. in Form einer Bruttodarstellung anzugeben, d.h. es ist ein gesonderter Ausweis von Zinsaufwendungen und -erträgen erforderlich. Eine Nettodarstellung ist nur sofern erlaubt, als dass die Segmenterlöse nicht überwiegend aus Zinseinnahmen stammen und die Nettogröße auch zur Erfolgsbeurteilung und zur Ressourcenallokation der Segmente verwendet wird. Auf einen derartigen Ausweis ist gesondert hinzuweisen (IFRS 8.23c,d).

Als **wesentliche Ertrags- und Aufwandsposten (gem. IAS 1.97)** werden Erfolgsbestandteile mit außergewöhnlichem Charakter subsumiert, die im Verhältnis zum Periodenergebnis von bedeutender Größe sind oder sich in Art und Häufigkeit von anderen Posten deutlich differenzieren. IAS 1.98 zählt hierzu exemplarisch außerplanmäßige Ab- und Zuschreibung von Vorräten oder Sachan-

---

[194] Vgl. z.B. Hütten, C./Fink, C.: Segmentberichterstattung, 2009, § 36, Rz. 93; Alvarez, M.: IFRS 8, 2009, Rz. 84.

lagen, Restrukturierungsaufwendungen, Abgang von Sachanlagen, Veräußerung von Finanzanlagen, aufgegebene Geschäftsbereiche, Beendigung von Rechtsstreitigkeiten und sonstige Auflösungen von Rückstellungen auf (IFRS 8.23f).

Beispiel

Im internen Steuerungs- und Berichtssystems wird ...

(a) das Ergebnis vor Zinsen und Steuern (EBIT) zur Erfolgsbeurteilung und zur Ressourcenallokation der Segmente verwendet. Die segmentspezifischen Abschreibungen werden nicht regelmäßig an den Hauptentscheidungsträger berichtet; allerdings wird dem Hauptentscheidungsträger in regelmäßigen Abständen das segmentspezifische Zinsergebnis übermittelt.

(b) lediglich die Größe Erträge zur Erfolgsbeurteilung und Ressourcenallokation der Segmente verwendet. Andere segmentspezifische Informationen werden nicht an den Hauptentscheidungsträger berichtet.

Ad (a): Nach IFRS 8.23 liegt eine Pflicht zur Offenlegung der segmentspezifischen Abschreibungen vor, da sie als integraler Bestandteil des Segmentergebnisses (EBIT) zu dessen Ermittlung erforderlich ist. Obwohl das Zinsergebnis nicht in die Segmentergebnisgröße (EBIT) eingeht, unterliegt es dennoch der Berichtspflicht, da eine regelmäßige interne Berichterstattung der Größe an den Hauptentscheidungsträger vorliegt.

Ad (b): Es besteht lediglich für die Erträge eine Berichtspflicht, da es sich bei dieser gleichzeitig um die Segmentergebnisgröße handelt und keine anderen Erfolgsposten in dessen Ermittlung einfließen oder regelmäßig an den Hauptentscheidungsträger berichtet werden.

Nach der Erläuterung der bedingten Berichtspflichten für Segmenterfolgsgrößen sollen nachfolgend die korrespondierenden segmentspezifischen Offenlegungspflichten für Bilanzpositionen dargestellt werden. Im Gegensatz zur grds. unbedingten Berichtspflicht des Segmentvermögens wird unter IFRS 8 die Angabe der **Segmentverbindlichkeiten** nur verlangt, wenn sie dem Hauptentscheidungsträger regelmäßig im Rahmen der internen Berichterstattung zur Verfügung gestellt wird (IFRS 8.23). Zur Erfolgsbeurteilung der Segmente durch Eigen- und Fremdkapitalgeber ist die Allokation der finanziellen Ressourcen von zentraler Bedeutung, da den finanziellen Verbindlichkeiten häufig betriebliche Ursachen zugrunde liegen.[195] Analog zu den segmentspezifischen Vermögenswerten ist der Management Approach auch für die Definition der Segmentverbindlichkeiten ausschlaggebend. Grundsätzlich können drei (i.d.R. kumulative) Stufen für die Allokation von Verbindlichkeiten auf Segmente unterschieden werden:[196]

---

[195] Vgl. Müller, S.: Management-Rechnungswesen, 2003, S. 186f.
[196] In Anlehnung an Alvarez, M.: IFRS 8, 2009, Rz. 93; Blase, S./Müller, S.: Segmentberichterstattung, 2009, S. 543.

- *Stufe (1):* In Abhängigkeit von der unternehmensintern gewählten Abgrenzung enthalten die Segmentverbindlichkeiten i.d.R. die nicht-zinstragenden Schulden (v.a. Verbindlichkeiten aus Lieferungen und Leistungen, erhaltene Anzahlungen, Rückstellungen etc.).
- *Stufe (2):* Ggf. sind auch die (zinstragenden) Finanzschulden Bestandteil der Segmentverbindlichkeiten. Für eine Segmentallokation spricht dessen hohe Relevanz für Zwecke der Unternehmenssteuerung. Gegen eine Zuordnung zu einzelnen Segmenten steht jedoch die häufig anzutreffende zentrale Steuerung der Finanzierungsaktivitäten von Unternehmen.
- *Stufe (3):* Steuerverpflichtungen oder passive Finanzinstrumente werden hingegen nur selten auf einzelne Segmente verteilt, das sie zum einen für die Erfolgsbeurteilung der Segmente von geringer Bedeutung sind als auch teilweise schwer nur verursachungsgerecht allokierbar sind.

Axel Springer stellt ein Beispiel für ein Unternehmen dar, welches lediglich eine Allokation der Segmentverbindlichkeiten auf Stufe (1) vornimmt.

> *In den Segmentverbindlichkeiten sind die operativen Verbindlichkeiten und Rückstellungen der einzelnen Segmente enthalten. Finanzverbindlichkeiten, Verbindlichkeiten aus laufenden und latenten Steuern vom Einkommen und vom Ertrag und Verbindlichkeiten aus Derivaten in Höhe von insgesamt rund € 1.845 Mio. (Vj.: rund € 2.465 Mio.) wurden nicht segmentiert. (Konzerngeschäftsbericht Axel Springer AG 2008, S. 159)*

Neben dem i.d.R. berichtspflichtigen Segmentvermögen sind nach IFRS 8.24 weitere **segmentspezifische Größen des Vermögens** anzugeben, sofern die Positionen Bestandteil der intern berichteten Segmentvermögensgröße sind oder regelmäßig an den Hauptentscheidungsträger berichtet werden. Dabei handelt es sich um:

- Buchwerte von at-Equity-bewerteten Beteiligungen und
- Segmentinvestition in langfristige Vermögenswerte (mit Ausnahme von Finanzinstrumenten, latenten Steueransprüchen, im Zusammenhang mit Pensionsverpflichtungen stehende Vermögenswerte sowie Rechte aus Versicherungserträgen).

Die vorstehend erläuterten zahlreichen bedingten Berichtspflichten beeinflussen den **Umfang der Segmentberichterstattung** maßgeblich. Einerseits ist der Umfang der anzugebenden Segmentinformationen direkt an die Qualität des internen Steuerungs- und Berichtssystems gekoppelt; andererseits ist der Umfang auch abhängig von der Definition der Segmentergebnisgröße. So führt die Verwendung eines EBITDA beispielsweise dazu, dass keine Berichtspflicht der ergebnisbezogenen Komponenten Abschreibungen und Wertminderungen, Zinsaufwendungen und -erträge und Ertragsteuern vorliegt, sofern diese dem Hauptentscheidungsträger nicht regelmäßig berichtet werden. Als Beispiel für die

Offenlegung umfangreicher Segmentinformationen bietet sich die Segmentberichterstattung der GEA an.

(in Mio. EUR)	Energie- und Landtechnik	Prozesstechnik	Sonstige	Konsolidierung	GEA Group
01.01.2008 – 31.12.2008					
Außenumsatz	1.816,3	3.330,6	32,1	–	5.179,0
Innenumsatz	2,2	7,5	–	–9,8	–
Gesamtumsatz	1.818,6	3.338,1	32,1	–9,8	5.179,0
Ergebnis aus der Equity-Bewertung	0,7	1,3	0,2	–	2,2
EBIT	165,5	369,7	–30,8	–0,2	504,2
Zinserträge	11,3	23,9	46,9	–48,1	34,0
Zinsaufwendungen	18,1	36,2	73,3	–48,1	79,4
Segmentergebnis vor Steuern	158,7	357,5	–57,4	–	458,8
Ertragsteuern	27,6	49,8	32,4	–	109,8
Ergebnis aus nicht fortgeführten Geschäftsbereichen	–	–	–248,0	–	–248,0
Segmentvermögen	1.657,0	3.315,1	2.135,8	–1.979,5	5.128,3
Segmentschulden	883,4	1.770,0	2.001,4	–981,8	3.672,9
Buchwert der Anteile, die nach der Equity-Methode bilanziert werden	3,6	6,8	1,6	–	12,0
Investition in Sachanlagen, immaterielle Vermögenswerte und Goodwill	97,8	204,1	11,1	–	312,9
Planmäßige Abschreibungen	25,2	45,4	19,0	–	89,5
Wertminderungen	–	0,1	30,0	–	30,1
Rückstellungszuführung	88,5	181,5	275,4	–	545,5

(Konzerngeschäftsbericht GEA AG 2008, S. 187)

5.6.3 Überleitungsrechnungen

Der Segmentbericht kann zusammen mit dem (Konzern-)Abschluss erst dann vollständig nachvollzogen werden, wenn die aus dem Management Approach resultierenden **inhärenten Konvergenzbeeinträchtigungen** durch **Überleitungsrechnungen** (*reconciliations*) offen gelegt werden.[197] IFRS 8.28a-e fordert deshalb eine Überleitung von der Summe der Segmentwerte auf die korrespondierenden IFRS-Werte des (Konzern-)Abschlusses für folgende Segmentgrößen:

– Erträge,
– Ergebnisgröße,
– Vermögen,
– Verbindlichkeiten und
– sonstige wesentliche Segmentdaten.

---

[197] Vgl. Müller, S.: Management-Rechnungswesen, 2003, S. 188f.; Küting, K./Pilhofer, J.: Segmentberichterstattung, 1999, S. 605.

Im Zuge der Überleitung der **Segmenterträge** werden ausgehend von der Summe der in den berichtspflichtigen Segmenten publizierten Erträge die sonstigen Erträge des Sammelsegments (*all other segments*) hinzugerechnet sowie Konsolidierungseffekte aus intersegmentären Erträgen und ggf. Differenzbeträge aufgrund von IFRS-abweichender Bilanzierungs- und Bewertungsmethoden eliminiert (IFRS 8.28a).

Die **Segmentergebnisgröße** ist grundsätzlich auf das konsolidierte Ergebnis vor Steuern und aufgegebenen Geschäftsbereichen überzuleiten. Für den Fall, dass Posten wie Ertragsteuern segmentweise zugeordnet werden, kann auch eine Überleitung auf das konsolidierte Ergebnis nach Steuern erfolgen (IFRS 8.28b). Die Höhe und Art der Überleitungsbeträge ist somit unmittelbar von der Definition der Segmentergebnisgröße und dem Umfang der segmentweise zugeordneten Ergebniskomponenten, den zu eliminierenden Beziehungen zwischen den Segmenten sowie dem Grad der Übereinstimmung mit den in den IFRS niedergelegten Bilanzierungs- und Bewertungsgrundsätzen abhängig. Entsprechendes gilt für die Überleitung des **Segmentvermögens** und der **Segmentverbindlichkeiten**, wobei letztere nur publizierungspflichtig sind, wenn sie regelmäßig dem Hauptentscheidungsträger berichtet werden (IFRS 8.28c,d i.V.m. IFRS 8.23).[198]

Neben den vier explizit benannten Überleitungsposten fordert IFRS 8.28e auch eine Überleitung aller **sonstigen wesentlichen Segmentdaten** der berichtspflichtigen Segmente auf die aggregierten Größen des (Konzern-)Abschlusses.

Im Zuge der Überleitungsrechnungen sind alle **wesentlichen Überleitungsbestandteile** gesondert zu identifizieren und zu beschreiben. In diesem Zusammenhang weist IFRS 8.28 noch einmal explizit auf die verpflichtende Darstellung und Erläuterung von wesentlichen Überleitungsdifferenzen hin, die aus der von IFRS abweichenden Anwendung von Bilanzierungs- und Bewertungsmethoden resultieren. Segmentierte Daten von Unternehmensbereichen, die nicht der Berichtspflicht des IFRS 8 unterliegen sowie als unwesentlich eingestufte Segmente, sind getrennt von den Überleitungsgrößen im Sammelsegment (*all other segments*) auszuweisen. Zudem ist die Herkunft der Erträge dieser Kategorie zu erläutern (IFRS 8.16).

Als **Darstellungsart** für die Überleitungsrechnungen empfiehlt IFRS 8.IG4 exemplarisch eine Tabellenform. Als vorbildliches Umsetzungsbeispiel kann auf die Überleitungsrechnungen von Salzgitter verwiesen werden.

---

198 Vgl. Alvarez, M./Büttner, M.: ED 8 Operating Segments, 2006, S. 315.

Die Überleitung der Summe der Segmentvermögen und der Segmentschulden zur Bilanzsumme des Konzerns sowie die Überleitung der Summe der Segmentumsätze und Segmentergebnisse zum Konzernumsatz bzw. Ergebnis der gewöhnlichen Geschäftstätigkeit des Konzerns ergeben sich aus folgenden Übersichten:

In T €	GJ 2007	GJ 2006
Gesamtumsatz der Segmente	13.347.019	11.101.265
Andere Umsätze	123.626	101.396
Eliminierung der Umsätze im eigenen Segment	–399.780	–350.365
Eliminierung der Umsätze mit anderen Segmenten	–2.686.643	–2.254.190
Eliminierung der Umsätze mit nicht einem Segment zuzurechnenden Konzerngesellschaften	–191.963	–150.893
Umsatzerlöse	10.192.259	8.447.213

In T €	GJ 2007	GJ 2006
Gesamtbetrag der Periodenergebnisse der Segmente	1.308.759	912.991
Andere Periodenergebnisse	5.152	941.767
Ergebnis der gewöhnlichen Geschäftstätigkeit	1.313.911	1.854.758

In T €	GJ 2007	GJ 2006
Gesamtbetrag des Segmentvermögens	6.278.276	4.722.728
Anderes Vermögen	1.979.718	2.178.893
Firmenwert	15.344	–
Ertragsteuererstattungsansprüche	114.192	23.950
Latente Ertragsteueransprüche	12.988	49.101
Rechnungsabgrenzungsposten	5.672	2.896
Bilanzsumme	8.406.190	6.977.578

In T €	GJ 2007	GJ 2006
Gesamtbetrag der Segmentschulden	5.006.638	3.843.221
Andere Schulden	–1.180.930	–586.946
Steuerschulden	327.968	263.778
Konzerneigenkapital	4.245.867	3.456.701
Rechnungsabgrenzungsposten	6.647	824
Bilanzsumme	8.406.190	6.977.578

Die anderen Umsätze, Periodenergebnisse, Vermögen und Schulden entfallen auf die Gesellschaften Salzgitter AG und Salzgitter Mannesmann GmbH, die nicht einem operativen Segment zuzuordnen sind. (Konzerngeschäftsbericht Salzgitter AG 2007, S. 286)

Der Rückgriff auf von der externen Jahrespublizität abweichende Bilanzierungs- und Bewertungsmethoden soll exemplarisch am Beispiel von E.ON dargestellt werden. Das Unternehmen berücksichtigt gewisse „kalkulatorischer Zinsanteile", da ein wirtschaftlich abgegrenztes Zinsergebnis nicht auf die Segmente verteilt wird und diese somit als Steuerungsgröße ein „Adjusted EBIT" haben.[199]

---

199 Vgl. Blase, S./Müller, S.: Segmentberichterstattung, 2009, S. 542.

5 Grundsachverhalte der Segmentberichterstattung

In Mio. €	2007	2006
Adjusted EBIT	9.208	8.356
Wirtschaftliches Zinsergebnis	–960	–948
Netto-Buchgewinne	1.345	829
Aufwendungen für Restrukturierung	–77	–
Sonstiges nicht operatives Ergebnis	167	–2.890
Ergebnis aus fortgeführten Aktivitäten vor Steuern	**9.683**	**5.347**
Steuern vom Einkommen und vom Ertrag	–2.289	–40
Ergebnis aus fortgeführten Aktivitäten	**7.394**	**5.307**
Ergebnis aus nicht fortgeführten Aktivitäten	330	775
Konzernüberschuss	**7.724**	**6.082**
Anteil der Gesellschafter der E.ON AG	7.204	5.586
Minderheitsanteile	520	496

Eine weitere Anpassung im Rahmen der internen Erfolgsanalyse betrifft das Zinsergebnis, dass nach wirtschaftlichen Kriterien dargestellt wird. Zur Ermittlung des wirtschaftlichen Zinsergebnisses wird das Zinsergebnis gemäß Gewinn- und Verlustrechnung nach wirtschaftlichen Kriterien abgegrenzt und um außergewöhnliche Effekte, das heißt um neutrale Zinsanteile, bereinigt. (Konzerngeschäftsbericht E.ON AG 2007, S. 199f.)

5.6.4 Unternehmensweite Angaben

Zur Gewährleistung eines Minimums an zwischenbetrieblicher Vergleichbarkeit verlangt IFRS 8.31-34 von den berichtenden Unternehmen eine Reihe von sog. **unternehmensweiten Angaben** (*entity-wide disclosures*) über Produkte bzw. Dienstleistungen, geografische Regionen sowie die Existenz wesentlicher Kunden. An diese Stelle durchbricht IFRS 8 die konsequente Umsetzung des Management Approach gleich in zweifacher Hinsicht: Erstens wird u.U. eine Berichtspflicht für Segmentinformationen geschaffen, die nicht bereits Bestandteil des internen Steuerungs- und Berichtssystems sind und somit eigens für externe Berichtszwecke generiert werden müssen. Zweitens sind die auszuweisenden Segmentinformationen auf Grundlage der Bilanzierungs- und Bewertungsmethoden des (Konzern-)Abschlusses zu ermitteln.[200]

Nach IFRS 8.31 gilt die Berichtspflicht auch für Unternehmen, die lediglich über ein Segment verfügen (sog. **Ein-Segment-Unternehmen**). Eine Einschränkung besteht lediglich, falls die erforderlichen Informationen bereits im Rahmen der Berichterstattung zu den operativen Segmenten ausgewiesen wurden oder nicht verfügbar sind bzw. die Kosten für ihre Erstellung übermäßig hoch wären (IFRS 8.32f.).

Nach IFRS 8.32 ist jedes Unternehmen verpflichtet, Angaben über die Segmenterträgen mit externen Kunden nach **Produkten und Dienstleistungen** (*pro-*

---

[200] Vgl. Hütten, C./Fink, C., in: Haufe IFRS-Kommentar, 2009, § 36, Rz. 118f.

ducts and services) zu machen. Auch zu den **geografischen Regionen** (*geographical areas*) sind unternehmensweite Informationen offen zu legen (IFRS 8.33). Dabei handelt es sich um:

- Segmenterträge mit externen Kunden und
- Langfristiges Segmentvermögen.

Mit **externen Kunden erzielte Segmenterträge** sind differenziert nach In- und Ausland darzustellen. Betragsmäßig wesentliche Länder sind zudem gesondert auszuweisen. Darüber hinaus hat ein Unternehmen die geografische Allokationsgrundlage von Erträgen zu den einzelnen Ländern zu erläutern, wobei als Zuordnungskriterium der Sitz des Kunden (*Bestimmungslandprinzip*) sowie der Standort der eigenen (Tochter-)Gesellschaft und somit der Produktionsort (*Ursprungslandprinzip*) unterschieden werden können (IFRS 8.33a).

Technischer Anwendungsaspekt

IFRS 8 enthält keine expliziten Kriterien oder sonstige Hilfestellungen zur Bestimmung der gesondert auszuweisenden **wesentlichen Länder**. Im Rahmen der Angabepflicht für Erträge mit wesentlichen Kunden definiert IFRS 8.34 jedoch einen Schwellenwert von 10 %. In der Literatur wird deshalb bei der Abgrenzungspflicht wesentlicher Länder von einer Wesentlichkeitsschwelle von 10 % der Gesamterträge ausgegangen, wobei unter Berücksichtigung qualitativer Faktoren länderspezifisch auch bereits ein geringerer Ertragsanteil als wesentlich angesehen werden kann.[201]

In Analogie zu den Erträgen mit externen Kunden verlangt IFRS 8.33b die Publikation **langfristiger Segmentvermögen** nach Regionen mit einer Mindestdifferenzierung nach In- und Ausland. Sind Beträge in einzelnen Ländern als wesentlich einzustufen, besteht für diese Vermögenswerte wieder eine gesonderte Angabepflicht. Nicht als Bestandteil der langfristigen Vermögenswerte gelten Finanzinstrumente, aktive latente Steuern, Vermögenswerte aus Pensionsplänen sowie bilanzierte Ansprüche aus Versicherungsverträgen.

Technischer Anwendungsaspekt

IFRS 8 subsumiert unter dem Begriff des langfristigen Segmentvermögens (*non-current assets*) sowohl materielle als auch immaterielle Vermögenswerte, während SFAS 131 grds. unter *long-lived assets* nur materielle Güter erfasst (IFRS 8.BC56f. i.V.m. FASB Staff Implementation Guide (Statement 131) Question 22).

---

[201] Vgl. Hütten, C./Fink, C.: Segmentberichterstattung, 2009, § 36, Rz. 125; Beine, F./Nardmann, H.: Segmentberichterstattung, 2009, § 20, Rz. 79.

Exemplarisch für die Umsetzung der unternehmensweiten Angabepflichten ist im Folgenden ein Auszug aus dem Geschäftsbericht von Siemens dargestellt.

INFORMATIONEN NACH REGIONEN
In der folgenden Tabelle sind Informationen nach Regionen für die Geschäftsjahre 2007 und 2006 zusammengestellt:

(in Mio. EUR)	Umsätze nach Sitz des Kunden		Umsätze nach Sitz der Gesellschaften	
	2007	2006	2007	2006
Deutschland	12.594	12.382	20.848	20.152
Europa (ohne Deutschland)	22.801	20.489	23.310	21.025
USA	14.832	14.609	15.744	14.515
Übriges Amerika	4.489	3.762	3.410	2.997
Asien/Pazifik	10.937	9.457	7.092	6.133
Afrika, Naher und Mittlerer Osten, GUS	6.795	5.788	2.044	1.665
Siemens	72.448	66.487	72.448	66.487

	Langfristige Vermögenswerte	
	2007	2006
Deutschland	6.514	8.476
Europa (ohne Deutschland)	8.581	7.644
USA	9.738	6.924
Übriges Amerika	972	751
Asien/Pazifik	1.687	1.235
Afrika, Naher und Mittlerer Osten, GUS	183	116
Siemens	27.675	25.146

Langfristige Vermögenswerte bestehen aus Sachanlagen, Geschäfts- und Firmenwerten und Sonstigen Immateriellen Vermögenswerten. (Konzerngeschäftsbericht Siemens AG 2007, S. 340)

Zusätzlich verlangt IFRS 8.34 Angaben zur **Existenz wesentlicher Kunden** (*major customers*), um dem Abschlussadressaten eine Einschätzung der Abhängigkeit des Unternehmens von einzelnen Großkunden zu ermöglichen. Als wesentlich wird in diesem Zusammenhang die Erzielung von Erträgen mit einem einzigen Kunden von mehr als 10% der aggregierten bzw. konsolidierten Erträge eingestuft. Für diesen Fall sind der mit dem jeweiligen Kunden erzielte Gesamtbetrag sowie das betroffene Segment anzugeben – *nicht* berichtspflichtig ist hingegen die Identität des Kunden sowie die segmentspezifische Angabe dieser Erträge.

Eine Gruppe von Unternehmen, die – sofern dies dem berichtenden Unternehmen bekannt ist – unter der gemeinsamen Kontrolle eines anderen Unternehmens steht, ist als einzelner Kunde zu betrachten. In Analogie zu Unternehmen der Privatwirtschaft gelten ebenso staatliche Institutionen und Unternehmen unter staatlicher Kontrolle als einzelner Kunde (IFRS 8.34 i.V.m. IFRS 8.BC58). Als Umsetzungsbeispiel für die Berichtspflichten zur Existenz wesentlicher Kunden soll nachfolgend auf die TAG Immobilien verwiesen werden.

> *Bei den Umsatzerlösen im Segment Gewerbe entfielen auf den größten Kunden im Geschäftsjahr 2008 Umsatzerlöse von rund EUR 13,6 Mio. (Vorjahr rund EUR 11,3 Mio.). (Konzerngeschäftsbericht TAG Immobilien AG 2008, S. 107)*

5.6.5 Angabe- und Erläuterungspflichten

Zur Verbesserung der Interpretationsfähigkeit der segmentspezifischen Finanzkennzahlen bestehen unter IFRS 8 bestimmte Angabe- und Erläuterungspflichten, die in die folgenden drei Kategorien unterteilt werden können:

– Allgemeine Informationen,
– Bilanzierungs- und Bewertungsmethoden und
– Sonstige Informationen.

Vor dem Hintergrund des Management Approach soll den Anschlussadressaten im Rahmen der **Allgemeinen Informationen** ein weitergehendes Verständnis der Segmentabgrenzung und der segmentspezifischen Datenermittlung ermöglicht werden. Aus diesem Grund fordert IFRS 8.22a die Angabe der **Bestimmungsfaktoren der Segmentabgrenzung**. Dazu zählen die:

– Darstellung der internen Organisationsstruktur des Unternehmens sowie
– Informationen über eine potenzielle Zusammenfassung operativer Segmente zu einem berichtspflichtigen Segment.

Eine umfangreiche Erläuterung der Bestimmungsfaktoren zur Abgrenzung der berichtspflichtigen Segmente bietet die Deutsche Telekom.

> *Nach IFRS 8 basiert die Identifikation von berichtspflichtigen operativen Segmenten auf dem „Management Approach". Danach erfolgt die externe Segmentberichterstattung auf Basis der konzerninternen Organisations- und Managementstruktur sowie der internen Finanzberichterstattung an das oberste Führungsgremium („Chief Operating Decision Maker"). Im Konzern Deutsche Telekom ist der Vorstand der Deutschen Telekom AG verantwortlich für die Bewertung und Steuerung des Geschäftserfolgs der Segmente und gilt als oberstes Führungsgremium im Sinne des IFRS 8. Abweichend von der bisherigen Berichterstattung berichtet die Deutsche Telekom über fünf operative*

> *Segmente, die entsprechend der Art der angebotenen Produkte und Dienstleistungen, Marken, Vertriebswege und Kundenprofile eigenständig von segmentverantwortlichen Gremien geführt werden. Die Bestimmung von Unternehmensbestandteilen als Geschäftssegment basiert insbesondere auf der Existenz von ergebnisverantwortlichen Segment Managern, die direkt an das oberste Führungsgremium des Deutsche Telekom Konzerns berichten. Gemäß IFRS 8 werden die Bereiche Mobilfunk Europa und Mobilfunk USA gesondert als operative Segmente dargestellt, da die internen Berichts- und Steuerungswege im Segment Mobilfunk geändert wurden. Die Vorjahreswerte wurden entsprechend angepasst. (Konzerngeschäftsbericht Deutsche Telekom AG 2007, S. 187f.)*

Des Weiteren verlangt IFRS 8.22b Angaben zur **Zusammensetzung der berichtspflichtigen Segmente**, d.h. den Produkten bzw. Dienstleistungen, mit denen die berichtspflichtigen Segmente ihre Erträge erwirtschaften. Eine gelungene Darstellung zur Zusammensetzung der berichtspflichtigen Segmente ist im Geschäftsbericht der Axel Springer zu finden.

> *Das Segment **Zeitungen National** umfasst Kauf- und Sonntagszeitungen, überregionale und regionale Abonnementzeitungen und Anzeigenblätter. Darüber hinaus bestanden Beteiligungen an Zeitungsverlagen im Inland.*
>
> *Das Segment **Zeitschriften National** beinhaltet die Programm-, Frauen-, Männer-, Jugend-, Computer-, Wirtschafts-, Nachrichten- und Familientitel, weitere Spezialzeitschriften sowie Beteiligungen an Zeitschriftenverlagen im Inland.*
>
> *Im Segment **Print International** werden die im Ausland verlegten Zeitungen und Zeitschriften zusammengefasst.*
>
> *Im Segment **Digitale Medien** sind Online- und Broadcastingaktivitäten zusammengefasst. Hierzu zählen insbesondere die printmarkengebundenen Online-Aktivitäten sowie die bestehenden Aktivitäten der ZANOX. de AG, Idealo Internet GmbH, Immonet GmbH, und auFeminin.com S.A. sowie die neu konsolidierten Gesellschaften comparado GmbH, Gofeminin.de GmbH, gamigo AG, Transfermarkt GmbH & Co. KG einschließlich der jeweiligen Tochtergesellschaften. Außerdem umfasst das Segment u.a. die Beteiligung an der Dogan TV Holding A.S.*
>
> *Im Segment **Services/Holding** werden die verbleibenden Geschäftsaktivitäten mit Dienstleistungen wie Kundenservice, Vertrieb, Logistik, Direktmarketing und Büroimmobilien sowie ausschließlich interne Bereiche wie IT, Rechnungswesen, Personal und Konzernstäbe ausgewiesen. (Konzerngeschäftsbericht Axel Springer AG 2008, S. 158)*

5.6 Auszuweisende Segmentinformationen

Neben den bereits im Rahmen von Kapitel 5.5 beschriebenen Angabe- und Erläuterungspflichten zu den Bilanzierungs- und Bewertungsmethoden existieren noch Berichtspflichten zu **Sonstigen Informationen**. Dabei handelt es sich im Wesentlichen um die verpflichtende **Angaben von Vorjahreswerten** (IFRS 8.21). Bei **Durchbrechung der Stetigkeit** als Folge einer **Änderung der internen Organisations- und Berichtsstruktur bzw. Segmentzusammensetzung** sind zudem die korrespondierenden Vorjahreswerte anzupassen und offen zu legen (IFRS 8.29). Von einer derartigen Anpassung kann nur abgesehen werden, wenn die entsprechenden Informationen dem Unternehmen nicht vorliegen und deren Beschaffung nur zu unverhältnismäßig hohen Kosten möglich ist. Diese Feststellung hat jedoch für jede angegebene Position gesondert zu erfolgen. Des Weiteren hat ein Unternehmen Angaben dazu zu machen, ob Anpassungen der Vorjahreswerte erfolgt sind. Erfolgt keine Anpassung der Vorjahreswerte, so müssen die Segmentinformationen für die derzeitige Berichtsperiode sowohl auf der Grundlage der alten als auch der neuen Segmentstruktur angegeben werden (IFRS 8.30).

Weiterhin ist davon auszugehen, dass – unter Berücksichtigung des Wesentlichkeitsprinzips – auch eine **Durchbrechung der Stetigkeit** aufgrund **Änderungen der Bilanzierungs- und Bewertungsmethoden** im Zeitablauf zu einer verpflichtenden Anpassung der Vorjahreswerte führt, da IFRS 8.27e die Angabe der Auswirkungen dieser Änderungen auf die Beurteilung der Segmentperformance verlangt.

Als weitere Angabe fordert IFRS 8.23 i.V.m. IFRS 8.IG2 die Offenlegung der **Grundlage für die Beurteilung der Segmentperformance** im Sinne der Segmentsteuerungsgröße. Rheinmetall erläutert in diesem Zusammenhang ausführlich die Steuerung der Segmente.

> *Im Rheinmetall Konzern erfolgt die Steuerung der Segmente anhand der Erfolgsgrößen EBIT (Ergebnis vor Steuern und Zinsen) und EBT (Ergebnis vor Steuern) sowie der Umsatzerlöse. Darüber hinaus werden vom Management die Kennzahlen Auftragseingang, Auftragsbestand und Nettofinanzverbindlichkeit zur Überwachung und Steuerung der Segmente herangezogen. Ergänzend wird die Rentabilität anhand der jährlich ermittelten Gesamtkapitalrendite (ROCE) beurteilt, die das Verhältnis des EBIT zum durchschnittlichen Capital Employed (Durchschnitt der Stichtagswerte 31. Dezember des Vorjahres sowie des Berichtsjahres) darstellt. (Konzerngeschäftsbericht Rheinmetall AG 2008, S. 99)*

In Hinblick auf **Segment Cashflows** besteht nach IFRS 8 keine Angabepflicht. Die Empfehlung des IAS 7.50d zum Ausweis von Cashflows auf Segmentbasis bleibt jedoch davon unberührt.

5.7 Wesentliche Unterschiede zu IAS 14

Für Geschäftsjahre, die vor dem 01.01.2009 begonnen haben, bestand für Unternehmen die Pflicht zur Erstellung einer Segmentberichterstattung nach den Bestimmungen des IAS 14. Zur Verdeutlichung dieses in der Literatur häufig als „**Paradigmenwechsel**"[202] bezeichneten Rechnungslegungswechsels zu IFRS 8 sollen nachfolgend kurz die konzeptionellen Unterschiede bzw. Gemeinsamkeiten zwischen beiden Standards erörtert werden. Insbesondere für externe Abschlussadressaten, wie z.B. Finanzanalysten, sind die Differenzen zwischen beiden Standards von besonderer Relevanz, da im Rahmen von **Mehrperiodenvergleichen** eine stetige Darstellung vergleichbarer Sachverhalte im Zeitablauf gewährleistet sein muss. Im Falle von unterschiedlichen Bilanzierungs- und Bewertungsmethoden zwischen internem und externem Rechnungswesen sind somit potenzielle Anpassungen vorzunehmen.

5.7.1 Bestimmung berichtspflichtiger Segmente

Während IFRS 8 eine Abgrenzung operativer Segmente verlangt, basiert IAS 14 auf einer als **two-tier-structure**[203] bezeichneten Segmentierung nach Produkten bzw. Dienstleistungen und geografischen Regionen, die auf Grundlage des **Risk and Reward Approach** erfolgt. Dabei hat die Segmentierung der Geschäftsbereiche anhand der Maßstäbe Risiken und Chancen zu erfolgen, d.h. die in einem Segment aggregierten Geschäftsaktivitäten müssen hinsichtlich ihres Erfolgs- bzw. Risikobeitrags auf das gesamte Unternehmen vergleichbar sein (*Segmenthomogenität*).[204]

In Bezug auf den Segmentinformationsumfang unterscheidet IAS 14.26 zwischen einem **primären Berichtsformat** *(primary reporting format)* und einem **sekundären Berichtsformat** *(secondary reporting format)*, zu dessen Identifikation ebenso die Maßstäbe Risiken und Chancen heranzuziehen sind. Wird der Erfolg eines Unternehmens in erster Linie durch seine Produkte bzw. Dienstleistungen determiniert, so bilden diese das primäre Berichtsformat, während die geografischen Regionen nur die weniger umfangreichen Berichtspflichten des sekundären Berichtsformats erfüllen müssen. Gem. IAS 14.27 nimmt das IASB an, dass dieses Segmentierungsprinzip auch unternehmensintern zur Anwendung kommt und folglich die interne Organisations- und Berichtsstruktur i.d.R. die Grundlage zur Bestimmung der Berichtsformate liefert. Aus diesem

---

202 Vgl. z.B. Alvarez, M./Büttner, M.: ED 8 Operating Segments, 2006, S. 307; Fink, C./Ulbrich, P.: IFRS 8, 2007, S. 1.
203 Vgl. Albrecht, W.D./Chipalkatti, N.: New Segment Reporting, 1998, S. 52.
204 Vgl. Haller, A./Park, P.: Grundsätze, 1994, S. 510f.

Grund wird das dem IAS 14 inhärente Konzept auch als „*Management Approach with a risks and rewards safety net*" bezeichnet.[205]

Trotz der konzeptionellen Unterschiede in der Segmentabgrenzung ist der Prozess der Bestimmung berichtspflichtiger Segmente unter beiden Rechnungslegungsstandards fast analog ausgestaltet. Im ersten Schritt, der **Zusammenfassung ähnlicher Segmente**, stimmen die Regelungen des IAS 14.34 im Grundsatz mit denen des IFRS 8.12 überein. Demnach sind solche Segmente zu aggregieren, die eine ähnliche langfristige Ertragsentwicklung aufweisen sowie die in IAS 14.9 erläuterten Kriterien erfüllen. Mit Hinblick auf die Bestimmung berichtspflichtiger Segmente anhand von Wesentlichkeitskriterien sieht auch IAS 14.35 eine **„10 %-Regel"** vor, die – abgesehen von der Forderung, dass ein berichtspflichtiges Segment die Mehrheit der Erträge aus Transaktionen mit externen Kunden erzielen muss – konzeptionell[206] mit den Bestimmungen des IFSR 8.13 vergleichbar ist. Auch die Prüfung, ob die als berichtspflichtig deklarierten Segmente zusammen mindestens 75% der (konsolidierten) Gesamterträge ausmachen (sog. **„75%-Regel"**), ist unter beiden Rechnungslegungsstandards identisch (IAS 14.37 vs. IFRS 8.15).

5.7.2 *Auszuweisende Segmentinformationen*

Während der Prozess zur Bestimmung berichtspflichtiger Segmente zwischen IAS 14 und IFRS 8 grundsätzlich ähnlich ausgestaltet ist, besteht ein wesentlicher Unterschied in den anzuwendenden **Bilanzierungs- und Bewertungsmethoden** für die auszuweisenden Segmentinformationen. Koppelt IFRS 8 die Ausgestaltung der externen Segmentberichterstattung vollständig an das interne Steuerungs- und Berichtswesen, so verlangt der Vorgängerstandard IAS 14 eine Abbildung der berichtspflichtigen Segmentinformationen in Übereinstimmung mit den Bilanzierungs- und Bewertungsmethoden des (Konzern-)Abschlusses (IAS 14.44).

Ein weiterer Unterschied ist in der **Allokation von Bilanz- und Erfolgsgrößen** zu finden. Um einen zu großen Ermessens- und Gestaltungsspielraum bei der Segmentzuordnung unter IAS 14 zu vermeiden, verlangt IAS 14.47 eine **symmetrische Allokation von Bilanz- und Erfolgsgrößen** auf die Segmente. Eine anteilige Zuordnung von (Gemeinschafts-)Posten erfordert zudem einen sinnvollen, sachlich geeigneten und objektiv begründbaren Verteilungsmaßstab (IAS 14.48).

---

205 Vgl. McConnell, P./Pacter, P.: IASC and FASB Proposals, 1995, S. 36; Müller, S./Peskes, M.: Segmentberichterstattung, 2006, S. 819.

206 Ein weiterer Unterschied besteht in der Vergleichsbasis für den Wesentlichkeitstest. Während unter IAS 14.35 die Erträge aller Segmente (*all segments*) – unabhängig von ihrer Ausweispflicht – zu berücksichtigen sind, existiert unter IFRS 8.12 ein **Zirkularitätsproblem**, da die Vergleichsbasis nur auf Grundlage der als operativ eingestuften Segmente (*all operating segments*) ermittelt wird.

Auch der **Umfang der auszuweisenden Segmentinformationen** unterscheidet sich signifikant von IFRS 8, da die Berichtspflichten abhängig von der Berichtsebene sind (*primäres vs. sekundäres Berichtsformat*). Folgende Segmentdaten sind für das **primäre Berichtsformat** – unabhängig davon, ob es sich um eine sektorale oder regionale Segmentierung handelt – offen zu legen (IAS 14.50 ff.):

- Segmentergebnis,
- Segmenterträge mit externen Kunden,
- Intersegmentäre Segmenterträge,
- Planmäßige Abschreibungen und Wertminderungen,
- Andere (wesentliche) nicht zahlungswirksame Aufwendungen,
- Segmentergebnisbeiträge aus at-Equity-bewerteten Beteiligungen,
- Segmentvermögen,
- Buchwerte von at-Equity-bewerteten Beteiligungen,
- Segmentverbindlichkeiten und
- Segmentinvestitionen in langfristige Vermögenswerte.

Für das **sekundäre Berichtsformat** gilt lediglich ein reduzierter Offenlegungsumfang bestehend aus den Segmenterträgen mit externen Kunden, dem Segmentvermögen und den Segmentinvestitionen in langfristige Vermögenswerte (IAS 14.68 ff.).

In Analogie zu IFRS 8 sind zudem **Überleitungsrechnungen** für Segmenterträge und -ergebnis sowie für Segmentvermögen und -verbindlichkeiten auf die korrespondierenden Werte des (Konzern-)Abschlusses zu publizieren (IAS 14.67). Für die Abschlussadressaten ist die Überleitung unter IAS 14 allerdings im Vergleich zu IFRS 8 von geringerer Bedeutung, da sie nicht zur Erläuterung von Differenzen zwischen internem Steuerungs- und Berichtssystem und (Konzern-)Abschluss dient, sondern lediglich das Ergebnis einer i.d.R. unvollständigen Segmentallokation ist.

Als Ergänzung zu den quantitativen Segmentinformationen existieren zudem auch unter IAS 14 **Angabe- und Erläuterungspflichten**, wobei es sich im Wesentlichen um folgende Segmentdaten handelt:

- Zusammensetzung der berichtspflichtigen Segmente (IAS 14.81),
- Grundsätze intersegmentärer Transaktionen (IAS 14.75),
- Änderung der Bilanzierungs- und Bewertungsmethoden (inkl. Angabe und Anpassung der Vorjahreswerte) (IAS 14.76) und
- Unternehmensexterne und -interne Erträge von nicht berichtspflichtigen Segmenten, deren Erträge mit externen Kunden mehr als 10 % der Gesamterträge des Unternehmens beinhalten (IAS 14.74).

Vergleicht man abschließend die auszuweisenden Segmentinformationen unter IAS 14 mit denen des IFRS 8 lässt sich keine eindeutige Aussage hinsichtlich einer Veränderung des Berichtsumfangs als Folge des Rechnungslegungswechsels ableiten.²⁰⁷ Wird die Betrachtung auf die *unbedingten* Berichtspflichten des IFRS 8 beschränkt, bleibt der Umfang der Segmentinformationen nach IFRS 8 signifikant hinter den Bestimmungen des IAS 14 zurück. Werden hingegen auch die *bedingten* Publikationsanforderungen berücksichtigt, könnte der bisherige Berichtsumfang zukünftig deutlich übertroffen werden. Es kann also nicht grundsätzlich von einer Erhöhung oder Verringerung der auszuweisenden Segmentinformationen gesprochen werden. Bisherige empirische Untersuchungen der Publizitätspraxis des fast wortgleichen US-GAAP Pendants SFAS 131 lassen allerdings auf ein deutliches Übertreffen der bedingten Berichtspflichten schließen (siehe auch Kapitel 6).²⁰⁸

5.8 Synoptischer Vergleich der Berichtspflichten nach IFRS 8 und IAS 14

Tab. 5-2 stellt abschließend die wesentlichen Berichtspflichten nach IFRS 8 und IAS 14 tabellarisch gegenüber.

Auszuweisende Segmentinformationen	IFRS 8 Operatives Segment	IAS 14 Primäres Berichtsformat
Auszuweisende Segmenterfolgsgrößen (Kapitel 5.6.1/5.6.2)		
Segmentergebnis	✓ (Tz. 23)	✓ (Tz. 52)
Segmenterträge mit externen Kunden	✓ (1) (Tz. 23a)	✓ (Tz. 51)
Intersegmentäre Erträge	✓ (1) (Tz. 23b)	✓ (Tz. 51)
Planmäßige Abschreibungen und Wertminderungen	✓ (1) (Tz. 23e)	✓ (Tz. 58)
Außerplanmäßige Abschreibungen und Wertaufholungszuschreibungen	✓ (IAS 36.129)	✓ (IAS 36.129)
Andere (wesentliche) nicht zahlungswirksame Posten (außer planmäßige Abschreibungen und Wertminderungen)	✓ (1) (Tz. 23i)	✓ (Tz. 61)
Segmentergebnisbeiträge aus at-Equity-bewerteten Beteiligungen	✓ (1) (Tz. 23g)	✓ (Tz. 64)
Zinsaufwendungen und -erträge (ggf. -ergebnis)⁽⁴⁾	✓ (1) (Tz. 23c,d)	–
Ertragsteuern	✓ (1) (Tz. 23h)	–
Wesentliche Ertrags- und Aufwandsposten (gem. IAS 1.97)	✓ (1) (Tz. 23f)	(Empfehlung Tz. 59)
Auszuweisende Segmentbilanzgrößen (Kapitel 5.6.1/5.6.2)		
Segmentvermögen	✓ (2) (Tz. 23)	✓ (Tz. 55)
Segmentverbindlichkeiten	(✓) (3) (Tz. 23)	✓ (Tz. 56)
Segmentinvestitionen in langfristige Vermögenswerte	✓ (1) (Tz. 24b)	✓ (Tz. 57)
Buchwerte von at-Equity-bewerteten Beteiligungen	✓ (1) (Tz. 24a)	✓ (Tz. 66)

---

207 Vgl. Fink, C./Ulbrich, P.: IFRS 8, 2007, S. 4.
208 Vgl. Beer, M./Deffner, M./Fink, C.: Segmentberichterstattung, 2007, S. 222 ff.; Alvarez, M./Fink, C.: Segmentberichterstattung, S. 278 ff.; Feldkämper, U.: Segmentberichterstattung, 2003, S. 1454 ff.; Hacker, B./Dobler, M.: Segmentpublizität, 2000, S. 815 ff.; Street, D./Nichols, N./Gray, S.: Segment Disclosures, 2000, S. 275 ff.

5 Grundsachverhalte der Segmentberichterstattung

Auszuweisende Segmentinformationen	IFRS 8 Operatives Segment	IAS 14 Primäres Berichtsformat
Überleitungsrechnungen (Kapitel 5.6.3)		
Überleitungsrechnungen (Erträge, Ergebnisgröße, Vermögen, Verbindlichkeiten[2] und sonstige wesentliche Segmentdaten)	✓ (Tz. 28)	✓ (Tz. 67)
Unternehmensweite Angaben (Kapitel 5.6.4)		
	Unternehmensebene	Sekundäres Berichtsformat
Segmenterträge mit externen Kunden (inkl. Erläuterung der geografischen Allokationsgrundlage)	✓ [5] (Tz. 32, 33a)	✓ [6] (Tz. 69a, 70a, 71)
Langfristiges Segmentvermögen	✓ [5] (Tz. 33b)	✓ [6] (Tz. 69b, 70b, 72a)
Existenz wesentlicher Kunden	✓ (Tz. 34)	–
Segmentinvestitionen in langfristige Vermögenswerte	–	✓ [6] (Tz. 69c, 70c, 72b)
Angabe- und Erläuterungspflichten (Kapitel 5.6.5/5.5)		
Allgemeine Informationen		
Bestimmungsfaktoren der Segmentabgrenzung	✓ (Tz. 22a)	–
Zusammensetzung der berichtspflichtigen Segmente	✓ (Tz. 22b)	✓ (Tz. 81)
Bilanzierungs- und Bewertungsmethoden		
Bilanzierungs- und Bewertungsunterschiede zwischen berichtspflichtigen Segmenten und Konzern (Ergebnis, Vermögen, Verbindlichkeiten)	✓ (Tz. 27b-d)	N/A
Änderung der Bilanzierungs- und Bewertungsmethoden	✓ (Tz. 27e)	✓ (Tz. 76)
Effekte aus asymmetrischer Segmentallokation	✓ (Tz. 27f)	N/A
Grundsätze intersegmentärer Transaktionen	✓ (Tz. 27a)	✓ (Tz. 75)
Sonstige Informationen		
Angabe von Vorjahreswerten	✓ (Tz. 21)	✓ (Tz. 76)
Anpassung der Vorjahreswerte bei Durchbrechung der Stetigkeit (z.B. Änderung der internen Organisationsstruktur bzw. Segmentzusammensetzung oder der Bilanzierungs- und Bewertungsmethoden[7])	✓ (Tz. 29, 27e)	✓ (Tz. 76)
Grundlage für Beurteilung der Segmentperformance	✓ (Tz. 23 i.V.m. IFRS 8.IG2)	–
Freiwillige Mehrpublizität (Kapitel 5.6.5)		
Segment Cashflow	(Empfehlung) (IAS 7.50d)	(Empfehlung) (IAS 14.62 i.V.m. IAS 7.50d)

[1] Berichtspflichtig, sofern die Position Bestandteil des intern berichteten Segmentergebnisses bzw. -vermögens ist oder regelmäßig an den Hauptentscheidungsträger berichtet wird.
[2] Auf die Angabe des Segmentvermögens kann in Zukunft verzichtet werden, wenn es dem Hauptentscheidungsträger nicht regelmäßig berichtet wird (IFRS 8.BC35 (rev., Improvements to IFRS 2008), gültig für Geschäftsjahre ab 01.01.2010).
[3] Berichtspflichtig, sofern die Position regelmäßig an den Hauptentscheidungsträger berichtet wird.
[4] Grundsätzlich ist eine Bruttodarstellung erforderlich, falls nicht die Segmentlöse überwiegend aus Zinseinnahmen stammen und zur internen Steuerung eine Nettogröße verwendet wird. Auf einen derartigen Ausweis ist gesondert hinzuweisen (IFRS 8.23).
[5] Berichtspflichtig für Segmenterträge nach Produkten bzw. Dienstleistungen und nach geografischen Regionen sowie für langfristiges Segmentvermögen nach geografischen Regionen. Die Angabe ist allerdings nur verpflichtend, sofern Informationen nicht bereits als Bestandteil der Informationen der berichtspflichtigen operativen Segmente offen gelegt wurden.
[6] Berichtspflichtig entweder für Produkte bzw. Dienstleistungen oder geografische Regionen in Abhängigkeit von der Auswahl der primären Segmentierungsdimension.
[7] Anpassung der Vorjahreswerte bei Änderung der Bilanzierungs- und Bewertungsmethoden implizit aus der Pflicht zur Angabe der Art etwaiger Änderungen der Bewertungsmethoden im Vergleich zu früheren Perioden und ggf. Angabe der Auswirkungen der Änderungen auf die Bewertung des Segmentergebnisses abgeleitet (IFRS 8.27e).

Tab. 5-2: Synoptischer Vergleich der Berichtspflichten nach IFRS 8 und IAS 14

5.9 IFRS 8 in der Publizitätspraxis – Ein „Paradigmenwechsel"?

Vor dem Hintergrund des in der Literatur häufig als „**Paradigmenwechsel**"[209] bezeichneten Rechnungslegungswechsels stellt sich die Frage nach der zukünftigen Ausgestaltung der Segmentpublizität. Wurden bislang vielfach die weit reichenden Ermessens- und Gestaltungsspielräume[210] des *Management Approach* kritisiert, lassen historische Erfahrungen mit der Einführung des Management Approach unter SFAS 131 grundsätzlich positive Effekte vermuten. So zeigen empirische Studien, dass sich nicht nur die Zahl der Unternehmen, die keine Segmentinformationen veröffentlichen, verringert hat, sondern vor allem die Anzahl der berichteten Segmente angestiegen ist.[211] Aus Kapitalmarktsicht wird allerdings nicht nur der gestiegene Umfang an Segmentinformationen als positiv gewertet, sondern auch die höhere Entscheidungsnützlichkeit der intern generierten Segmentdaten.[212] Nach den bisherigen Erkenntnissen aus der US-GAAP Umstellung sollen deshalb im nachfolgenden Kapital die Auswirkungen der Einführung des Management Approach anhand der vorzeitigen IFRS 8-Anwendung untersucht werden. Dabei stehen zwei grundsätzliche Zielsetzungen im Mittelpunkt:

– Zuerst werden die quantitativen und qualitativen Unterschiede in der Publizitätspraxis zwischen IAS 14 und IFRS 8 untersucht und Aussagen zur **Veränderung des Informationsgehalts der Segmentberichterstattungen** abgeleitet. In diesem Zusammenhang gilt es auch die Kongruenz der aktuellen Publizitätspraxis mit den Bestimmungen des IFRS 8 zu beurteilen sowie die freiwillige Publikation weiterer entscheidungsnützlicher Segmentinformationen im Sinne eines *Business Reporting*[213] zu untersuchen.

– Vor dem Hintergrund des Management Approach sollen zudem erste **Rückschlüsse auf die interne Organisationsstruktur sowie das interne Steue-

---

209 Vgl. z.B. Alvarez, M./Büttner, M.: ED 8 Operating Segments, 2006, S. 307; Fink, C./Ulbrich, P.: IFRS 8, 2007, S. 1.
210 Vgl. z.B. Richter, F./Rogler, S.: Segmentberichterstattung, 2009, S. 83; Baetge, J./Haenelt, T.: Segmentberichterstattung, 2008, S. 50; Beer, M./Deffner, M./Fink, C.: Segmentberichterstattung, 2007, S. 232.
211 Zu empirischen Untersuchungen über die Auswirkungen der Umstellung vom *Industry Approach* (SFAS 14) auf den *Management Approach* (SFAS 131) bei nach US-GAAP bilanzierenden Unternehmen vgl. Herrmann, D./Thomas, W.: Segment Disclosures, 2000, S. 300f.; Street, D./Nichols, N./Gray, S.: Segment Disclosures, 2000, S. 281; Haller, A./Permanschlager, D.: Anspruch und Wirklichkeit, 2002, S. 1416f.; Berger, P./Hann, R.: SFAS No. 131, 2003, S. 211f.; Paul, J./Largay J.: Management Approach, 2005, S. 307f.
212 Vgl. Maines, L./McDaniel, L./Harris, M.: Proposed Segment Reporting Standards: S. 22; Berger, P./Hann, R.: SFAS No. 131, 2003, S. 211f.; Ettredge, M. et al.: SFAS No. 131, 2005, S. 801.
213 Zum segmentspezifischen Business Reporting vgl. z.B. Alvarez, M.: Segmentberichterstattung und Segmentanalyse, 2004, S. 181 ff.

rungs- und Berichtswesen gezogen werden. Die zahlreichen *bedingten* Berichtspflichten des IFRS 8 können hierzu erste Indikationen zu steuerungs- und kontrollrelevanten Segmentinformationsposten liefern (z.B. an den Hauptentscheidungsträger berichtete segmentspezifische Erfolgs- und Bilanzgrößen, häufig verwendete Segmentergebnisgrößen etc.). Ebenso sollen auf Grundlage der Wahlmöglichkeit der segmentspezifischen Bilanzierungs- und Bewertungsmethoden Aussagen zum Harmonisierungsgrad von internem und externem Rechnungswesen abgeleitet werden.

6 Empirische Analyse von Segmentberichterstattungen deutscher IFRS 8-Erstanwender

Leitfragen

- Welche quantitativen und qualitativen Unterschiede gehen mit dem Wechsel von IAS 14 und IFRS 8 in der Segmentberichterstattung einher?
- Erfüllen die Erstanwender die regulatorischen Anforderungen des IFRS 8?
- In welchem Umfang werden den Abschlussadressaten zusätzlich freiwillige Segmentinformationen bereitgestellt?
- Welche Rückschlüsse können vor dem Hintergrund des Management Approach auf die segmentspezifische Organisations- und Berichtsstruktur und die damit verbundene interne Finanzberichterstattung von Unternehmen gezogen werden?
- Inwieweit ist die Harmonisierung von internem und externem Rechnungswesen auf Segmentebene fortgeschritten?

6.1 Empirische Datenbasis

Gegenstand der empirischen Studie sind die Segmentberichterstattungen aller im **DAX, MDAX und SDAX notierten Nicht-Finanzunternehmen**, die bislang **vorzeitig** den **Wechsel auf IFRS 8** vollzogen haben.[214] Im Rahmen der Untersuchung wurden die Segmentberichte aus dem Umstellungsjahr jeweils mit den im Vorjahr unter der Norm des IAS 14 publizierten Segmentinformationen verglichen.

---

214 Für die Zusammensetzung der Indizes und die Grundgesamtheit der Jahresabschlüsse wurde der 01.07.2009 als Stichtag gewählt.

	DAX	MDAX	SDAX	Gesamt
Grundgesamtheit DAX-, MDAX- und SDAX- Unternehmen	30	50	50	130
(abzüglich Finanzdienstleister)	(6)	(3)	(4)	(13)
Bereinigte Grundgesamtheit DAX-, MDAX- und SDAX-Unternehmen	24	47	46	117
(abzüglich IAS 14 Anwender)	(11)	(39)	(37)	(87)
Grundgesamtheit IFRS 8-Anwender	13	8	9	30
davon zwei Geschäftsjahre vor Pflichtumstellung				14
davon ein Geschäftsjahr vor Pflichtumstellung				16

Tab. 6-1: Grundgesamtheit der Untersuchung

Ausgehend von den 130 Unternehmen der drei Kapitalmarktsegmente wurde zuerst die Grundgesamtheit um 13 Finanzdienstleister bereinigt, da für den Finanzsektor spezifische Bestimmungen zur disaggregierten Berichterstattung existieren (vgl. Tab. 6-1).[215] Im nächsten Schritt erfolgte die Identifizierung der bereits nach IFRS 8 bilanzierenden Unternehmen aus der bereinigten Grundgesamtheit von 117 Unternehmen. Die Untersuchung zeigt, dass bislang erst 30 Unternehmen (26% der bereinigten Grundgesamtheit) vorzeitig die Umstellung zum Management Approach vollzogen haben.[216] Tab. 6-2 führt jene Unternehmen auf, die in die Untersuchung einbezogen worden sind.

DAX	MDAX	SDAX
Beiersdorf AG	Bauer AG	Axel Springer AG
BMW AG	Bilfinger Berger AG	GfK AG
Daimler AG	Fielmann AG	Homag Group AG
Deutsche Telekom AG	GEA Group AG	VBH Holding AG
E.ON AG	Hugo Boss AG	KWS Saat AG
Fresenius Medical Care AG & Co. KGaA	ProSiebenSat.1 Media AG	SKW Stahl-Metallurgie Holding AG
Fresenius SE	Rheinmetall AG	TAG AG
Henkel KGaA	Südzucker AG	Tipp 24 AG
Linde AG		VTG AG
RWE AG		
Salzgitter AG		
SAP AG		
Siemens AG		

Tab. 6-2: Umfang und Zuordnung der ausgewerteten Unternehmen

---

215 Dabei handelt es sich um sechs Kreditinstitute, drei Versicherungsunternehmen sowie vier sonstige Finanzdienstleister. Zur bankspezifischen Umsetzungsthematik des IFRS 8 vgl. Krakuhn, J./Schüz, P./Weigel, W., Kreditinstitute, 2008, S. 287ff.
216 Wie in IFRS 8.35 gefordert, weisen alle Erstanwender explizit auf den Wechsel zu IFRS 8 hin.

Mit 13 DAX-, 8 MDAX- und 9 SDAX-Unternehmen unter der Gruppe der Erstanwender fällt auf, dass am häufigsten **„Blue Chip"-Unternehmen** von der freiwilligen Wechselmöglichkeit Gebrauch gemacht haben. Auf eine Branchenclusterung wird angesichts der relativ geringen Größe der Grundgesamtheit und der damit verbundenen limitierten zusätzlichen Erkenntniskraft verzichtet.

Auffällig ist, dass annähernd jedes zweite Unternehmen den Rechnungslegungswechsel bereits im Geschäftsjahr 2007 und somit zum frühst möglichen Zeitpunkt durchgeführt hat.[217] Die frühere Anwendung liegt teilweise in der Tatsache begründet liegen, dass fünf Probanden ihren Konzernabschluss – unter Nutzung der Ausnahmeregelung des Art. 9 der IAS-Verordnung – vor dem 01.01.2007 noch nach US-GAAP veröffentlicht haben. Da die Segmentberichterstattung nach SFAS 131 bereits dem Management Approach zugrunde liegt, war mit dem direkten Wechsel zu IFRS 8 kaum Anpassungsbedarf für die bilanzierenden Unternehmen verbunden. Folglich existieren für die Auswertung unter IAS 14 nur 24[218] Segmentberichte aus dem Vorjahr.

Zur Datenerhebung wurde eine **Inhaltsanalyse** durchgeführt, die sich auf die Bereiche **Stellung bzw. Umfang der Segmentberichte**, **Ausgestaltung der berichtspflichtigen Segmente** sowie **Ausgestaltung der auszuweisenden Segmentinformationen** erstreckt. Die zu erhebenden Kriterien sind das Ergebnis der Bestimmungen des IFRS 8 bzw. des IAS 14 sowie im Rahmen eines Pretests gewonnener Erkenntnisse. Alle analysierten Daten befinden sich zudem in einem für die Segmentberichterstattung gesondert ausgewiesenen Abschnitt im geprüften Teil des Geschäftsberichts. Segmentinformationen aus dem Lagebericht sind nicht Bestandteil der nachfolgenden Untersuchung.

6.2 Stellung bzw. Umfang der Segmentberichterstattung im Geschäftsbericht

Zuerst gilt es die **Stellung der Segmentberichterstattung** innerhalb des Geschäftsberichts zu untersuchen. Gemäß IFRS 8.2 bzw. IAS 14.1 ist der Segmentbericht ein integraler Bestandteil des (Konzern-)Abschlusses. Zur Bestimmung des Ausweisortes findet sich in den IFRS jedoch keine explizite Angabe. Nach h.M. ist der Segmentbericht allerdings kein eigener IFRS-Berichtsbestandteil sondern als Bestandteil des (Konzern-)Abschlusses innerhalb des Anhangs darzustellen (vgl. Kapitel 5.3). Unabhängig vom Rechnungslegungsstandard sind in allen untersuchten Jahresabschlüssen die Erläuterungen zum Segmentbericht dementsprechend Bestandteil der Anhangangaben. Interessanterweise wird

---

217 Da IFRS 8 bereits im November 2006 verabschiedet wurde, bestand für Unternehmen schon im Rahmen des Jahresabschlusses 2007 die Möglichkeit zur vorzeitigen Anwendung der neuen Bestimmungen.

218 Homag publiziert als einziger IAS 14 Anwender keine Segmentberichterstattung. Vgl. Konzerngeschäftsbericht Homag AG 2006, S. 78ff.

jedoch der Segmentbericht als solcher von 43% der IFRS 8-Erstanwender (IAS 14: 44%) nicht zusammen mit den korrespondierenden Erläuterungen im Anhang publiziert sondern gesondert vor dem Anhang. Die unmittelbare Einordnung nach Bilanz, GuV sowie Kapitalflussrechnung unterstreicht die zentrale Bedeutung des Segmentberichts als Informationsinstrument für Eigen- und Fremdkapitalgeber.

Weiterhin wurde untersucht, welchen **quantitativen Umfang** die geprüften Segmentinformationen innerhalb des Jahresabschlusses einnehmen. Umfasst der durchschnittliche Segmentbericht unter IAS 14 3,5 Seiten, so ist unter IFRS 8 mit 3,9 Seiten ein Anstieg von rd. 10% zu verzeichnen. In Relation zum gesamten Umfang des Jahresabschlusses ist jedoch keine Erhöhung der Segmentpublizität zu beobachten (IFRS 8: 5,5% vs. IAS 14: 5,8%). Ein Vergleich der Standardabweichung von 2,0 Seiten unter IFRS 8 mit 1,8 Seiten unter IAS 14 signalisiert allerdings eine höhere Volatilität des Segmentumfangs unter IFRS 8, welche mit den dem Management Approach zugrunde liegenden umfangreichen Ermessens- und Gestaltungsspielräumen begründet werden kann.

6.3 Ausgestaltung der berichtspflichtigen Segmente

Im Rahmen der Bestimmung berichtspflichtiger Segmente gilt es die **Art der Segmentierung** sowie die **Anzahl der berichteten Segmente** zu untersuchen. Die Betrachtung der Segmentierungsdimensionen zeigt, dass mit dem Rechnungslegungswechsel zu IFRS 8 keine wesentlichen Änderungen einhergehen (vgl. Tab. 6-3). Unter dem Risk and Reward Approach haben auf der **primären Berichtsebene** 88% der Probanden ihre Segmente nach sektoralen Kriterien abgegrenzt. Auch nach dem Wechsel berichten immerhin noch 77% der Unternehmen ihre operativen Segmente anhand von Produkten bzw. Dienstleistungen. Eine Neuerung ist jedoch, dass im Zuge der sektoralen Segmentierung bei 13% der Unternehmen ausgewählte Geschäftsbereiche zusätzlich noch einmal geografisch untergliedert werden.[219] Auf der **„sekundären" Berichtsebene** erfolgt – mit Ausnahme der kundenbezogenen Segmentierung von Fielmann[220] unter IAS 14 – durchweg eine regionale Segmentabgrenzung. Alternative Kriterien wie z.B. Kunden, rechtliche Einheiten etc. kommen in der internen Organisations- und Berichtsstruktur von Unternehmen nicht systematisch zur Anwendung.

---

[219] Die Deutsche Telekom unterteilt beispielsweise die Geschäftsaktivitäten „Mobilfunk" in zwei operative Segmente „Mobilfunk Europa" und „Mobilfunk USA". Vgl. Konzerngeschäftsbericht Deutsche Telekom AG 2007, S. 169.

[220] Vgl. Konzerngeschäftsbericht Fielmann AG 2007, S. 47.

6.3 Ausgestaltung der berichtspflichtigen Segmente

Rechnungslegungsstandard	IFRS 8		IAS 14	
	Absolut	Relativ	Absolut	Relativ
Anzahl Probanden	30		24	
Primäre bzw. Operative Berichtsebene				
Sektorale Segmentierung	23	77%	21	88%
davon zusätzlich mit regionaler Segmentierung	4	13%	0	0%
Regionale Segmentierung	6	20%	3	12%
Sonstige Segmentierung	1	3%	0	0%
Sekundäre Berichtsebene				
Sektorale Segmentierung	0	0%	0	0%
Regionale Segmentierung	24	80%	19	79%
Sonstige Segmentierung	0	0%	1	4%
Keine sekundäre Berichtsebene	6	20%	4	17%

Tab. 6-3: Analyse der Art der Segmentierung

Die überwiegende Beibehaltung beider Segmentierungsdimensionen im Zuge des Rechnungslegungswechsels signalisiert, dass auch zur unternehmensinternen Steuerung die Auswahl der Segmentierungskriterien nach den Maßstäben Risiken und Chancen erfolgt. Dies wiederum impliziert einen Rückgriff auf den **Risk and Reward Approach**. Gleichzeitig zeigt das Ergebnis, dass das durch die hohen Ermessens- und Gestaltungsspielräume existierende Potenzial für bilanzpolitisch motivierte Segmentabgrenzungen[221] in der Publizitätspraxis des IFRS 8 bisher nicht ausgenutzt wurde.

Zur Analyse der Anzahl der berichteten Segmente wurden nachfolgend ausschließlich operative Segmente (IFRS 8) bzw. primäre/sekundäre Segmente (IAS 14) berücksichtigt. Sammelsegmente (*all other segments*), wie z.B. „Sonstiges / Corporate", wurden bei der Auswertung nicht als eigenständige Segmente gewertet, da diese i.d.R. nur der rechnerischen Überleitung von der Segmentsumme auf den (Konzern-)Abschluss dienen.

	Segmentanzahl	2	3	4	5	6	7	8	9	10	>10	Σ	ø	s	x_{mod}
IFRS 8	DAX	2	3	3	3	1	0	0	0	0	1	13	4,4	2,57	3
	MDAX	1	4	3	0	0	0	0	0	0	0	8	3,3	0,71	3
	SDAX	2	3	3	0	1	0	0	0	0	0	9	3,4	1,24	4
	Gesamt	5	10	9	3	2	0	0	0	0	1	30	3,8	1,90	3
IAS 14	DAX	2	2	4	0	0	0	0	0	0	0	8	3,3	0,89	4
	MDAX	3	4	1	0	0	0	0	0	0	0	8	2,8	0,71	3
	SDAX	1	4	1	2	0	0	0	0	0	0	8	3,5	1,30	3
	Gesamt	6	10	6	2	0	0	0	0	0	0	24	3,2	1,00	3

Σ = Summe der Segmente; ø = Arithmetischer Mittelwert; s = Standardabweichung; x_{mod} = Modus

Tab. 6-4: Segmentanzahl operative bzw. primäre Berichtsebene

---

221 Vgl. Richter, F./Rogler, S.: Segmentberichterstattung, 2009, S. 76.

Tab. 6-4 zeigt, dass der Wechsel zu IFRS 8 mit einem **Anstieg an berichteten Segmenten** einhergeht. Wurden unter IAS 14 durchschnittlich 3,2 primäre Segmente (Modalwert: 3) offen gelegt, so existieren unter dem Management Approach 3,8 operative Segmente (Modalwert: 3).[222] Die Anzahl der berichtspflichtigen Segmente unter IFRS 8 liegt innerhalb einer Bandbreite von zwei bis elf Segmenten, wobei die höchste Differenzierung bei Siemens[223] zu finden ist. Folgt man den empirischen Ergebnissen, liegen dem erhöhten Detaillierungsgrad grundsätzlich zwei Ursachen zugrunde:

- **M&A-Aktivitäten:** Akquisitionen von Unternehmen bzw. Geschäftsbereichen führen zu einer größeren Diversifikation der Geschäftsaktivitäten und somit zu einer erhöhten Segmentanzahl.
- **Rechnungslegungswechsel:** Die durch die Einführung des Management Approach bedingte Offenlegung der internen Organisations- und Berichtsstruktur als auch von IAS 14 abweichende Bestimmungen zur Segmentabgrenzung führen zu einer höheren Segmentdifferenzierung. Letzteres betrifft insbesondere[224] die Forderung, dass zur Beurteilung der Segmenthomogenität die zusammengefassten Geschäftsaktivitäten nun in *jedem* der Aggregationskriterien Ähnlichkeiten aufweisen müssen (IFRS 8.12).[225]

Aufgrund der geringen Größe der Grundgesamtheit lassen sich an dieser Stelle noch keine nachhaltigen empirischen Aussagen über die Ursache(n) des erhöhten Segmentierungsgrads treffen. Die Anpassungspflicht von Vorjahreswerten bei Durchbrechung des Stetigkeitsprinzips zeigt jedoch, dass 38% der Unternehmen M&A-Aktivitäten als Grund angeben, während 69% auf den Wechsel zum Management Approach bzw. eine nicht akquisitionsbedingte Veränderung der internen Organisations- und Berichtsstruktur verweisen. Da M&A-Aktivitäten allerdings auch Verkäufe einzelner Geschäftsbereiche beinhalten und somit ebenso zu einer verringerten Unternehmensdiversifikation führen können, sollte die Ursache grundsätzlich im Rechnungslegungswechsel zu finden sein. Folgt man der Hypothese, dass auch IFRS 8-Anwender ihre interne Organisations- und Berichtsstruktur anhand des Risiko- und Chancenprofils der Geschäftsaktivitäten aufstellen, kann aus dem erhöhten Differenzierungsgrad geschlussfolgert werden, dass IAS 14-Anwender historisch versucht haben, durch Segmentaggregation die

---

222 Zu ähnlichen Ergebnissen kommen auch Beer/Deffner/Fink im Rahmen einer Gegenüberstellung von deutschen IAS 14 und SFAS 131 Anwendern im Geschäftsjahr 2005. Vgl. Beer, M./ Deffner, M./Fink, C.: Segmentberichterstattung, 2007, S. 221f.
223 Vgl. Konzerngeschäftsbericht Siemens AG 2007, S. 224f. Zur Vermeidung der Informationsüberlastung des Abschlussadressaten empfiehlt IFRS 8.19 jedoch höchstens zehn operative Segmente darzustellen.
224 Darüber hinaus besteht die Möglichkeit durch die freie Wahl der Segmentergebnisgrößen im Zuge des „Operating Profit and Loss Test" (IFRS 8.13b) eine von IAS 14 abweichende Segmentierung zu erreichen.
225 Das IASB argumentiert, dass nur so einer der wesentlichen Kritikpunkte des Vorgängerstandards SFAS 14, dass zu wenig Segmente ausgewiesen werden, verhindert werden konnte (Vgl. IFRS 8.BC74).

Performance einzelner Geschäftsaktivitäten zu verschleiern.[226] Diese Art der **„Bilanzpolitik"** würde ceteris paribus unter IFRS 8 aufgrund der Offenlegungspflicht der internen Organisations- und Berichtsstruktur bzw. den teilweise erhöhten Anforderungen zur Segmentabgrenzung „aufgedeckt" werden.

Unter dem Management Approach werden zudem **Unterschiede zwischen den einzelnen Kapitalmarktsegmenten** deutlich. Beispielsweise berichten DAX-Unternehmen mit durchschnittlich 4,4 Geschäftsbereichen mehr Segmente aus als MDAX bzw. SDAX-Unternehmen mit 3,3 bzw. 3,4 Segmenten. Das Ergebnis signalisiert, dass die Anzahl der publizierten Geschäftsbereiche mit zunehmender Unternehmensgröße positiv korreliert ist. Vor dem Hintergrund einer erhöhten Unternehmenskomplexität bei ansteigender Unternehmensgröße erscheint die Notwendigkeit einer größeren Anzahl an Segmenten zur internen Steuerung auch als plausibel.

	Segmentanzahl	2	3	4	5	6	7	8	9	10	>10	Σ	ø	s	x_{mod}
IFRS 8	DAX	2	2	2	3	4	0	0	0	0	0	13	4,4	1,50	6
	MDAX	1	0	2	1	1	0	0	0	0	0	5	4,2	1,48	4
	SDAX	2	0	1	1	1	1	0	0	0	0	6	4,3	2,07	2
	Gesamt	5	2	5	5	6	1	0	0	0	0	24	4,3	1,58	6
IAS 14	DAX	0	2	2	3	1	0	0	0	0	0	8	4,4	1,06	5
	MDAX	1	1	1	2	1	0	0	0	0	0	6	4,2	1,47	5
	SDAX	3	0	1	0	1	0	0	0	0	0	5	3,2	1,79	2
	Gesamt	4	3	4	5	3	0	0	0	0	0	19	4,0	1,41	5

Σ = Summe der Segmente; ø = Arithmetischer Mittelwert; s = Standardabweichung; x_{mod} = Modus

Tab. 6-5: Segmentanzahl „sekundäre" Berichtsebene

Die Tab. 6-5 zeigt, dass der Trend zum erhöhten Detaillierungsgrad sich auch auf der sekundären und i.d.R. nach geografischen Aktivitäten gegliederten Berichtsebene mit durchschnittlich 4,3 Segmenten unter IFRS 8 widerspiegelt (IAS 14: 4,0 Segmente) (Modalwert: 6 bzw. 5). Die Anzahl der publizierten Segmente nach Regionen liegt zwischen zwei und sieben, wobei Salzgitter[227] beispielsweise das Minimum und Homag[228] das Maximum bilden.

In Bezug auf die **Segmentanzahl** kann festgehalten werden, dass unter dem Management Approach die interne Steuerung von Unternehmen auf beiden Berichtsebenen anhand einer leicht differenzierteren Segmentstruktur erfolgt. Die

---

226 So kommen bereits Berger/Hann, Street/Nichols und Harris im Rahmen einer empirischen Studie von Segmentberichten nach SFAS 14 bzw. IAS 14 und SFAS 131 zu dem Ergebnis, dass in der Vergangenheit durch Segmentaggregation „abnormal returns" versteckt wurden. Vgl. Berger, P./Hann, R.: Segment Profitability, 2007, S. 902; Nichols, N./Street, D.: Competition and Business Segment Reporting, 2007, S. 66f.; Harris, M.: Business Segment, 1998, S. 126.
227 Salzgitter führt lediglich eine regionale Segmentierung nach Inland und Drittländern durch. Nach IFRS 8.13 i.V.m. IFRS 8.33 erfordert der hohe Anteil an Auslandsumsätzen (52% in 2007) jedoch eine erhöhte Segmentdetaillierung. Vgl. Konzerngeschäftsbericht Salzgitter AG 2007, S. 286.
228 Vgl. Konzerngeschäftsbericht Homag AG 2007, S. 73.

genauen Ursachen dafür müssen jedoch zukünftig noch weiter analysiert werden. Grundsätzlich hält sich der Zugewinn an Informationen durch den Wechsel zu IFRS 8 jedoch in Grenzen, so dass keine Informationsüberlastung (*information overload*) der Abschlussadressaten befürchtet werden muss.

6.4 Ausgestaltung der auszuweisenden Segmentinformationen

6.4.1 Auszuweisende Segmenterfolgsgrößen

IFRS 8 und IAS 14 fordern beide die Publikation ausgewählter Größen der Gewinn- und Verlustrechnung. Als zentrales Segmentierungsobjekt ist die Angabe der **Segmentergebnisgröße** zu nennen. Dabei handelt es sich um die einzige unbedingte Berichtspflicht unter beiden Rechnungslegungsstandards. Erwartungsgemäß folgen alle Probanden der Offenlegungspflicht (vgl. Tab. 6-6).

Rechnungslegungsstandard	IFRS 8				IAS 14			
Marktsegment	DAX	MDAX	SDAX	Gesamt	DAX	MDAX	SDAX	Gesamt
Anzahl Probanden	13	8	9	30	8	8	8	24
Segmentergebnis	100%	100%	100%	100%	100%	100%	100%	100%
Segmenterträge mit externen Kunden	100%	100%	100%	100%	100%	100%	100%	100%
Intersegmentäre Erträge	77%	88%	89%	83%	75%	75%	88%	79%
Planmäßige Abschreibungen und Wertminderungen	92%	100%	89%	93%	100%	100%	100%	100%
Andere (wesentliche) nicht zahlungswirksame Posten (außer planmäßige Abschreibungen)	62%	63%	44%	57%	63%	63%	75%	67%
Segmentergebnisbeiträge aus at-Equity-bewerteten Beteiligungen	62%	88%	56%	67%	88%	88%	63%	79%
Zinsaufwendungen und -erträge (ggf. -ergebnis)	23%	50%	44%	37%	63%	38%	38%	46%
Ertragssteuern	23%	38%	11%	23%	25%	13%	13%	17%
Wesentliche Ertrags- und Aufwandsposten (gem. IAS 1.97)	54%	75%	56%	60%	75%	38%	63%	58%

Tab. 6-6: Analyse der auszuweisenden Segmenterfolgsgrößen[229]

Tab. 6-7 zeigt, dass unter dem Management Approach 67 % aller Unternehmen als Segmentergebnisgröße und somit zur internen Steuerung und Berichterstattung[230] eine **EBIT-Größe** verwenden, jeweils 23 % eine EBITDA-Größe, 20 % eine EBT-Kennzahl, 7 % ein Deckungsbeitrag oder Erträge, sowie jeweils 3 % EBITA oder sonstige Größen (z.B. Produktionsleistung).[231] Trotz des geringen

---

229 Grau gekennzeichnete Segmentinformationen sind unter IAS 14 nicht berichtspflichtig.
230 Fehlt die explizite Angabe der Segmentergebnisgröße(n) bzw. ist auch eine Ableitung aus wertorientierten Kennzahlen nicht möglich, wird auf die Angaben zur internen Steuerung auf Unternehmensebene zurückgegriffen.
231 Werden im internen Steuerungs- und Berichtswesen unterschiedliche Segmentergebnisgrößen verwendet und an die zentrale Unternehmensleitung berichtet, ist nach IFRS 8.26 diejenige berichtspflichtig, die am ehesten mit dem (Konzern-)Abschlusses konsistent ist. Aus diesem Grund sind in der Auswertung kalkulatorische und unternehmensspezifisch angepasste Ergebnisgrößen tendenziell geringer repräsentiert als sie im internen Berichtswesen zur Anwendung kommen.

Umfangs der Grundgesamtheit reflektieren auch andere Untersuchungen den im Rahmen der IFRS 8-Erstanwendung gewonnenen Eindruck, wonach es sich beim EBIT um die am häufigsten verwendete Segmentergebnisgröße handelt.[232]

Rechnungslegungsstandard	IFRS 8				IAS 14			
Marktsegment	DAX	MDAX	SDAX	Gesamt	DAX	MDAX	SDAX	Gesamt
Anzahl Probanden	13	8	9	30	8	8	8	24
Erträge	0%	8%	8%	7%	0%	0%	0%	0%
Deckungsbeitrag	8%	0%	11%	7%	0%	0%	13%	4%
EBITDA	15%	25%	33%	23%	13%	13%	13%	13%
EBITA	0%	0%	11%	3%	0%	13%	13%	8%
EBIT	77%	63%	56%	67%	88%	50%	63%	67%
EBT	8%	38%	22%	20%	13%	13%	25%	17%
Sonstige	0%	0%	11%	3%	0%	0%	0%	4%

Tab. 6-7: Analyse der Segmentergebnisgrößen[233]

Im Gegensatz zur Segmentergebnisgröße sind **Segmenterträge mit externen Kunden** sowie intersegmentäre Erträge nur nach IAS 14 berichtspflichtig. Dennoch ist auch unter der bedingten Berichtspflicht des IFRS 8.23 stets eine Publikation der externen segmentspezifischen Erträge zu beobachten. Die Erträge zwischen den unterschiedlichen Segmenten berichten vier von fünf Unternehmen an den Hauptentscheidungsträger. Die Angabe der **intersegmentären Erträge** ist für die Abschlussadressaten insoweit von Bedeutung, als dass diese zur Beurteilung des Grades der wirtschaftlichen Verflechtung der Segmente sowie potenzieller Quersubventionen herangezogen werden kann.[234] Eine Offenlegung mit welchem Segment der Ertrag erzielt wurde, war jedoch in keinem Fall zu beobachten.[235]

Bei einer weiteren zentralen Segmentkennzahl handelt es sich um den **Segment Cashflow**. Erfolgt keine freiwillige Publikation der segmentbasierten Kapitalflüsse, so kann zumindest der Cashflow aus laufender Geschäftstätigkeit indirekt hergeleitet werden, da er durch den **EBITDA approximiert** wird.[236] Zur näherungsweisen Herleitung sind zum EBIT die zahlungsunwirksamen Aufwendungen und Erträge zu addieren, welche – folgt man der Systematik der beiden Segmentberichterstattungsstandards – sich wiederum aus den **planmäßigen Abschreibungen und Wertminderungen** einerseits sowie den **anderen nicht**

---

232 Vgl. Blase, S./Müller, S.: Segmentberichterstattung, 2009, S. 540f.; Wagenhofer, A.: Konvergenz, 2008, S. 169; Kajüter, P./Barth, D.: IFRS 8, 2007, S. 430; Alvarez, M./Fink, C.: Segmentberichterstattung, 2003, S. 279; Haller, A./Permanschlager, D.: Anspruch und Wirklichkeit, 2002, S. 1415.
233 Mehrfachnennungen möglich.
234 Vgl. Hacker, B./Dobler, M.: Segmentpublizität, 2000, S. 815; Haller, A./Park, P.: Grundsätze, 1994, S. 516.
235 Haller/Park sehen bei stark diversifizierten Unternehmen eine solche Publikation auch nicht als „vernünftige und praktikable Lösung" an aufgrund der Gefahr der Informationsüberlastung des Abschlussadressaten. Haller, A./Park, P.: Grundsätze, 1994, S. 516.
236 Vgl. hierzu z.B. Coenenberg, A.: Jahresabschluss, 2005, S. 1014f.

zahlungswirksamen Posten[237] andererseits zusammensetzen. Die planmäßigen Abschreibungen und Wertminderungen werden – mit Ausnahme von SAP und TAG Immobilien[238] unter IFRS 8 – von allen Probanden publiziert. In Bezug auf die zahlungsunwirksamen Posten besteht lediglich die Pflicht zur Offenlegung wesentlicher Posten, welcher noch 67% der IAS 14-Anwender nachkommen, aber nur 57% der Unternehmen unter dem Management Approach.[239] Neben der verringerten Berichterstattung ist jedoch insbesondere die unzureichende Transparenz hinsichtlich der Bestandteile der zahlungsunwirksamen Posten zu kritisieren. Eine gesonderte Identifizierung bzw. Erläuterung der Bestandteile der zahlungsunwirksamen Aufwendungen und Erträge fehlt häufig. So bieten zahlreiche Unternehmen beispielsweise nur eine aggregierte Darstellung von Abschreibungen anstelle des geforderten einzelnen Ausweises von planmäßigen und außerplanmäßigen Posten.[240] Somit wird die Approximation des operativen Cashflows durch die Summe von EBIT und zahlungsunwirksamen Posten für den externen Finanzanalysten erschwert. Dieses Ergebnis kann jedoch relativiert werden, falls eine freiwillige Publizität der Segment Cashflows erfolgt (siehe Kapitel 6.4.6).

Die **Segmentergebnisbeiträge aus at-Equity-bewerteten Beteiligungen** werden – obwohl zwingend berichtspflichtig nach IAS 14.64 – nur in 79% aller Fälle publiziert.[241] Unter der *bedingten* Offenlegungspflicht des Management Approach existiert die Berichterstattung noch bei 67% der Unternehmen. Das **Zinsergebnis** hingegen wird unter IFRS 8 nur noch von jedem dritten Probanden berichtet.[242] Dieses Ergebnis geht einher mit der Beobachtung, dass als Segmentergebnisgrößen überwiegend Kennzahlen vor Zinsergebnis zur Anwendung kommen. Auch die geringe Publikation von **Ertragsteuern** auf Segmentebene (23%) sollte nicht überraschen, da die Steuerpolitik sich auf rechtliche Einheiten bezieht und als zentrale Unternehmensaufgabe vom Segmentmanagement häufig nicht oder kaum beeinflussbar ist.[243]

---

237 Bei den wesentlichen Bestandteilen der zahlungsunwirksamen Posten handelt es sich um außerplanmäßige Abschreibungen bzw. Wertaufholungszuschreibungen sowie Zuführungen bzw. Auflösungen von Rückstellungen.

238 Vgl. Konzerngeschäftsbericht SAP AG 2007, S. 135; Konzerngeschäftsbericht TAG Immobilien AG 2008, S. 71.

239 Dem Management Approach folgend ist die Interpretation des Wesentlichkeitsbegriffs (→*materiality*-Grundsatz) eine Entscheidung, die im (subjektiven) Verantwortungsbereich der Unternehmensleitung liegt. Aus diesem Grund wurde in der nachfolgenden Auswertung die Annahme getroffen, dass jegliche Existenz von außerplanmäßigen Abschreiben bzw. Wertaufholungszuschreibungen sowie Zuführung bzw. Auflösung von Rückstellungen die Publikationspflicht erfüllt.

240 Vgl. IAS 36.129 zur Berichtspflicht von außerplanmäßigen Abschreibungen und Wertaufholungszuschreibungen.

241 Besitzt ein Unternehmen der Grundgesamtheit keine at-Equity-Beteiligungen, wird dies als Erfüllung der Offenlegungspflicht gewertet.

242 Der geforderten gesonderten Publikation von segmentspezifischem Zinsaufwand und -ertrag kommen unter IFRS 8 91% der Unternehmen nach (IAS 14: 36%).

243 Zu diesem Ergebnis kommen auch Blase, S./Müller, S.: Segmentberichterstattung, 2009, S. 542.

Wesentliche Ertrags- und Aufwandsposten (gem. IAS 1.97) werden unter IFRS 8 von 60% der Unternehmen (IAS 14: 58%) offen gelegt. Auffällig ist, dass es sich bei den wesentlichen Ertrags- und Aufwandsposten überwiegend um außerplanmäßige Abschreibungen handelt, dessen Publikation für Unternehmen bereits nach IAS 36.129 verpflichtend ist. Andere in IAS 1.98 exemplarisch, aber nicht abschließend aufgezählte Posten werden nur selten separat publiziert bzw. teilweise überhaupt nicht (wie z.B. Restrukturierungsaufwendungen oder die Auflösung von Rückstellungen). Inwieweit eine nachhaltige unternehmensinterne Steuerung und Kontrolle ohne die Berichterstattung der wesentlichen Ertrags- und Aufwandsposten an den Hauptentscheidungsträger erfolgen kann, muss jedoch kritisch hinterfragt werden. Es ist deshalb anzunehmen, dass das geringe Publikationsniveau vielmehr ein Ergebnis des breiten Interpretationsspielraums des **Wesentlichkeitsbegriffs** ist und somit potenziell abhängig von bilanzpolitisch motivierten Entscheidungen.

6.4.2 Auszuweisende Segmentbilanzgrößen

Die Analyse der segmentspezifischen Bilanzinformationen zeigt, dass der (noch) *unbedingten* Berichtspflicht des **Segmentvermögens**[244] unter beiden Standards fast vollständig nachgekommen wird (vgl. Tab. 6-8). Ausnahmen bilden lediglich die Unternehmen GfK, Rheinmetall und SAP.[245] Letzteres Unternehmen begründet als einziges die nicht vorhandene Publikation segmentspezifischer Vermögenswerte mit der fehlenden Berichterstattung an den Unternehmensvorstand in seiner Funktion als Hauptentscheidungsträger.[246] In Bezug auf die Offenlegung von **Segmentinvestitionen** zeigt die Untersuchung ein vergleichbares Ergebnis.

Rechnungslegungsstandard	IFRS 8				IAS 14			
Marktsegment	DAX	MDAX	SDAX	Gesamt	DAX	MDAX	SDAX	Gesamt
Anzahl Probanden	13	8	9	30	8	8	8	24
Segmentvermögen	92%	88%	89%	**90%**	100%	100%	100%	**100%**
Segmentverbindlichkeiten	62%	75%	78%	**70%**	100%	100%	100%	**100%**
Segmentinvestitionen in langfristige Vermögenswerte	92%	100%	67%	**87%**	100%	100%	100%	**100%**
Buchwerte von at-Equity-bewerteten Beteiligungen	54%	50%	44%	**60%**	63%	50%	75%	**75%**

Tab. 6-8: Analyse der auszuweisenden Segmentbilanzgrößen

---

244 Auf die Angabe des Segmentvermögens kann für Geschäftsjahre, die ab dem 01.01.2010 beginnen, verzichtet werden, sofern es dem Hauptentscheidungsträger nicht berichtet wird (IFRS 8.BC35 (rev. Improvements to IFRS 2008)).
245 Vgl. Konzerngeschäftsbericht GfK SE 2008, S. 128ff.; Konzerngeschäftsbericht Rheinmetall AG 2008, S. 62f.; Konzerngeschäftsbericht SAP AG 2007, S. 136.
246 Vgl. Konzerngeschäftsbericht SAP AG 2007, S. 136.

Segmentverbindlichkeiten hingegen, die im Gegensatz zu IAS 14 nicht mehr berichtspflichtig sind, geben unter IFRS 8 nur noch 70 % aller Probanden an. Zur Beurteilung der Segmentperformance durch Eigen- und Fremdkapitalgeber ist jedoch die Allokation der finanziellen Ressourcen von großer Bedeutung, da den finanziellen Verbindlichkeiten häufig betriebliche Ursachen zugrunde liegen.[247] Die Zuordnung der (Netto-)Finanzverbindlichkeiten zu den operativen Segmenten ist neben der segmentspezifischen Finanzierungsanalyse insbesondere im Rahmen einer wertorientierten Unternehmenssteuerung zur Ermittlung des Netto-Unternehmenswerts erforderlich.[248] Mehr als zwei Drittel aller Unternehmen greifen demnach zur internen Segmentsteuerung auf die Verbindlichkeiten zurück. Vor dem Hintergrund, dass allerdings nur 37 % der Erstanwender ihren Zinsaufwand publizieren, existiert hier ein offensichtlicher Mismatch. Es liegt nahe, dass für diese Diskrepanz bilanzpolitische Motive der Unternehmensleitung ursächlich sind, da externe Abschlussadressaten ohne den Zinsaufwand segmentspezifische Liquiditätskennzahlen wie z.B. das *Interest-Coverage-Ratio*[249] nicht ermitteln können.

Buchwerte von at-Equity-bewerteten Beteiligungen werden noch von annähernd zwei Drittel der untersuchten Unternehmen berichtet.[250] Setzt man die Ergebnisbeiträge aus Equity-Beteiligungen ins Verhältnis zu den korrespondierenden Buchwerten, kann die *Equity-Segmentrentabilität* ermittelt werden.[251] Aufgrund der möglichen Aggregation heterogener Beteiligungen in dieser Position stellt sich zunächst die Frage, ob diese Kennzahl für den Hauptentscheidungsträger zur Unternehmenssteuerung von Bedeutung ist. Allerdings kann davon ausgegangen werden, dass i.d.R. im Rahmen eines Beteiligungscontrollings die Performance der wesentlichen assoziierten Unternehmen regelmäßig und beteiligungsindividuell an den Hauptentscheidungsträger berichtet wird und somit als aggregierter Posten auch unter dem Management Approach berichtspflichtig ist.

6.4.3 Überleitungsrechnungen

Die aus dem Management Approach resultierende **Differenz zwischen interner und externer Abbildungsnorm** erschwert den Abschlussadressaten die Interpretation der Segmentinformationen. Aus diesem Grund verlangt IFRS 8 detaillierte

---

247 Vgl. Müller, S.: Management-Rechnungswesen, 2003, S. 186f.
248 Vgl. hierzu z.B. Alvarez, M.: Segmentberichterstattung und Segmentanalyse, 2004, S. 211ff.
249 Das *Interest-Coverage-Ratio* (EBIT / Zinsaufwand) betrachten Kreditgeber im Rahmen der Entschuldungsfähigkeit von Unternehmen. Es spiegelt das Risiko wieder, dass Unternehmen der Zinsbedienung nicht mehr nachkommen können.
250 Besitzt ein Unternehmen der Grundgesamtheit keine at-Equity-bewerteten Beteiligungen, wird dies als Erfüllung der Offenlegungspflicht gewertet.
251 Vgl. Alvarez, M.: Segmentberichterstattung und Segmentanalyse, 2004, S. 411.

Überleitungsrechnungen[252] von den disaggregierten Segmentdaten auf die korrespondierenden aggregierten Daten der Gewinn- und Verlustrechnung bzw. Bilanz (IFRS 8.28).[253] Auch IAS 14 fordert eine solche Überleitung, die jedoch von geringer Bedeutung ist, da die Segmentinformationen in Übereinstimmung mit den für den (Konzern-)Abschluss angewendeten Bilanzierungs- und Bewertungsmethoden aufzustellen sind (IAS 14.44).

Rechnungslegungsstandard	IFRS 8				IAS 14			
Marktsegment	DAX	MDAX	SDAX	Gesamt	DAX	MDAX	SDAX	Gesamt
Anzahl Probanden	13	8	9	30	8	8	8	24
Überleitungsrechnung vorhanden, davon	92%	25%	22%	53%	88%	13%	25%	42%
Erträge	77%	88%	67%	77%	63%	75%	63%	67%
Ergebnisgröße	85%	50%	33%	60%	50%	50%	38%	46%
Vermögen	62%	38%	33%	47%	75%	50%	25%	50%
Verbindlichkeiten	54%	50%	11%	40%	75%	50%	25%	50%

Tab. 6-9: Analyse der Überleitungsrechnungen

Die Auswertung der Segmentberichte zeigt, dass nur etwas mehr als jedes zweite Unternehmen der grundsätzlichen Empfehlung der Implementierungsrichtlinie[254] des IFRS 8 nach einer gesonderten tabellarischen Überleitungsrechnung nachkommt (IAS 14: 42%) (Tab. 6-9).[255] Während noch bei 77% aller Probanden (IAS 14: 67%) die segmentspezifischen Erträge auf den (Konzern-)Abschluss – sei es explizit im Rahmen einer Überleitungsrechnung oder implizit durch die Angabe der intersegmentären Erträge – übergeleitet werden können, ist dies bei der Segmentergebnisgröße nur noch in 60% der Fälle möglich (IAS 14: 46%). Bei den Vermögenswerten bzw. den Verbindlichkeiten fällt das Ergebnis mit 47% bzw. 40% noch geringer aus (IAS 14 jeweils 50%). Da der Segmentbericht unter dem Management Approach jedoch erst dann vollständig nachvollzogen werden kann, wenn die ihm inhärenten Konvergenzbeeinträchtigungen durch eine Überleitungsrechnung zum (Konzern-)Abschluss offen gelegt werden, ist die nur

---

252 Im Rahmen der Überleitungsrechnungen sind alle wesentlichen Überleitungsbestandteile gesondert zu identifizieren und zu quantifizieren (IFRS 8.28 i.V.m. IFRS 8.IG4). Als Mindestdetaillierungsgrad der Überleitungsbestandteile gelten – unter Berücksichtigung der Wesentlichkeitsgrenzen – der gesonderte Ausweis der sonstigen Erträge des Sammelsegments (*all other segments*) und der Konsolidierungspositionen einschließlich Erläuterung der Bestandteile (IFRS 8.16). Die bloße Offenlegung einer aggregierten „one-line"-Position als Überleitung darf aus diesem Grund nicht als Existenz einer Überleitungsrechnung gewertet werden. Lassen sich einzelne Überleitungsposten jedoch implizit überleiten (z.B. Erträge aufgrund intersegmentärer Erträge) oder werden aufgrund einer vollständigen Allokation von auf IFRS-basierenden Finanzinformationen auf die Segmente nicht benötigt, gilt die Überleitungsrechnung auch als vorhanden.
253 Die Überleitung wesentlicher Posten ist nicht Bestand der Untersuchung, da weder IFRS 8 noch die korrespondierende Implementierungsrichtlinie dessen Detaillierungsgrad explizit definieren. Vgl. Blase, S./Müller, S.: Segmentberichterstattung, 2009, S. 540.
254 Vgl. IFRS 8.IG4.
255 Annahmegemäß muss mindestens ein Überleitungsposten separat vom Segmentbericht und tabellarisch auf den (Konzern-)Abschluss übergeleitet werden.

unwesentliche Verbesserung der Segmentpublizität ggü. IAS 14 bzw. die immer noch geringe Anzahl der gesondert ausgewiesenen Überleitungsbestandteile nach dem Rechnungslegungswechsel als kritisch zu beurteilen. Ein Großteil der Unternehmen kommt somit den regulatorischen Anforderungen nicht vollumfänglich nach und ermöglicht den Abschlussadressaten folglich nur unternehmensindividuell den verlangten Einblick in das interne Steuerungs- und Berichtssystem.[256]

6.4.4 Unternehmensweite Angaben

IFRS 8.31-34 verlangt eine Reihe von sog. **unternehmensweiten Angaben** (*entity-wide disclosures*) über Produkte bzw. Dienstleistungen, geografische Regionen und die Existenz wesentlicher Kunden eines Unternehmens. Damit soll ein Mindestmaß an zwischenbetrieblicher Vergleichbarkeit zwischen den Segmenten gewährleistet werden (vgl. Tab. 6-10).

Rechnungslegungsstandard	IFRS 8				IAS 14			
	DAX	MDAX	SDAX	Gesamt	DAX	MDAX	SDAX	Gesamt
Anzahl Probanden	13	8	9	30	8	8	8	24
Nach geografischen Regionen:								
Segmenterträge mit externen Kunden	100%	88%	89%	93%	N/A			
Langfristiges Segmentvermögen	92%	88%	100%	93%				
Nach Produkten bzw. Dienstleistungen:								
Segmenterträge mit externen Kunden	85%	88%	78%	83%	N/A			
Erläuterung der geografischen Allokationsgrundlage	85%	38%	78%	70%				
Ursprungslandprinzip	38%	0%	56%	48%				
Bestimmungslandprinzip	77%	38%	44%	81%				
Existenz wesentlicher Kunden	38%	13%	33%	30%	13%	0%	13%	8%
Segmenterträge mit externen Kunden	N/A				100%	100%	83%	88%
Langfristiges Segmentvermögen					100%	100%	83%	88%
Segmentinvestitionen in langfristige Vermögenswerte*	38%	25%	11%	27%	100%	100%	83%	88%

* Nur nach IAS 14 für sekundäres Berichtsformat berichtspflichtig. Unter IFRS 8 lediglich illustrative Auswertung für Ebene der unternehmensweiten Angaben.

Tab. 6-10: Analyse der unternehmensweiten Angaben[257]

Die Auswertung der **unternehmensweiten Informationspflichten** unter IFRS 8 zeigt, dass die geografischen Pflichtangaben von fast allen Unternehmen erfüllt werden (Segmenterträge mit externen Kunden: 93% vs. langfristiges Segmentvermögen: 93%). Liegt allerdings bei den operativen Segmenten eine geografische Segmentabgrenzung vor, werden – trotz Berichtspflicht – die Segmenterträge nach Produkten bzw. Dienstleistungen nur noch von 83% aller Probanden ausgewiesen. Mit Ausnahme von Fielmann[258] existieren bei keinem Unternehmen zusätzliche Angaben, die das Fehlen sektoral abgegrenzter Segmenterträge begründen. Eine weitere Schwachstelle der Publikationspraxis zeigt sich in der

---

256 Zu einem ähnlichen Ergebnis kommen auch Blase/Müller. Für erste empirische Ergebnisse zur Auswertung der Bestandteile der Überleitungsrechnungen unter IFRS 8 siehe Blase, S./Müller, S.: Segmentberichterstattung, 2009, S. 537 ff.
257 Grau gekennzeichnete Segmentinformationen sind nach dem jeweiligen Rechnungslegungsstandard nicht berichtspflichtig.
258 Vgl. Konzerngeschäftsbericht Fielmann AG 2008, S. 78.

Erläuterung der Bestandteile des Segmentvermögens. IFRS 8.33b fordert in diesem Zusammenhang den Ausweis **langfristiger Vermögenswerte**,[259] welchem anscheinend nur jedes zweite Unternehmen folgt. Häufig werden anstelle der Begrifflichkeit „langfristiger Vermögenswerte" abweichende oder unklare Bezeichnungen wie z.B. Segmentvermögen/ Aktiva, Bilanzsumme, Operatives Vermögen und Sachanlagen (inkl. bzw. exkl. immaterieller Vermögenswerte) verwendet, von welchen – ohne eine weitergehende Definition der einzelnen Vermögensbestandteile – nicht zwingend auf die Erfüllung der regulatorischen Bestimmungen geschlossen werden kann.

Der nach IFRS 8.33a verlangten **Erläuterung der geografischen Allokationsgrundlage** für die Erträge kommen 70% aller untersuchten Unternehmen nach. Als Zuordnungskriterium geben dabei 81%[260] den Sitz des Kunden an (*Bestimmungslandprinzip*). 48%[261] wählen den Standort der eigenen (Tochter-) Gesellschaft und somit den Produktionsort als Zuordnungskriterium (*Ursprungslandprinzip*). Bei der Mehrzahl der Unternehmen steht somit eine absatzmarktorientierte Segmentierung, die Informationen über die mit geografischen Erträgen korrespondierenden Risiken liefert, im Fokus der Unternehmenssteuerung. Eine auf die Kostensituation ausgerichtete herkunftsbezogene Segmentabgrenzung kommt nur bei jedem zweiten Unternehmen zur Anwendung, obwohl i.d.R. nur eine solche Segmentierung eine eindeutige Zuordnung sämtlicher wirtschaftlicher Größen (z.B. Ergebnis, Investitionen, eingesetztes Vermögen und Mitarbeiter) erlaubt.[262]

Zur Offenlegung potenzieller Abhängigkeiten von einzelnen Kunden besteht nach IFRS 8.34 die Verpflichtung zur (anonymen) Angabe der **Existenz wesentlicher Kunden**. Während diese Thematik grundsätzlich in 30% der Segmentberichte adressiert wird, übertreten den Schwellenwert von 10% der Erträge mit einem einzigen Kunden nur zwei Unternehmen – die SKW Stahl-Metallurgie Holding und die TAG Immobilien[263].

Die **Segmentinvestitionen** auf Unternehmensebene veröffentlichen auch nach dem Rechnungslegungswechsel noch 27% aller Probanden, obwohl dies unter IFRS 8 nicht mehr verlangt ist. Die freiwillige Mehrpublizität des segmentspezifischen Investitionsvolumens liegt in seiner zentralen Bedeutung für Abschlussersteller und -adressaten begründet. So lassen sich mittels des geson-

---

259 Nicht als Bestandteil der der langfristigen Vermögenswerte werden Finanzinstrumente, aktive latente Steuern, Vermögenswerte aus Pensionsplänen sowie bilanzierte Ansprüche aus Versicherungsverträgen betrachtet (vgl. Kapitel 5.6.4).
260 Mehrfachnennungen möglich.
261 Mehrfachnennungen möglich.
262 Vgl. auch Alvarez, M.: Segmentberichterstattung und Segmentanalyse, 2004, S. 40f.; Pejic, P.: Segmentberichterstattung, 1998, S. 86f.
263 Vgl. Konzerngeschäftsbericht SKW Stahl-Metallurgie Holding AG 2008, S. 112; Konzerngeschäftsbericht TAG Immobilien AG 2008, S. 107.

derten Ausweises der Segmentinvestitionen Aussagen zur Investitionspolitik im Sinne von geschäftsfeldspezifischen Wachstumsstrategien ableiten.[264]

Ein **Vergleich der Publizitätspraxis** zwischen unternehmensweiten Angaben des IFRS 8 und sekundärem Berichtsformat des IAS 14 ist aufgrund der konzeptionell divergierenden Bestimmungen nur eingeschränkt möglich. Grundsätzlich zeigen die Ergebnisse jedoch, dass die auf der „sekundären" Berichtsebene publikationspflichtigen Segmentinformationen recht zuverlässig unter beiden Standards publiziert werden.

6.4.5 Angabe- und Erläuterungspflichten

Zur Verbesserung der Interpretationsfähigkeit der Finanzkennzahlen bestehen bestimmte Angabe- und Erläuterungspflichten, die in die drei Kategorien **Allgemeine Informationen**, **Bilanzierungs- und Bewertungsmethoden** sowie **Sonstige Informationen** unterteilt werden können (vgl. Tab. 6-11).

Rechnungslegungsstandard	IFRS 8				IAS 14			
	DAX	MDAX	SDAX	Gesamt	DAX	MDAX	SDAX	Gesamt
Anzahl Probanden	13	8	9	30	8	8	8	24
Allgemeine Informationen								
Bestimmungsfaktoren der Segmentabgrenzung	100%	100%	100%	**100%**	N/A	N/A	N/A	**N/A**
Zusammensetzung der berichtspflichtigen Segmente	85%	88%	100%	**90%**	88%	63%	100%	**83%**
Bilanzierungs- und Bewertungsmethoden								
Keine Bilanzierungs- und Bewertungsunterschiede zwischen Segmenten und Konzern	62%	50%	44%	**53%**	63%	38%	38%	**46%**
Änderung der Bilanzierungs- und Bewertungsmethoden	0%	0%	0%	**0%**	0%	0%	0%	**0%**
Effekte aus asymmetrischer Segmentallokation	15%	13%	0%	**10%**	N/A	N/A	N/A	**N/A**
Grundsätze intersegmentärer Transaktionen	77%	75%	78%	**77%**	75%	75%	75%	**75%**
Sonstige Informationen								
Angabe von Vorjahreswerten	100%	100%	100%	**100%**	100%	100%	100%	**100%**
Anpassung der Vorjahreswerte bei Durchbrechung der Stetigkeit	62%	38%	56%	**53%**	25%	25%	38%	**29%**
Grundlage für Beurteilung der Segmentperformance	85%	75%	56%	**73%**	75%	38%	50%	**54%**

Tab. 6-11: Analyse der Angabe- und Erläuterungspflichten

Im Rahmen der **Allgemeinen Informationen** sind zuerst die Bestimmungsfaktoren der Segmentabgrenzung[265] zu erläutern. Alle Probanden kommen dieser Publikationspflicht im Grundsatz nach; allerdings beschränkt sich die Erläuterung häufig auf einen Verweis auf die Ausrichtung der Segmentabgrenzung an der

---

264 Einen Maßstab für die segmentspezifische Investitionsaktivität stellen z.B. die Kennzahlen *Segmentinvestitionsquote* ((Netto-)Segmentinvestitionen / Segmentvermögen), *Segmentwachstumsquote* (Segmentinvestitionen / Segmentabschreibungen) oder *Segmentinvestitionsanteilquote* (Segmentinvestitionen / Gesamtinvestitionen des Unternehmens) dar.

265 D.h. verbale Ausführungen zu den der Segmentabgrenzung zugrunde liegenden Kriterien, einschließlich einer Beschreibung der internen Organisationsstruktur sowie einer Darstellung, ob eine Zusammenfassung operativer Segmente vorgenommen wurde (IFRS 8.22a).

internen Organisations- und Berichtsstruktur. Die ebenso geforderte und zum Grundverständnis der Segmentaktivitäten benötigte Darstellung der segmentspezifischen Produkte bzw. Dienstleistungen erfolgt bei 90% der IFRS 8-Anwender (IAS 14: 83%). Da Unternehmen die grundlegenden Informationen über ihre Geschäftsaktivitäten bzw. geografischen Engagements i.d.R. bereits im Rahmen des Lageberichts vorweg nehmen, scheinen einige Probanden auf eine wiederholte Angabe innerhalb des Anhangs zu verzichten.

Die Betrachtung der **Bilanzierungs- und Bewertungsmethoden** zeigt, dass unter IAS 14 46% aller Probanden angeben, dass die interne Abbildungsnorm der Segmentdaten mit jener des (Konzern-)Abschlusses übereinstimmt. Wahrscheinlich sehen es die übrigen Unternehmen als selbstverständlich an, dass die Segmentdaten – wie nach IAS 14.44 gefordert – in Übereinstimmung mit der externen Publizität zu erstellen sind. Bemerkenswert ist jedoch, dass auch 53% aller IFRS 8-Erstanwender explizit darauf verweisen, zur Ermittlung der Segmentdaten auf die externen Ermittlungsgrundsätze zurückzugreifen. Berücksichtigt man zudem, dass die Probanden kaum kalkulatorische Bestandteile im Rahmen der internen Unternehmenssteuerung berichten, dürfte dieser Wert letztendlich viel höher ausfallen als im Zuge der Auswertung ersichtlich. Das Ergebnis dient zweifelsfrei als Indiz, dass viele Unternehmen bereits ihr externes und internes Rechnungswesen auf Segmentebene harmonisiert haben.[266] Aufgrund des hohen Konvergenzgrades beider Rechnungslegungskreise kann auch die häufig kritisierte Reduzierung der zwischenbetrieblichen Vergleichbarkeit von Segmentinformationen als Folge des Management Approach somit bislang nicht bestätigt werden.

Unterstützt wird die Harmonisierungsthese sowohl durch die fehlende Angabe von Änderungen von intern zur Anwendung kommenden Bilanzierungs- und Bewertungsmethoden, d.h. einer Durchbrechung des Stetigkeitsprinzips, als auch der Tatsache, dass Effekte aus asymmetrischen Segmentallokation nur explizit von 10% der Probanden erwähnt werden. Zu den Grundlagen der Verrechnungspreisermittlung für intersegmentäre Transaktionen machen nach IFRS 8 77% bzw. IAS 14 75% der Unternehmen Angaben im Segmentbericht. Die fast vollständige[267] Orientierung der Verrechnungspreise an marktüblichen Konditionen (*at-arm's-length-principle*) stellt eine objektive und manipulationsfreie Allokation von intersegmentären Transaktionen sicher.[268]

Zu den **Sonstigen Informationen** zählt zuerst die Angabe von Vorjahreswerten, die unter beiden Rechnungslegungsstandards stets erfüllt wurde. Auffällig ist,

---

266 Vgl. auch Blase, S./Müller, S.: Segmentberichterstattung, 2009, S. 544.
267 Vgl. z.B. Baetge, J./Haenelt, T.: Segmentberichterstattung, 2008, S. 47; Alvarez, M./Büttner, M.: ED 8 Operating Segments, 2006, S. 318.
268 Einzige Ausnahme unter IFRS 8 bilden Axel Springer und SAP mit einer Verrechnung auf Kostendeckungsbasis. Vgl. Konzerngeschäftsbericht Axel Springer AG 2008, S. 159; Konzerngeschäftsbericht SAP AG 2007, S. 135.

dass unter IFRS 8 53% der Unternehmen auf eine Anpassung der Vorjahreswerte aufgrund Durchbrechung der Stetigkeit hinweisen, welche sich in einer Anpassung der Vorjahreswerte äußert. Als Ursachen wurden sowohl M&A-Aktivitäten der Unternehmen (38%) als auch der Wechsel zum Management Approach bzw. nicht akquisitionsbedingte Änderungen der internen Organisations- und Berichtsstruktur genannt (69%). Das Unternehmen Homag geht sogar einen Schritt weiter, indem es beschreibt, dass die *interne* Konzernsteuerung aufgrund der Rechnungslegungsumstellung entsprechend modifiziert und der neuen Segmentierung nach IFRS 8 angepasst wurde.[269] *Müller/Peskes* sprechen in diesem Zusammenhang davon, dass die „Ausstrahlungswirkung der externen Abbildungskonzeption auf das interne Abbildungs- und Steuerungskonzept"[270] im Zuge der Umstellung auf den Management Approach deutlich an Bedeutung gewinnen wird. Der durch den Hauptentscheidungsträger verwendete Maßstab für die Beurteilung der Segmentperformance wird mittlerweile von 73% (54% unter IAS 14) aller Probanden angegeben (vgl. auch Kapital 6.4.1).

6.4.6 Freiwillige Mehrpublizität

Über die Pflichtangaben nach IFRS 8 bzw. IAS 14 hinaus steht es den Unternehmen frei weitere segmentspezifische Informationen im Sinne einer **freiwilligen Mehrpublizität** zu veröffentlichen. Unter dem Management Approach liegt es nahe, dass es sich dabei um Segmentinformationen handelt, die zumindest dem Hauptentscheidungsträger regelmäßig berichtet werden oder sogar zur Erfolgsbeurteilung und zur Ressourcenallokation der Segmente herangezogen werden. Da in den Bestimmungen des IFRS 8 ein direkter Zusammenhang zwischen freiwillig publizierten Segmentinformationen und internem Berichterstattung an den Hauptentscheidungsträger nicht gefordert wird, können aus den Ergebnissen auch nicht zwangsläufig Rückschlüsse auf die interne Segmentsteuerung gezogen werden. Allerdings ist die freiwillige Publikation von Segmentinformationen in dem Maße interessant, als dass Unternehmen vor dem Hintergrund eines *Business Reportings*[271] bestimmte Informationen publizieren können, von denen die Erwartung besteht, dass die Abschlussadressaten diese einfordern.

---

269 Vgl. Konzerngeschäftsbericht Homag AG 2007, S. 137.
270 Müller, S./Peskes, M.: Segmentberichterstattung, 2006, S. 824.
271 Zu den Anforderungen an eine kapitalmarktorientierte Segmentberichterstattung vgl. z.B. Alvarez, M.: Segmentberichterstattung und Segmentanalyse, 2004, S. 181ff.

Rechnungslegungsstandard	IFRS 8		IAS 14	
	Absolut	Relativ	Absolut	Relativ
Anzahl Probanden	30		24	
Segment-Cash Flow	7	23%	9	38%
Cash Flow aus lfd. Geschäftstätigkeit (inkl. Brutto-CF)	6	20%	9	38%
Cash Flow aus Investitionstätigkeit	4	13%	5	21%
Cash Flow aus Finanzierungstätigkeit	2	7%	3	13%
Mitarbeiter pro Segment	8	27%	14	58%
F&E-Aufwendungen	4	13%	4	17%
Rendite-Kennzahlen	4	13%	7	29%
Wertorientierte Kennzahlen	5	17%	6	25%
Vollständige Angaben auf beiden Berichtsebenen	3	10%	4	17%
Drei-Jahresangaben	2	7%	1	4%

Tab. 6-12: Analyse der freiwilligen Mehrpublizität[272]

Im Rahmen der freiwillig publizierten Segmentinformationen wird dem **Segment Cashflow** von Seiten der Eigen- und Fremdkapitalgeber die größte Bedeutung beigemessen. Während in den Bestimmungen des IAS 14[273] zu dessen Offenlegung (relativ erfolgreich) ermutigt wird, bleiben die Ergebnisse der IFRS 8-Erstanwender deutlich hinter ihrer in der Literatur propagierten Bedeutung zurück.[274] Nur 23 % der Erstanwender berichten kapitalflussbasierte Kennzahlen, während 38 % aller nach dem Risk and Reward Approach bilanzierenden Unternehmen diese veröffentlichen (vgl. Tab. 6-12). Unabhängig vom Rechnungslegungsstand kann gleichzeitig eine abnehmende Publikationstendenz beginnend mit dem Cashflow aus laufender Geschäftstätigkeit (IFRS 8: 20%; IAS 14: 38%) über den Cashflow aus Investitionstätigkeit (13% / 21%) bis zum Cashflow aus Finanzierungstätigkeit (7% / 13%) beobachtet werden. Vor dem Hintergrund der verstärkten **Shareholder Value Orientierung** des letzten Jahrzehnts erscheint dieses Ergebnis jedoch erstaunlich, zumal es signalisiert, dass unternehmensintern häufig keine Berichterstattung von segmentbasierten Cashflows an die Unternehmensleitung und somit auch keine Segmentsteuerung auf dieser Basis erfolgt. Eine erfolgreiche Implementierung des Shareholder Value-Gedankens setzt jedoch voraus, dass dessen Umsetzung nicht nur auf die Konzernebene beschränkt bleibt, sondern sich zumindest auch auf die nächst tiefere (Segment-) Ebene erstreckt.[275]

---

272 Bei den freiwilligen Segmentinformationen handelt es sich um eine Auswahl der wesentlichen publizierten Positionen.
273 Vgl. IAS 14.62 i.V.m. IAS 7.50d.
274 Vgl. beispielsweise Ulbrich, P.: IAS 14, 2006, S. 146ff.; Alvarez, M.: Segmentberichterstattung und Segmentanalyse, 2004, S. 397ff.
275 Vgl. Alvarez, M.: Segmentberichterstattung und Segmentanalyse, 2004, S. 196.

Die weitere Betrachtung der freiwilligen Mehrpublizität zeigt, dass unter dem Management Approach segmentspezifische **Mitarbeiterzahlen** nur von 27% der Probanden offen gelegt werden, während diese Kennzahl noch in 58% der IAS 14-Segmentberichte zu finden ist. **Aufwendungen für Forschung und Entwicklung** werden unter IFRS 8 lediglich von vier Probanden (IAS 14: 4) angegeben. Dabei handelt es sich um Unternehmen aus forschungsintensiven Branchen wie Gesundheitswesen bzw. Pharmazie[276] sowie Rüstung bzw. Automobil[277]. **Rendite-Kennzahlen** wie EBIT- bzw. EBITDA-Margen publizieren unter IFRS 8 ebenso nur vier Unternehmen (IAS 14: 7). **Wertorientierte Kennzahlen** werden unter dem Management Approach von fünf der analysierten Unternehmen offen gelegt (IAS 14: 6), wobei Return on Capital Employed (RoCE)[278] vier Mal und Return on Average Assets (ROAA)[279] ein Mal genannt werden. Ein Rückschluss auf die Bedeutung der wertorientierten Unternehmenssteuerung soll aufgrund der fehlenden Berichtspflicht dennoch an dieser Stelle nicht gezogen werden. **Vollständige Angaben auf beiden Berichtsebenen** legen jeweils drei Unternehmen (IAS 14: 4) vor, während zwei Unternehmen (IAS 14: 1) Segmentinformationen über einen **Drei-Jahreszeitraum** präsentieren. Mit dem Wechsel zum Management Approach ist somit keine Erhöhung der freiwilligen Mehrpublizität zu beobachten. Im Gegensatz, es wird sogar deutlich, dass bei der wohl wichtigsten Segmentposition, dem segmentspezifischen Cashflow, die Publizitätsbereitschaft der Unternehmen gesunken ist.

6.5 Bewertung der Ergebnisse

6.5.1 Überblick

Im vorliegenden Kapitel wurden die Segmentberichterstattungen von 30 deutschen börsennotierten Unternehmen untersucht, die vorzeitig ihre Segmentberichte auf IFRS 8 umgestellt haben. Aufgrund der geringen Größe der Grundgesamtheit können allerdings noch keine allgemein gültigen Aussagen – insbesondere nicht nach Kapitalmarktsegmenten – abgeleitet werden. Die Fokussierung auf die Erstanwender des Management Approach vermag zudem Einflüsse durch die Selbstselektion von freiwilligen Anwendern nicht zu erfassen. Als nahe liegend erscheint, dass bislang vor allem Unternehmen mit geringen

---

276 Vgl. Konzerngeschäftsbericht Fresenius SE 2007, S. 122; Konzerngeschäftsbericht Beiersdorf AG 2008, S. 69.

277 Vgl. Konzerngeschäftsbericht Rheinmetall AG 2008, S. 62; Konzerngeschäftsbericht BMW AG 2008, S. 73.

278 Vgl. Konzerngeschäftsbericht Rheinmetall AG 2008, S. 62; Konzerngeschäftsbericht Henkel AG & Co. KGaA 2007, S. 76; Konzerngeschäftsbericht Südzucker AG 2008, S. 118; Konzerngeschäftsbericht Beiersdorf AG 2008, S. 69.

279 Vgl. Konzerngeschäftsbericht Fresenius SE 2008, S. 122.

Auswirkungen infolge des Rechnungslegungswechsels und somit einem hohen Konvergenzgrad von interner und externer Segmentberichterstattung die vorzeitige Umstellung vollzogen haben. Dennoch können die bisherigen Ergebnisse als Orientierung für andere Unternehmen im Zuge der bevorstehenden Implementierung des Management Approach dienen. Ebenso bietet die Untersuchung erste Einsichten in die interne Unternehmenssteuerung auf Segmentebene im Rahmen einer „Outside-In"-Betrachtung.

6.5.2 Veränderung des Informationsgehalts

Mit der Einführung des *Management Approach* in der Segmentberichterstattung ging die Erwartung einer fundamentalen Umgestaltung der Segmentpublizität einher. Die vorliegende Untersuchung der Publizitätspraxis kann den vielfach beschworenen „Paradigmenwechsel" jedoch bislang nicht bestätigen. Auch wenn eine **leicht erhöhte Anzahl an offen gelegten Segmenten** zu beobachten ist, so wurden die Segmentierungsdimensionen im Zuge der Umstellung im Grundsatz beibehalten. Bei den segmentspezifischen Erfolgs- und Bilanzposten ist als Folge des Rechnungslegungswechsels eher eine leichte Abnahme als eine Zunahme an publizierten Segmentinformationen festzustellen; der Umfang übertrifft aber dennoch deutlich die unbedingten Berichtspflichten des IFRS 8.

Auch wenn sich die Publikation der **Überleitungsrechnungen** von IAS 14 auf IFRS 8 grundsätzlich erhöht hat, ist kritisch anzumerken, dass jedes zweite Unternehmen den Anforderungen des IFRS 8 nach einer gesonderten Offenlegung der wesentlichen Überleitungsbestandteile nicht im geforderten Umfang nachkommt. Da durch den Rückgriff auf das interne Rechnungswesen und somit teilweise nicht IFRS-konforme Größen die kumulierten Segmentdaten nicht zwangsläufig mit den Angaben des (Konzern-)Abschlusses übereinstimmen müssen, können sich erklärungsbedürftige Differenzen ergeben, die für die externen Adressaten ohne Überleitungsrechnung nicht oder nur schwer nachvollziehbar sind. Auch die **freiwillige Mehrpublizität** auf Segmentebene wurde im Zuge des Rechnungslegungswechsels nicht verbessert – die Berichterstattung von Segment Cashflows (direkt und indirekt) ist sogar rückläufig.

Sieht man von der leicht differenzierteren Aufgliederung der Segmente ab, werden dem Abschlussadressaten insgesamt keine zusätzlichen entscheidungsnützlichen Informationen zur Segmentanalyse und -interpretation zur Verfügung gestellt. Im Gegenteil, die unzureichende Ausgestaltung der Überleitungsrechnungen sowie die verringerte segmentspezifische Publikation von kapitalflussbasierten Kennzahlen als auch **Zinsaufwand** sprechen sogar für eine **leichte Verschlechterung der Informationsgrundlage der Abschlussadressaten**. Auch die bloße optische Gegenüberstellung der Segmentberichte unter beiden Normen offenbart, dass die Unternehmen den Rechnungslegungswechsel häufig nicht genutzt haben, um die Gestaltung der externen Segmentberichterstattung konzeptionell zu verändern und dem Abschlussadressaten einen Blick „*through the management's eyes*"[280] zu ermöglichen.

6.5.3 Interne Organisations- und Berichtsstruktur

Mit der Umstellung auf IFRS 8 sind deutsche Unternehmen erstmals aufgefordert ihre interne Organisations- und Berichtsstruktur unmittelbar in die externe Segmentberichterstattung zu übernehmen. Der Management Approach kann – in gewissen Grenzen[281] – Rückschlüsse auf die segmentspezifische Unternehmenssteuerung zulassen. Grundsätzlich kann festgehalten werden, dass die vorliegende empirische Untersuchung einen **hohen Konvergenzgrad von interner und externer Unternehmensrechnung** signalisiert, welches eine segmentspezifische Steuerung auf Basis von IFRS-Größen impliziert. Die überwiegende Beibehaltung der unter IAS 14 verwendeten Berichtsebenen deutet zudem darauf hin, dass auch unternehmensintern zur Auswahl der Segmentierungsdimensionen die Maßstäbe Risiken und Chancen zugrunde gelegt werden. Allerdings zeigt die erhöhte Segmentanzahl, dass die interne Steuerung anhand einer leicht differenzierteren Segmentstruktur erfolgt als extern in der Vergangenheit offen gelegt wurde.

Zur Erfolgsbeurteilung und zur Ressourcenallokation und somit als Segmentergebnisgröße werden überwiegend **Kennzahlen vor Zinsen und Steuern** verwendet (EBIT-Größen). Die Betrachtung der unter der bedingten Berichtspflicht des IFRS 8 publizierten Segmentposten offenbart, dass externe und interne **Segmenterträge** sowie **planmäßige Abschreibungen und Wertminderungen** am häufigsten zur internen Steuerung verwendet werden. Bezüglich der segmentspezifischen Bilanzpositionen greift die Mehrzahl der Unternehmen für die interne Berichterstattung auf Segmentbilanzgrößen wie **Vermögenswerte, Investitionen und Verbindlichkeiten** zurück.

Die **Publikation aller anderen Segmentinformationen** scheint im Rahmen der segmentspezifischen Erfolgsbeurteilung und Ressourcenallokation nur eine untergeordnete Rolle einzunehmen bzw. muss kritisch hinterfragt werden. Insbesondere die relativ seltene Offenlegung des Zinsaufwandes steht im Widerspruch zur häufigen Publikation der Segmentverbindlichkeiten. Aber auch die geringe Angabe von Segment Cashflows – sei es direkt oder indirekt ermittelbar – erscheint vor dem Hintergrund der weit verbreiteten Shareholder Value Orientierung der kapitalmarktorientierten Unternehmen als fragwürdig.

---

280 IASB, Press Release vom 30.11.2006: IASB, 2006.
281 So besteht die Gefahr, dass die Unternehmensleitung die interne Organisations- und Berichtsstruktur derart ausgestaltet, dass die Segmentinformationen zwar von Investoren als adäquat beurteilt werden, intern aber nicht zwangsläufig den Unternehmenswert maximierende Entscheidungen herbeiführen (*Zirkularitätseffekt*) oder Informationen zu ihrem Vorteil verzerren (*Manipulationseffekt*). Vgl. Weißenberger, B./Maier, M.: Management Approach, 2006, S. 2082f.

7 Zusammenfassung

Aufgrund der geforderten wirtschaftlichen Betrachtungsweise bei Anwendung der Rechnungslegung nach IFRS sind die verpflichtenden Gliederungs- und Ausweisvorschriften im Vergleich zur handelsrechtlichen Rechnungslegung für die Abschlussbestandteile Bilanz, GuV und Segmentberichterstattung deutlich geringer. In der Gesamtheit muss der Abschluss aber entscheidungsnützliche Informationen liefern, so dass die Unternehmen ein großes Augenmerk auf die Ausgestaltung des Abschlusses legen und die über die Mindestposten hinausgehenden freiwilligen Posten und Zwischengrößen treffend wählen müssen. Bezüglich der **Bilanz** ist eine Gliederung der Aktiva und Schulden nach Fristigkeiten vorzunehmen, wobei eine Unterteilung nach dem normalen Geschäftszyklus bzw. der 12-Monats-Regel vorzunehmen ist. Die empirische Studie konnte für die Frage, ab welcher Wesentlichkeitsschwelle ein gesonderter Postenausweis erfolgen sollte, quantitative Werte aus den untersuchten Abschlüssen herausarbeiten. So liegt der Median für den kleinsten freiwillig Posten auf der Aktivseite im Verhältnis zur Bilanzsumme bei 1,8 %, auf der Passivseite bei 2,6 %, wobei die Streuung jedoch erheblich ist. Dies wird auch daran deutlich, dass die Anzahl der Bilanzpositionen zwischen 19 und 47 mit einem Mittelwert von knapp 30 schwankt. Die These, dass im Zeitverlauf es zu einer Annäherung der Bilanzgliederungen kommt, konnte im Jahresvergleich zum Geschäftsjahr 2007 nicht bestätigt werden, da die Anzahl der Positionsvielfalt im Geschäftsjahr 2008 noch geringfügig zugenommen hat.

Die nach IAS 1 (rev. 2007) ab dem Geschäftsjahr 2009 geforderte **Gesamtergebnisrechnung** kann als eine Rechnung in Form einer um erfolgsneutrale Eigenkapitalveränderungen (sonstiges Ergebnis) erweiterten GuV oder als separate GuV als selbständiges Berichtselement, welches um eine separate Gesamtergebnisrechnung zu ergänzen ist, die in der erste Spalte mit dem Ergebnis der GuV beginnt, ausgestaltet werden. Da alternativ eine GuV-Gliederung nach dem Umsatz- und Gesamtkostenverfahren nach den IFRS erlaubt ist, findet sich in den untersuchten deutschen Abschlüssen knapp überwiegend das Umsatzkostenverfahren wieder (57 %). Die GuV besteht im Durchschnitt aus 7 bis 19 Positionen mit einem Mittelwert von 12. Besonders auffällig sind die stark unterschiedlichen Zwischenergebnisse sowie deren Definitionen, die eine Erfolgsauswertung erschweren können.

Darüber hinaus zeigte sich die wirtschaftliche Betrachtungsweise auch in **Sonderausweisen**, so etwa bezüglich einer freiwilligen Segmentunterteilung in wenigen Fällen oder in der Angabe von Abweichungswerten oder ergänzenden Vergangenheitsspalten.

Im Rahmen der Darstellung der **Segmentberichterstattung** konnte zunächst die konkrete Verpflichtung zu dieser aufwendigen Rechnung verdeutlicht werden. Zudem wurde der grundlegende Standard IFRS 8 mit dem geforderten *Management Approach* vorgestellt, der in bestimmten Fällen eine Darstellung von nicht IFRS-konformen Abbildungsnormen in der Segmentberichterstattung verlangt. Bezüglich der empirischen Analyse der IFRS 8-Erstanwendung konnte festgehalten werden, dass die aktuelle empirische Basis bislang noch nicht auf einen „Paradigmenwechsel" in der Segmentberichterstattung hindeutet. Die nur unwesentlichen Veränderungen, die aus der Publikation von Informationen der internen Organisations- und Berichtsstruktur resultieren, in Verbindung mit der überwiegend IFRS-konvergenten Ausgestaltung des internen Berichtswesens, weisen nicht auf eine substanzielle Änderung der Informationssituation für den Abschlussadressaten unter IFRS 8 hin. Auch in der Vergangenheit häufig zitierte Nachteile des Management Approach, wie das große Ermessens- und Gestaltungspotenzial der Unternehmensleitung, die Gefahr der Existenz unzureichender bzw. nicht an den Bedürfnissen der Abschlussadressaten ausgerichteter interner Berichtssysteme, die verringerte zwischenbetriebliche Vergleichbarkeit von Segmentdaten oder aber die Angst vor der Offenlegung wettbewerbsrelevanter Informationen können in der Publizitätspraxis bislang grundsätzlich nicht bestätigt werden.[282]

Ab dem Geschäftsjahr 2009 werden allerdings im Zuge der verpflichtenden Anwendung des IFRS 8 Segmentdaten sowie aufgrund der Pflichtanwendung von IAS 1 (rev. 2007) Gesamtergebnisrechnungen in größerem Umfang zur Verfügung stehen, welche die Überprüfung und Vertiefung der gewonnenen Einblicke erlauben.

---

[282] Vgl. Haller, A./Park, P.: Segmentberichterstattung, 1999, S. 63 ff.; Alvarez, M.: Segmentberichterstattung und Segmentanalyse, 2004, S. 49 ff; Himmel, H.: Konvergenz, 2004, S. 138 ff.

Literaturverzeichnis

Adler, H./Düring, W./Schmaltz, K. [ADS International, 2007]: Rechnungslegung nach internationalen Standards, Stuttgart 2007.

Albrecht, W.D./Chipalkatti, N. [New Segment Reporting, 1998]: Looking for Better Answers? New Segment Reporting, in: The CPA Journal 1998, S. 46-52.

Alvarez, M. [Segmentberichterstattung und Segmentanalyse, 2004]: Segmentberichterstattung und Segmentanalyse, Wiesbaden 2004.

Alvarez, M. [IFRS 8, 2009]: IFRS 8 – Operating Segments, in: Vater, H. et al. (Hrsg.): IFRS Änderungskommentar, 1. Aufl., Weinheim 2009, S. 56-82.

Alvarez, M./Büttner, M. [ED 8 Operating Segments, 2006]: ED 8 Operating Segments – Der neue Standardentwurf des IASB zur Segmentberichterstattung im Kontext des „Short-term Convergence Project" von IASB und FASB, in: KoR 2006, S. 307-318.

Alvarez, M./Fink, C. [Segmentberichterstattung, 2003]: Qualität der Segmentberichterstattung in Deutschland, in: KoR 2003, S. 275-288.

Ammann, H./Müller, S. [IFRS, 2004]: IFRS – International Financial Reporting Standards, Herne/Berlin 2004.

Baetge, J./Haenelt, T. [Segmentberichterstattung, 2008]: Kritische Würdigung der neu konzipierten Segmentberichterstattung nach IFRS 8 unter Berücksichtigung prüfungsrelevanter Aspekte: in: IRZ 2008, S. 43-50.

Baetge, J. et al. (Hrsg.): Rechnungslegung nach IFRS, 2. Aufl., Stuttgart 2002.

Ballwieser, W. et al. (Hrsg.): IFRS 2009 – Wiley Kommentar zu internationalen Rechnungslegung nach IFRS, 5. Aufl., Weinheim 2009.

Beer, M./Deffner, M./Fink, C. [Segmentberichterstattung, 2007]: Qualität der Segmentberichterstattung in der deutschen Publizitätspraxis, in: KoR 2007, S. 218-232.

Beine, F./Nardmann, H. [Segmentberichterstattung, 2009]: Segmentberichterstattung, in: Ballwieser, W. et al. (Hrsg.): IFRS 2009 – Wiley Kommentar zur internationalen Rechnungslegung nach IFRS, 5. Aufl., Weinheim 2009, § 20.

Benecke, B. [Management-Approach, 2000]: Internationale Rechnungslegung und Management-Approach, Wiesbaden 2000.

Berger, P./Hann, R. [Segment Profitability, 2007]: Segment Profitability and the Proprietary and Agency Costs of Disclosure, in: The Accounting Review 2007, S. 869-906.

Berger, P./Hann, R. [SFAS No. 131, 2003]: The Impact of SFAS No. 131 on Information and Monitoring, in: Journal of Accounting Research 2003, S. 163-223.

Bertram, K./Brinkmann, R./Kessler, H./Müller, S. (Hrsg.): Haufe HGB Kommentar, 1. Aufl., Freiburg u.a.O. 2009.

Beyer, S. [Finanzinstrumente, 2008]: IFRS – Finanzinstrumente, IBP 5, Berlin 2008.

Blase, S./Müller, S. [Segmentberichterstattung, 2009]: Empirische Analyse der vorzeitigen IFRS-8-Erstanwendung – Eine Analyse der Harmonisierung von interner und externer Segmentberichterstattung im Rahmen der vorzeitigen Umstellung auf IFRS 8 bei DAX-, MDAX- und SDAX-Unternehmen, in: WPg 2009, S. 537-544.

Böcking, H.-J./Benecke, B. [Segmentberichterstattung, 1998]: Neue Vorschriften zur Segmentberichterstattung nach IAS und US-GAAP unter dem Aspekt des Business Reporting, in: WPg 1998, S. 92-107.

Bohl, W./Riese, J./Schlüter, J. (Hrsg.): Beck´sches IFRS-Handbuch, 3. Aufl., München 2009.

Brücks, M./Diehm, S./Kerkhoff, G. [IAS 1, 2008]: IAS 1 (2003), in: Thiele, S./v. Keitz, I./Brücks, M. (Hrsg.): Internationales Bilanzrecht – Rechnungslegung nach IFRS, Stand 2008.

Cairns, D. [IAS, 1999]: Applying International Accounting Standards, 2. Aufl., London u.a.O. 1999.

Coenenberg, A.G. [Jahresabschluss, 2005]: Jahresabschluss und Jahresabschlussanalyse, 20. Aufl., Stuttgart 2005.

Coenenberg, A.G./Deffner, M./Schultze, W. [Erfolgsspaltung, 2005]: Erfolgsspaltung im Rahmen der erfolgswirtschaftlichen Analyse von IFRS-Abschlüssen, in: KoR 2005, S. 435-443.

Eiselt, A./Müller, S. [Kapitalflussrechnung, 2008]: IFRS – Kapitalflussrechnung, IBP 8, Berlin 2008.

Epstein, B.J./Mirza, A.A. [IAS, 2002]: Wiley IAS 2002 – Interpretation and Application of International Accounting Standards, New York 2002.

Ettredge, M. et al. [SFAS No. 131, 2005]: The Impact of SFAS No. 131 Business Segment Data on the Market's Ability to Anticipate Future Earnings, in: The Accounting Review 2005, S. 773-804.

Feldkämper, U. [Segmentberichterstattung, 2003]: Empirische Untersuchung der Segmentberichterstattung am deutschen Kapitalmarkt, in: DB 2003, S. 1453-1457.

Fink, C./Ulbrich, P. [IFRS 8, 2007]: Verabschiedung des IFRS 8 – Neuregelung der Segmentberichterstattung nach dem Vorbild der UAS-GAAP, in: KoR 2007, S. 1-6.

Hacker, B./Dobler, M. [Segmentpublizität, 2000]: Empirische Untersuchung der Segmentpublizität in Deutschland, in: WPg 2000, S. 811-819.

Haller, A. [Segmentberichterstattung, 2000]: Segmentberichterstattung, in: Haller, A./Raffournier, B./Walton, P. (Hrsg.): Unternehmenspublizität im internationalen Wettbewerb, Stuttgart 2000, S. 755-805.

Haller, A./Park, P. [Grundsätze, 1994]: Grundsätze ordungsmässiger Segmentberichterstattung, in: zfbf 1994, S. 499-524.

Haller, A./Park, P. [Segmentberichterstattung, 1999]: Segmentberichterstattung auf Basis des „Management Approach" – Inhalt und Konsequenzen, in: krp 1999, S. 55-66.

Haller, A./Permanschlager, D. [Anspruch und Wirklichkeit, 2002]: Anspruch und Wirklichkeit der Segmentberichterstattung nach US-GAAP, in: BB 2002, S. 1411-1417.

Harris, M. [Business Segment, 1998]: The Association between Competition and Managers' Business Segment Reporting Decisions, in: Journal of Accounting Research, 1998, S. 111-128.

Heintges, S./Urbanczik, P./Wulbrand, H. [Regelungen, Falltricke und Überraschungen, 2008]: Regelungen, Falltricke und Überraschungen der Segmentberichterstattung nach IFRS 8, in: DB, S. 2773-2781.

Herrmann, D./Thomas, W. [Segment Disclosures, 2000]: An Analysis of Segment Disclosures under SFAS No. 131 and SFAS No. 14, in: Accounting Horizons 2000, S. 287-302.

Heuser, P.J./Theile, C.: IFRS-Handbuch – Einzel- und Konzernabschluss, 4. Aufl., Köln 2009.

Himmel, H. [Konvergenz, 2004]: Konvergenz von interner und externer Unternehmensrechnung am Beispiel der Segmentberichterstattung, Aachen 2004.

Hütten, C./Fink, C. [Segmentberichterstattung, 2009]: Segmentberichterstattung (Operating Segments), in: Lüdenbach, N./Hoffmann, W.-D. (Hrsg.): Haufe IFRS-Kommentar, 7. Aufl., Freiburg a.a.O 2009, § 36.

IASB, Press Release vom 30.11.2006 [IASB, 2006]: IASB Issues Convergence Standard on Segment Reporting, verfügbar unter http://www.iasb.org, abgerufen am 01.12.2009.

Kajüter, P./Barth, D. [IFRS 8, 2007]: Segmentberichterstattung nach IFRS 8 – Übernahme des Management Approach, in: BB 2007, S. 428-434.

Kleekämper, H. et al. [IAS 1, 2003]: IAS 1 Darstellung des Abschlusses, in: Baetge, J. et al. (Hrsg.): Rechnungslegung nach IFRS, 2. Aufl., Stuttgart 2002, Stand 31.07.2003.

KPMG (Hrsg.) [Rechnungslegung nach US-amerikanischen Grundsätzen, 2006]: US-GAAP – Rechnungslegung nach US-amerikanischen Grundsätzen, 4. Aufl., Düsseldorf 2006.

Krakuhn, J./Schüz, P./Weigel, W. [Kreditinstitute, 2008]: Segmentberichterstattung nach IFRS 8 – Umsetzung bei Kreditinstituten, in: IRZ 2008, S. 287-294.

Küting, K./Kessler, M./Gattung, A. [GuV, 2005]: Die Gewinn- und Verlustrechnung nach HGB und IFRS, in: KoR 2005, S. 15-22.

Küting, K./Pilhofer, J. [Segmentberichterstattung, 1999]: Die neuen Vorschriften zur Segmentberichterstattung nach US-GAAP – Schließung der Regelungslücke in § 279 Abs. 1 HGB durch Adaption internationaler Standards?, in: DStR 1999, S. 559-564 (Teil I) und S. 603-608 (Teil II).

Küting, K./Reuter, M. [Erhaltene Anzahlungen, 2006]: Erhaltene Anzahlungen in der Bilanzanalyse, in: KoR 2006, S. 1-13.

Kunhle, H./Banzhaf, J. [GuV, 2007]: Gewinn und Verlustrechnung nach IFRS, München 2007.

Lachnit, L./Müller, S. [OCI, 2005]: Other Comprehensive Income nach HGB, IFRS und US-GAAP – Konzeption und Nutzung im Rahmen der Abschlussanalyse, in: DB 2005, S. 1637-1645.

Lange, T./Müller, S. [Lageberichterstattung, 2009]: Die Lagerberichterstattung als Teil der Corporate Governance deutscher Unternehmen, in: ZCG 2009, S. 235-237.

Leibfried, P. [Ergebnis je Aktie, 2008]: § 35 Ergebnis je Aktie (earnings per share), in: Lüdenbach, N./Hoffmann, W.-D. (Hrsg.): Haufe IFRS-Kommentar, 6. Aufl., Freiburg u.a.O. 2008, § 35.

Leippe, B. [Segmentberichterstattung, 2009]: Segmentberichterstattung (IFRS 8), in: Heuser, P.J./Theile, C. (Hrsg.): IFRS-Handbuch – Einzel- und Konzernabschluss, 4. Aufl., Köln 2009, Abschnitt VIII.

Lüdenbach, N. [Umsatz- und Gesamtkostenverfahren, 2009]: Mischung von Umsatz- und Gesamtkostenverfahren, in: PiR 2009, S. 85-87.

Lüdenbach, N. [Darstellung des Abschlusses, 2008]: Darstellung des Abschlusses, in: Lüdenbach, N./Hoffmann, W.-D. (Hrsg.): Haufe IFRS-Kommentar, 6. Aufl., Freiburg u.a.O. 2008, § 2.

Lüdenbach, N. [Fertigungsaufträge, 2008]: Fertigungsaufträge, in: Lüdenbach, N./Hoffmann, W.-D. (Hrsg.): Haufe IFRS-Kommentar, 6. Aufl., Freiburg u.a.O. 2008, § 18.

Lüdenbach, N. [FuE Kosten, 2007]: Ausweis von FuE-Kosten in der GuV nach Gesamtkosten- oder Umsatzkostenverfahren, in: PiR 2007, S. 86-88.

Lüdenbach, N. [Erhaltene Anzahlungen, 2006]: Offenes Absetzen erhaltener Anzahlungen im Vorratsvermögen, in: PiR 2006, S. 28-xx.uchen!

Lüdenbach, N./Hoffmann, W.-D. [Rahmenkonzept, 2008]: Rahmenkonzept (Framework), in: Lüdenbach, N./Hoffmann, W.-D. (Hrsg.): Haufe IFRS-Kommentar, 6. Aufl., Freiburg u.a.O. 2008, § 1Ich habe die 7. Auflage (2009) verwendet. .

Lüdenbach, N./Hoffmann, W.-D. (Hrsg.): Haufe IFRS-Kommentar, 6. Aufl., Freiburg u.a.O. 2008.

Mackenzie, B./Simmonds, A. [IAS, 2001]: International Accounting Standards – A Guide to Preparing Accounts, 3. Aufl., London 2001.

Maines, L./McDaniel, L./Harris, M. [Proposed Segment Reporting Standards, 1997]: Implications of Proposed Segment Reporting Standards for Financial Analysts' Investment Judgments, in: Journal of Accounting Research 1997, S. 1-24.

McConnell, P./Pacter, P. [IASC and FASB Proposals, 1995]: IASC and FASB Proposals Would Enhance Segment Reporting, in: The CPA Journal 1995, S. 32-51.

Müller, S. [Fremdkapital, 2008]: IFRS – Fremdkapital, IBP 4, Berlin 2008.

Müller, S.: [Grundlagen und Erstanwendung, 2007]: IFRS – Grundlagen und Erstanwendung, IBP 1, Berlin 2007.

Müller, S./Reinke, J. [OCI, 2008]: Other Comprehensive Income nach IFRS im DAX, MDAX und SDAX, in: PiR 2008, S. 258-267.

Müller, S./Wulf, I. [Jahresabschlusspolitik, 2001]: Jahresabschlusspolitik nach HGB, IAS und US-GAAP, in: BB 2001, S. 2206-2213.

Müller, S. [Management-Rechnungswesen, 2003]: Management-Rechnungswesen – Ausgestaltung des externen und internen Rechnungswesens unter Konvergenzgesichtspunkten, Wiesbaden 2003.

Müller, S./Peskes, M. [Segmentberichterstattung, 2006]: Konsequenzen der geplanten Änderungen der Segmentberichterstattung nach IFRS für Abschlusserstellung und Unternehmenssteuerung, in: BB 2006, S. 819-825.

Nichols, N./Street, D. [Competition and Business Segment Reporting, 2007]: The Relationship between Competition and Business Segment Reporting Decisions under the Management Approach of IAS 14 Revised, in: Journal of International Accounting, Auditing and Taxation 2007, S. 51-68.

Obst, H. [IFRS-Abschluss, 2009]: IFRS-Abschluss, in: Buschhüter, M./Striegel, A. (Hrsg.): Internationale Rechnungslegung, 1. Aufl., Wiesbaden 2009.

Padberg, T. [Vorräte, Fertigungsaufträge, Forderungen, 2008]: IFRS – Vorräte, Fertigungsaufträge, Forderungen, IBP 4, Berlin 2008.

Paetzmann, K. [§289a HGB, 2009]: § 289a Erklärung zur Unternehmensführung, in: Bertram, K./Brinkmann, R./Kessler, H./Müller, S. (Hrsg.): Haufe HGB Kommentar, 1. Aufl., Freiburg u.a.O. 2009, § 289a.

Paul, J./Largay J. [Management Approach, 2005]: Does the Management Approach Contribute to Segment Reporting Transparency?, in: Business Horizons 2005, S. 303-310.

Pejic, P. [Segmentberichterstattung, 1998]: Segmentberichterstattung im externen Jahresabschluss – internationale Normierungspraxis und Informationsbedurfnisse der Adressaten, Wiesbaden 1998.

Peskes, M. [Zukunftsorientierte Segmentberichterstattung, 2004]: Zukunftsorientierte Segmentberichterstattung, Hamburg 2004.

Petersen, K./Bansbach, F./Dornbach, E. (Hrsg.): IFRS Praxishandbuch, 3. Aufl., München 2008.

PricewaterhouseCoopers (Hrsg.) [IAS, 2002]: Understanding IAS, 3. Aufl., Kopenhagen 2002.

Reinke, J./Nissen-Schmidt, A. [Eigenkapital, 2008]: IFRS – Eigenkapital und Aktienoptionspläne, IBP 7, Berlin 2008.

Richter, F./Rogler, S. [Segmentberichterstattung, 2009]: Erstellung einer Segmentberichterstattung nach IFRS – Eine Fallstudie zur Anwendung von IFRS 8, in: KoR 2009, S. 74-83.

Risse, A. [IASC, 1996]: International Accounting Standards Committee – Standardentwurf zur Segmentberichterstattung, in: DB 1996, S. 747-748.

Schlüter, J. [Gesamtergebnisrechnung/ GuV, 2009]: § 15 Gesamtergebnisrechnung/ Gewinn- und Verlustrechnung, in: Bohl, W./Riese, J./Schlüter, J. (Hrsg.): Beck´sches IFRS-Handbuch, 3. Aufl., München 2009, §15.

Schulz-Danso, M. [Ertragsteuern, 2009]: § 25 Laufende und latente Ertragsteuern, in: Bohl, W./Riese, J./Schlüter, J. (Hrsg.): Beck´sches IFRS-Handbuch, 3. Aufl., München 2009, § 25.

Street, D./Nichols, N./Gray, S. [Segment Disclosures, 2000]: Segment Disclosures under SFAS No. 131: Has Business Segment Reporting Improved?, in: Accounting Horizons 2000, S. 259-285.

Tanski, J. [Bilanzpolitik und Bilanzanalyse, 2006]: Bilanzpolitik und Bilanzanalyse nach IFRS, München 2006.

Thiele, S./v. Keitz, I./Brücks, M. (Hrsg.): Internationales Bilanzrecht – Rechnungslegung nach IFRS, Wuppertal u.a.O. 2008.

Ulbrich, P. [IAS 14, 2006]: Segmentberichterstattung nach IAS 14 – Ein normativer Ansatz zur Neugestaltung auf der Grundlage des Beteiligungscontrollings, Hamburg 2006.

Vater, H. et al. (Hrsg.): IFRS Änderungskommentar 2009, 1. Aufl., Weinheim 2009.

Wagenhofer, A. [Konvergenz, 2008]: Konvergenz von internen und extern berichteten Ergebnisgrößen am Beispiel der Segmentberichterstattung, in: BFuP 2008, S. 161-176.

Wagenhofer, A. [IAS, 2005]: Internationale Rechnungslegungsstandards IAS/IFRS, 5. Aufl., 2005.

Wawrzinek, W. [Ansatz, Bewertung und Ausweis, 2009]: §2 Ansatz, Bewertung und Ausweis sowie zugrunde liegende Prinzipien, in: Bohl, W./Riese, J./Schlüter, J. (Hrsg.): Beck´sches IFRS-Handbuch, 3. Aufl., München 2009, §2.

Weber, I. [Anhang, 2009]: IFRS – Anhang, IBP 12, Berlin 2009.

Weißenberger, B./Maier, M. [Management Approach, 2006]: Der Management Approach in der IFRS-Rechnungslegung – Fundierung der Finanzberichterstattung durch Informationen aus dem Controlling, in: DB 2006, S. 2077-2083.

Wiechmann, J./Scharfenberg, A. [Ergebnis je Aktie, 2009]: §16 Ergebnis je Aktie (EPS), in: Bohl, W./Riese, J./Schlüter, J. (Hrsg.): Beck´sches IFRS-Handbuch, 3. Aufl., München 2009, §16.

Winkeljohann, N. (Hrsg.): Rechnungslegung nach IFRS, 2. Aufl., Berlin/Herne 2006.

Wobbe, C. [Sachanlagen und Leasing, 2008]: IFRS – Sachanlagen und Leasing, IBP 3, Berlin 2008.

Wobbe, C./Müller, S. [Anpassungsbedarf, 2008]: BilMoG Regierungsentwurf _ Anpassungsbedarf in der Kostenrechnung, in: Accounting 07/08, S. 6-10.

Wollmert, P./Achleitner, A.-K. [Konzeptionelle Grundlagen, 1997]: Konzeptionelle Grundlagen der IAS-Rechnungslegung, in: WPg 1997, S. 245-256.

Wulf, I./Bosse, T. [§ 265 HGB, 2009]: §265 Allgemeine Grundsätze für die Gliederung, in: Bertram, K./Brinkmann, R./Kessler, H./Müller, S. (Hrsg.): Haufe HGB Kommentar, 1. Aufl., Freiburg u.a.O. 2009, §265.

Wulf, I./Bosse, T. [§ 267 HGB, 2009]: §267 Umschreibung der Größenklassen, in: Bertram, K./Brinkmann, R./Kessler, H./Müller, S. (Hrsg.): Haufe HGB Kommentar, 1. Aufl., Freiburg u.a.O. 2009, §267.

Zülch, H. [Improvement, 2004]: Das IASB Improvement Project, in KoR 2004, S. 154-167.

Zülch, H. [GuV, 2005]: Die Gewinn- und Verlustrechnung nach IFRS, Herne u.a.O. 2005.

Zülch, H. [GuV, 2006]: Die Gewinn- und Verlustrechnung (GuV), in: Winkeljohann, N. (Hrsg.): Rechnungslegung nach IFRS, 2. Aufl., Berlin/Herne 2006, S. 278-318.

Stichwortverzeichnis

A

Abschlussbestandteile 21
Abschlusszweck 22
Abschreibungen 81
Aggregationskriterien 127
Ähnliche langfristige Ertragsentwicklungen 127
Ähnliche wirtschaftliche Charakteristika 128
Aktivierte Eigenleistungen 80
Allokation von Bilanz- und Erfolgsgrößen 133, 151
Andere (wesentliche) nicht zahlungswirksame Posten 137, 166
Änderung der Bilanzierungs- und Bewertungsmethoden 149
Änderung der internen Organisations- und Berichtsstruktur 149
Änderung von Bilanzierungs- und Bewertungsmethoden 38
Angabe von Vorjahreswerten 149, 173
Annual Improvements Project 2008/ 2009 136
Anpassung der Vorjahreswerte 174
Anzahl Bilanzposten
    Empirisches Ergebnis 99
Anzahl der berichteten Segmente 160, 163
Anzahlungen 54
Aperiodische Bestandteile 72
Arten der Segmentierung 123, 160
Aufgegebene Geschäftsbereiche 52
Aufgegebener Geschäftsbereich 74
Aufwandsaufgliederung 77

Aufwendungen für Forschung und Entwicklung 176
Ausweisort 122
Außerordentliche Posten 64
Außerplanmäßige Abschreibungen und Wertaufholungszuschreibungen 138

B

Bedingte Berichtspflichten 137
Berichtspflichtige Segmente 127
Bestandsveränderungen 80
Bestimmungsfaktoren der Segmentabgrenzung 147, 172
Bilanz 43
    Gliederung 45
    Mindestinhalte 44
    Postenbezeichnungen 34
    Unterschiede zum HGB 58
    Zusätzliche Posten 33
    Zusätzliche Überschriften 33
    Zwischensummen 33
Bilanzgliederung
    Empirisches Ergebnis 96
Bilanzierungs- und Bewertungsmethoden 132, 151, 173
Bilanzpolitik 163, 167, 168
Bilanzposten
    Empirisches Ergebnis 92
Branchenbesonderheiten 18
Bruttoergebnis
    Empirisches Ergebnis 109
Buchwerte von at-Equity-bewerteten Beteiligungen 140, 168
Business Reporting 155, 174

D
Darstellung 17
Drei-Jahreszeitraum 176
Durchbrechung der Stetigkeit 149, 173, 174

E
EBITDA
   Empirisches Ergebnis 110
Eigenkapitalveränderungen 61
Eigenkapitalveränderungsrechnung 62
Ein-Segment-Unternehmen 144
Empirische Analyse
   Bilanz 91
Empirische Basis 89
Empirische Datenbasis 157
Equity-Segmentrentabilität 168
Ergebnis aus aufgegebenen Geschäftsbereichen 68
Ergebnis aus gewöhnlicher Geschäftstätigkeit 74
Ergebnis je Aktie 65
Ergebnis vor Steuern 74
Ergebnisbezeichnungen
   Empirisches Ergebnis 113
Erläuterung der geografischen Allokationsgrundlage 145, 171
Ermessens- und Gestaltungspotenzial 121, 151, 155
Ertragssteuern 138, 166
Existenz wesentlicher Kunden 146, 171

F
Fehlerkorrektur 38
Finanzergebnis 70
   Empirisches Ergebnis 112
Finanzinstumente 49
Forschungs- und Entwicklungsaktivitäten 124
Freiwillige Mehrpublizität 174, 177
Freiwillige Segmentberichterstattung 122

Funktionelle Unternehmensbereiche 124

G
Gesamtergebnisrechnung 61
Gesamtkostenverfahren 78
   Empirisches Ergebnis 108
Geschäftszylus 46
Gewinn 20
Gewinn- und Verlustrechnung 61
Größenabhängige Erleichterungen 18
Grundgesamtheit 158
Grundlage für Beurteilung der Segmentperformance 149
Grundsätze intersegmentärer Transaktionen 173
GuV 61
   Darstellung 63
   Empirisches Ergebnis 104
   Gliederungsvorschlag 84
   Mindestinhalt 63
   Unterschied zum HGB 87
GuV-Posten
   Empirisches Ergebnis 106
GuV-Untergliederungen
   Empirisches Ergebnis 108

H
Hauptentscheidungsträger 125
Herstellungskosten 82
Höchstzahl an Segmenten 127

I
IAS 1 17
IAS 14 120, 150, 153
Immaterielle Vermögenswerte 52
Informationsüberlastung 121, 127, 164
Interest-Coverage-Ratio 168
Intersegmentäre Erträge 137, 165

J
Joint Projects 120

K
Kapitalmarktorientierte Unternehmen 121

Konvergenzgrad 178

L

Langfristige Fertigungsaufträge 54
Langfristiges Segmentvermögen 145, 170
Latente Steuern 53

M

Management Approach 120
Materialaufwendungen 80
materiality-Grundsatz 138
Matrixorganisation 126
Mitarbeiterzahlen 176

N

Nicht fortgeführte Geschäftsaktivitäten 124

O

Öffentliche Unternehmen 19
Operative Segmente 123
Operatives Ergebnis 72
    Empirisches Ergebnis 110
Other comprehensive income 20

P

Paradigmenwechsel 121, 150, 155, 177
Parallele interne Berichtsstrukturen 126
Pensionsfonds 124
Periodenergebnis 76
Personalaufwendungen 81
Planmäßige Abschreibungen und Wertminderungen 137, 165, 178
Primäres Berichtsformat 150, 152, 160

R

Rechnungsabgrenzungsposten 55, 59
Rechtsformspezifische Besonderheiten 18
Rendite-Kennzahlen 176
Risk and Reward Approach 121, 150, 160, 161
Rückstellungen 51

Rumpfgeschäftsjahr 24

S

Sachanlagen 52
Saldierung 29
Sammelsegment 130, 142, 161
Schätzungen 38
Schulden 50
Segment Cashflow 149, 165, 175, 178
Segmentberichterstattung
    Kerngrundsatz 120
Segmentergebnis 135
Segmentergebnisbeiträge aus at-Equity-bewerteten Beteiligungen 138, 166
Segmentergebnisgröße 135, 142, 164
Segmenterträge 142, 178
Segmenterträge mit externen Kunden 137, 144, 145, 165, 170
Segmentinvestition in langfristige Vermögenswerte 140
Segmentinvestitionen 167, 171
Segmentinvestitionsanteilquote 172
Segmentinvestitionsquote 172
Segmentmanager 125
Segmentunterteilung der Bilanz
    Empirisches Ergebnis 92
Segmentverbindlichkeiten 139, 142, 168
Segmentvermögen 135, 142, 167
Segmentwachstumsquote 172
Sekundäres Berichtsformat 150, 152, 160
SFAS 131 120
Shareholder Value Orientierung 175, 178
Short-term Convergence Projects 120
Sonstige Aufwendungen 82
Sonstige Erträge 80
Stellung der Segmentberichterstattung 159
Stetigkeit 35
Steueraufwendungen
    Empirisches Ergebnis 113

T

two-tier-structure 150

U

Überleitungsrechnungen 141, 152, 169, 177
Umsatzerlöse 79
Umsatzkosten 83
Umsatzkostenverfahren 82
    Empirisches Ergebnis 108
Unbedingte Berichtspflichten 135, 177
Undurchführbar 19
Unternehmensweite Angaben 144, 170
Unternehmenszentrale 124

V

Verbindlichkeiten aus Lieferungen und Leistungen 51
Verlust 20
Vernünftige Grundlage 133
Vertikal integrierte Unternehmensbereiche 126
Vertriebskosten 84
Verursachungsprinzip 134
Verwaltungskosten 84
Vollständige Angaben 176
Vorjahreswerte 39
    Empirisches Ergebnis 91

W

Wertorientierte Kennzahlen 176
Wesentliche Ertrags- und Aufwandsposten (gem. IAS 1.97) 138, 167
Wesentlichkeit 19
    Empirisches Ergebnis 101
    Qualitative Aspekte 27
    Quantitative Aspekte 27
Wesentlichkeit GuV
    Empirisches Ergebnis 115
Wesentlichkeitsbegriff 167
Wesentlichkeitskriterien Segmente 129

Z

Zahlungsmittel 49
Zielsetzung 119
Zinsergebnis 138, 166, 177, 178
Zirkularitätsproblem 151
Zur Veräußerung gehaltene Vermögenswerte 52
Zusammensetzung der berichtspflichtigen Segmente 148, 173
Zusätzliche Posten 33
Zusatzposten Bilanz
    Empirisches Ergebnis 101
Zusatzposten GuV
    Empirisches Ergebnis 115
Zwischenbericht 122
Zwischenergebnisse
    Empirisches Ergebnis 109

Autoren

Dipl. Wirtsch.-Ing./M.B.A. Steffen Blase ist Analyst im Bereich Mergers & Acquisitions bei der Citigroup in Frankfurt a.M.

Dipl. Kfm. Tobias Lange ist Mitarbeiter am Lehrstuhl für Allgemeine Betriebswirtschaftslehre an der Helmut-Schmidt-Universität/ Universität der Bundeswehr, Hamburg.

Prof. Dr. Stefan Müller ist Inhaber der Professur für Allgemeine Betriebswirtschaftslehre an der Helmut-Schmidt-Universität/Universität der Bundeswehr, Hamburg. Er ist Verfasser zahlreicher Publikationen im Bereich des externen und internen Rechnungswesens, (Mit-)Herausgeber des Handbuchs der Bilanzierung und eines HGB-Bilanzkommentars, der Schriftenreihe zu den IFRS und einer weiteren zur kommunalen Verwaltungssteuerung sowie im Fachbeirat der Zeitschrift für Corporate Governance.